Das IndianerLexikon

Frederik Hetmann

Das Indianer Lexikon

Die Welt der ersten Amerikaner von A–Z

MOEWIG

www.moewig.de | www.edel.de

Moewig ist ein Imprint der
edel entertainment GmbH

Printed in Germany

ISBN 978-3-86803-267-3

Vorwort

»Ich glaube, ein Grashalm ist nicht geringer
als das Tagwerk der Sterne.
Und die Ameise ist ebenso willkommen
wie ein Sandkorn und des Zaunkönigs Ei.«
Walt Whitman

Ohne den Anspruch auf Vollständigkeit zu erheben, ist dies meines Wissens der erste Versuch in deutscher Sprache, ein Lexikon der Mythen und Rituale der Native Americans (Indianer Nordamerikas) zu erstellen.

Außer Angaben zu den genannten Bereichen wird jeweils eine kurze Darstellung der Stammesgeschichte gegeben, denn ohne diese ist häufig die jeweilige Mythologie nicht ohne weiteres verständlich, da sie bei den Native Americans besonders eng mit der Landschaft, in der eine Nation oder ein Stamm lebt, verbunden ist.

Jedem der großen Kulturbereiche des nordamerikanischen Subkontinents ist ein Übersichtsartikel über die frühe Zeit und die historische Epoche gewidmet, der als erste, allgemeine Information dienen soll.

Die großen indianischen Nationen und Stämme wie die Sioux, die Navajo und die Pueblo haben eine ausführlichere Darstellung gefunden als kleine Stämme oder Gruppen oder solche die untergegangen sind. Eine Übersichtstabelle enthält die wichtigsten Stationen der Beziehungen zwischen Native Americans und den Weißen. Wo immer möglich, ist bei den Stichworten weiterführende Literatur angegeben. Die Entwicklung der Nutzpflanzen in Amerika wird dargestellt. Das Lexikon enthält Angaben über die wichtigsten Häuptlingsgestalten und über einige der Völkerkundler und Folkloristen, die im Bereich der Sammlung und Interpretation von Mythen und Märchen Hervorragendes leisteten.

Dieser Text ist geschrieben von einem Dilettanten für ein interessiertes Laienpublikum, eine Interessentengruppe, die in den letzten Jahrzehnten – nicht zuletzt durch den Tourismus – beträchtlich gewachsen ist.

Dilettant verstehe ich im Sinn der Definition von Heinrich Zimmer[1], der in diesem Zusammenhang bemerkt:

»Der Dilettant – italienisch *dilettante*

1 Heinrich Zimmer: Abenteuer und Fahrten der Seele – Mythen, Märchen und Sagen aus keltischen und östlichen Kulturbereichen, Darstellung und Deutung, Köln 1977

(das Partizipium des Verbs *dilettare*, ›sich ergötzen‹) ist jemand, der an etwas Freude (diletto) hat. Die folgenden Aufsätze wenden sich an Menschen, die Freude an Sinnbildern haben, denen es Vergnügen macht, mit ihnen Zwiesprache zu halten, und die gern ständig in Gedanken mit ihnen leben.«

Im Sinn dieser Haltung ist es auch denkbar, dass der Autor nach einigen Jahren eine erweiterte Ausgabe erarbeiten wird.

Er hat zunächst versucht, mit der Erfassung des Materials seiner privaten Bibliothek zur Mythologie und den Zeremonien der Native Americans einen Anfang zu machen. Der Band ist eng verknüpft mit der Textsammlung von Mythen und Märchen »Büffelfrau und Wolfsmann – Märchen, Mythen, Lieder und Legenden der nordamerikanischen Indianer« (Krummwisch 2001). Als vertiefende Ergänzungen für den Bereich indianischer Religionen lassen sich die beiden Bände »Die Erde ist unsere Mutter – indianische Spiritualität und Religion« (Freiburg i. B. 1998) und der Band »Jenseitsreisen – Rituale und Mythen amerikanischer Schamanen, Heiler und Zauberer« (Freiburg i. B. 1999) benutzen.

Frederik Hetmann, Herbst 2001

Map of the Original Habitats of the Important Indian Tribes of the United States

HUDSON BAY
Naskapi
A
Cree
Muskekowug
Eastern Cree
Saulteaux
Montagnais
Abitibi
Malecite
Micmac
Abnaki
Passamaquoddy
Penobscot
ibway
Nipissing
Ottawa
Algonkin
Missisauga
Pennacook
Massachuset
stern
kota
Menomini
Winnebago
Sauk-Fox
Huron
Six Nations
Iroquois
Poktumtuk
Wampanoag
Pequot
Mahican
Narraganset
Shinnecock
Wappinger
Wyandot
Neutrals
Munsee
Forest Potawatomi
Piankashaw
Iowa
Peoria
Erie
Delaware
Susquehanna
Prairie Potawatomi
Nanticoke
Miami
E S
Kickapoo
Illinois
Pamunkey
Mattapony
Chickahominy
Powhatan
Missouri
Shawnee
Tutelo
Osage
Tuscarora
Croatan
Quapaw
Cherokee
Catawba
Upper Creek
Caddo
Chickasaw
Choctaw
Koasati
Kusa
Yuchi
Kichai
Tunica
Lower Creek
Taensa
Natchez
Alibamu
Biloxi
Atakapa
Chitimacha
Apalachee
Seminole
Timuquanan

Achumawi

Ein von den Anthropologen eingeführter Stammesname für eine Gruppe kleiner Stämme im Nordosten Kaliforniens. Siehe auch unter Pit River-Indianer.

Ácoma

Name einer Siedlung (»das Dorf unter dem Himmel«) und zugleich auch für ihre Bewohner. Der Name geht auf Akome (»Volk der weißen Felsen«) zurück. Die Ácoma gehören zu den westlichen Pueblos und sprechen den Dialekt der Keresan-Sprachfamilie. Indianisch bedeutet ha'ku Sinn, um einen Plan zu machen. Der Ort war offenbar dem damals wandernden Stamm zur Niederlassung verheißen.

Die Siedlung gilt als die älteste bewohnte Ortschaft Nordamerikas. Sie besteht wahrscheinlich seit 1150 n. Chr. Vielleicht noch eindrucksvoller als die Ortschaft selbst ist der Blick von dem Felsstock, auf dem sie liegt, in die ihn umgebende Landschaft (auf die »Enchanted Mesa« und den Mount Taylor).

1540 erreichte Francisco Vasquez de Coronado die weitere Umgebung von Ácoma. Er erwähnt in einem Briefe an den spanischen Vizekönig Mendoza die verschiedenen Orte nahe Cibola (Zuñi), die gesuchten sagenhaften »goldenen Städte«. Die ersten Europäer aber, die den Ort betraten und ihn näher beschrieben, waren der Hauptmann Hernando de Alvarado und der Mönch Juan Padilla, die Coronado ausgesandt hatte, nach Osten hin die Städte der Zuñi zu suchen. Alvarado beschreibt den Ort, als »das stärkste Pueblo, an das wir je gelangten, es ist auf einem hohem Felsen gelegen. Der Aufstieg war so schwierig, dass wir es bedauerten, ganz hinaufgeklettert zu sein. Die Häuser waren drei und vier Stockwerke hoch. Die Leute sind vom selben Typ wie in der Provinz Cibola, sie haben Mais, Bohnen und Truthühner im Überfluss.« Ein anderes Mitglied der Expedition nennt den Ort »den größten Stützpunkt, den ich je auf der Welt gesehen habe. Die Eingeborenen kamen herunter, um uns friedlich zu begrüßen. Das hätten sie sich sparen können, denn wären sie oben auf dem Felsen geblieben, wir hätten sie nicht behelligt.«

Im Ort selbst liegt die um 1629 unter dem Mönch Juan Ramirez begonnene und 1640 vollendete Missionskirche San Esteban de Rey. Nach der Überlieferung konnte der Mönch Juan das Dorf betreten, weil er einem vom Felsen gestürzten Kind das Leben gerettet hatte.

Literatur:

White, Leslie A.: »The Ácoma Indians«, B.A.E. 47. Annual Report, 1929–1930, Washington 1932

Minge, Ward Alan: Ácoma, Pueblo in the Sky, Albuquerque 1976

Adler

Wegen seines Verschwindens über den Wolken stellt man sich vor, der Adler sei mit den Mächten des Oben im Bunde. Man bringt ihn mit Donner und Regen in Zusammenhang. Daher auch »Donnervogel«. Zeitig im Frühjahr findet in Tesuque, Jemez und anderen Pueblos ein Adlertanz statt, in denen zwei Tänzer die Annäherungen des Männchens und des Weibchens in Kreisen nachahmen. Bei den Comanchen geht der Adlertanz auf einen jungen Häuptling zurück, der starb, aber durch Gebete an den Schöpfer in einen Adler verwandelt wurde. Der Adlertanz bei den Iowa ahmte ebenfalls das Tier nach. Die Tänzer trugen hier einen Fächer aus Adlerfedern in den Händen. Sie gehörten einer Kriegergesellschaft an und prahlten zwischen den einzelnen Tänzen mit ihren Taten. Adlerfedern in den Kriegshauben der Sioux stehen für Erfolg im Kampf, bei den Pawnee sind die Fächer Schmuck, bei den Irokesen wird mit Adlerfedern reinigende Kraft in Beziehung und Anrufung assoziiert.

Ahorn (Maple) Zucker

Das »Zuckermachen« *(ishkwaamizige)* geschah bei den Anishnabeg (Ojibwa) einige Wochen vor Frühlingsanfang. Zucker war bei ihnen, da sie kaum Salz benutzten, ein wichtiges Würzmittel für Fleisch, Brot, Stews, Beeren und Gemüse. Große Mengen wurden während der Frühlingsmonate hergestellt, wenn die Ahornbäume im Saft standen (im nördlichen Minnesota zwischen Ende März und April). Die Zeit hieß *Izhkigamisegi Geezis,* d.h. »der Monat des Kochens«. Man brauchte zwischen 30 bis 40 Gallonen Ahornsaft, um diesen zu einer Gallone Sirup einzukochen. Aus dieser Menge Sirup gibt es dann 3 Quart Zucker, den man entweder aus einem Kessel kurz vor dem Granulieren über Eis oder Schnee goss, um ihn zu verfestigen. Dann wurde die Substanz in Muscheln oder in konische Behälter aus Birkenrinde verpackt, die oben zugenäht wurden. Sie wurden später als Süßigkeiten verspeist. Die andere Methode war, in den kochenden Sirup kleine Flocken von Rehfett zu werfen und dann die Flüssigkeit in polierte Holztröge zu gießen. Dort wurde sie gerührt, damit sie granulierte, und mit Holzschöpflöffeln oder den Händen zu Zuckerkörnern *ziinzibaakwad* geformt. Der noch warme Zucker wurde dann in Behältnissen aus Birkenrinde versorgt. Dies war das wichtigste Würzmittel das ganze Jahr über. Im Sommer wurde es in einem kühlen Getränk aufgelöst, im Winter unter Wurzeln, Blätter und Tee gemischt.

Alabama

Ein Stamm der Muskogee-Sprachfamilie, früher im südlichen und zentralen Alabama. Mitglied der Creek-Föderation. Im 18. Jahrhundert bereits ausgestorben.

Aleutianer

Die Aleutianer, Nachfahren der ersten Einwohner der Aleuten, sprechen eine Sprache, die der der Eskimos ähnlich ist. Wie bei den Eskimos beschaffen sie ihren Lebensunterhalt durch die Jagd auf die Säugetiere des Meeres. Ausgezeichnete Kenntnisse in Anatomie werden bei dem Zerlegen von Seelöwen, Seehunden und Walrossen sichtbar, aber auch bei der Behandlung menschlicher Leichen. Die Alëutianer verfügen über beträchtliches Wissen und ärztliche Praxis.

Von 1741, als die Russen die Inseln entdeckten, bis 1867, als die Vereinigten Staaten Alaska kauften, gingen die Alëutianer intensiv dem Fellhandel nach. Es kam in dieser Periode zu Bekehrungen zur russisch-orthodoxen Kirche. Die Bevölkerung, die im 18. Jahrhundert auf 20 000 geschätzt wurde, ist heute auf 6 000 zurückgegangen.

Algonkin

Die größte Gruppe sprachlich verwandter Stämme in Nordamerika, verstreut zwischen Atlantik und Rocky Mountains. Es gehören zu dieser Sprachfamilie: die Algonkin aus Ottawa, die Cheyenne, Arapaho, Ojibwa, Sac und Fox, Potawatomi, Illinois, Miami, Kickapoo und Shawnee. Die Mythen und Märchen kommen meist von den Stämmen der Ostküste, nämlich von den Pequot, Delaware, Abnaki oder Micmac.

Geschichten aus diesem Kulturraum sind u. a.: Die Montagnais und die Naskapi, d. h. die rohen, die unzivilisierten Menschen. Wie der Sommer in den Norden kam oder der Ursprung des Großen Bären, vom Kleinen Volk, der Jäger, der ein weibliches Karibu heiratete. Tsequabec (eine Trickster Gestalt) und das Kannibalen-Mädchen. Tsequabec fängt die Sonne und wird in sie verwandelt. Wie das Gotteskind (Jesu) den Mond und die Sonne erschuf, der Vogel, dessen Flügel der Wind machte, Glooscap- (Kulturheld) Geschichten, die Himmlischen Schwestern.

Literatur:

Josephy, Alvin M. jr.: The Indian Heritage of America, New York 1958

National Geographic Society: The World of the American Indian, Washington 1974

Alkohol

Der betrunkene Indianer ist ein Klischee, das sich als Beweis für die angebliche Minderwertigkeit der Native Americans in Nordamerika tief eingeprägt hat. Durch den Genuss von Alkohol würden, so meinte man in weiten Kreisen der Weißen, bei den Native Americans deren »wilde«, barbarische Seiten freigesetzt. Allerdings geschah es trotz oder gerade wegen dieser Vorstellung nicht selten, dass Native Americans, ehe man sie für sie ungünstige oder gar sie enteignende Verträge unterschreiben ließ, von Weißen betrunken gemacht wurden. Auch wenn man in Rechnung stellt, dass der Organismus eines Native American durch das Fehlen eines Enzyms auf Alkohol anders reagiert als der anderer Menschenrassen, kann nicht geleugnet werden, dass Alkoholismus unter den Native Americans heute unter dem Druck von Elend, Armut und kultureller Entwurzelung ein großes Problem darstellt. Nicht unbedingt beweiskräftig hingegen ist die statistische Feststellung, dass Alkoholismus unter American Natives 5% über der nationalen Rate liegt.

Auf einen interessanten Aspekt weist Peter Farb hin, der schreibt: »Die unterschiedliche Einstellung der verschiedenen Kulturen zur Vision erklärt zum Teil, warum manche Indianer den Alkohol des weißen Mannes begeistert willkommen hießen, während andere ihn ablehnten. Die Prärieindianer und einige Waldstämme, aus denen später viele Stämme der Prärieindianer hervorgehen sollten, liebten das ›Feuerwasser‹, weil sie erkannten, dass man damit auf schnellstem Weg Visionen und Halluzinationen herbeiführen konnte.«

Einen wichtigen Fakt erwähnt Christian F. Feest:

»Es ist zumindest nicht auszuschließen, dass es sich bei der Intoleranz gegenüber Spirituosen (bei den Indianern) um ein genetisches Phänomen handelt, das durch die lange Isolierung der eingeborenen Amerikaner vom Rest der Welt erklärbar ist.

(...) Um Milchzucker (Laktose) aufzuspalten und für den Menschen verdaulich zu machen, bedarf es des Enzyms Laktase, das im Säuglingsalter Kindern aller Rassen zur Verfügung steht, jedoch beim Abstillen verlorengeht und nur bei manchen Völkern, besonders Europäern und Niloten, durch eine andere Form von Laktase ersetzt wird. Die Geschichte dieses Enzyms ist offenbar eng mit der Geschichte der Milchwirtschaft verbunden. Bei den Uramerikanern, denen diese Wirtschaftsform fremd war, ist daher die genetische Mutation, durch die Milch auch für Erwachsene genießbar wurde, nicht eingetreten.«

Literatur:

Farb, Peter: Die Indianer – Entwicklung und Vernichtung eines Volkes, Wien–München–Zürich 1971

Feest, Christian F.: Das rote Amerika – Nordamerikas Indianer, Wien 1976

A. I. M. (American Indian Movement)

Die »Amerikanische Indianer-Bewegung« wurde 1968 in Minneapolis, Minnesota von Dennis Banks, Clyde Bellecourt, Eddie Benton-Banai und George Mitchell gegründet. Russell Means wurde später als einer ihrer Sprecher weithin bekannt.

Die Organisation entstand aus dem Geist der Bürgerrechtsbewegung in den späten 80er Jahren. Sie konzentrierte sich zunächst auf den Rechtsschutz für die in den Städten lebenden Native Americans gegen Polizeiwillkür und auf den Kampf gegen die Armut. Später griff sie auch bei der Frage der wirtschaftlichen Unabhängigkeit und der Vergabe von Schürfrechten in den Reservationen ein. Sie protestierte gegen die vorurteilsvolle Darstellung von Native Americans in Schulbüchern.

1969–1997 besetzten Mitglieder der AIM die Gefängnisinsel Alcatraz vor

Anasazi-Tradition. Keramik der Pueblo-III- und Pueblo-IV-Phasen

San Francisco, 1972 drangen Mitglieder der AIM in das Gebäude des Bureau of Indian Affairs in Washington ein, um auf die Verletzung von Verträgen hinzuweisen. 1981 versuchte die Organisation in den Black Hills, die Rückgabe dieses heiligen Gebietes an das Lakota Volk zu erzwingen.

Literatur:
Biegert, Claus: Seit 200 Jahren ohne Verfassung – 1976: Indianer im Widerstand, Reinbek bei Hamburg 1976
Deloria, Vine jr.: Custer Died for Your Sins – An Indian Manifesto, New York–London 1969
Matthiessen, Peter: Indian Country, New York 1984
Hoxie, E. Frederick: Encyclopedia of North American Indians, Boston & New York 1996
Reichert, Carl-Ludwig: Red Power – Indianisches Sein und Bewußtsein, München 1974

Anasazi

Das Hochland des Colorado Plateau, das die Region der Four Corners mit den US-Bundesstaaten Colorado, Utah, Arizona und New Mexico darstellt, lässt sich als die Wiege der Anasazi-Kultur bezeichnen. Hier in den Flussgebieten des San Juan, des Kleinen Colorado, des Rio Grande, des Gila und des Salt River entwickelte sich etwa um die Zeitwende (nach europäischer Zeitrechnung) die Anasazi Kultur. Der Name stammt aus der Sprache der Navajo und bedeutet »die Uralten«.

Die frühesten Anasazi waren Korbmacher, so genannt nach einem Produkt, das sie aus *Appocynum* und Yucca-Fasern herstellten. Solche Gefäße waren fest genug, um wasserundurchlässig zu sein. In ihnen wurden Beeren und Nüsse transportiert, sie wurden zum Kochen verwendet. Selbst Sandalen wurden aus *Appocynum* und Yucca hergestellt.

Die Zeit von 9 500 bis 600 v. Chr. bezeichnen die Archäologen als paleo-indianische Periode, die von 6 000 v. Chr. bis kurz vor der Zeitenwende als die archische.

Die Frühen Basketmaker (1–500 n. Chr.) waren braunhäutige Menschen mit dichtem schwarzen Haar und einer Lebenserwartung von 34 bis 40 Jahren. Sie bewohnten vor allem das Gebiet an der heutigen Grenze zwischen dem südlichen Colorado und Utah, den Chaco Canyon in New Mexico und Kenyata in Arizona. In dieser Epoche lebten die Basketmaker in Grubenhäusern. Das änderte sich zwischen 500–700 nach Chr., als sie begannen kleine Ortschaften anzulegen, die bis zu achtzehn Häuser umfassten. Von ihren Nachbarn, den Hohokam und Mogollon lernten sie, Keramik herzustellen. An Waffen ersetzten Pfeil und Bogen den *atlatl*, den an einer Leine befestigten Wurfspeer. Baumwolle wurde nun angebaut. Bestimmte Gebäude in einer Ortschaft waren nun ausschließlich für religiöse Zwecke reserviert.

Ein weiterer zivilisatorischer Schritt geschah zwischen 700–1050 n. Chr. Mehrstöckige Gebäude erhoben sich nun um die Plätze; das Grubenhaus blieb Teil der Architektur, war aber nun für besondere Ereignisse bestimmt. Unterirdische Räume, kiva genannt, waren von dem Wohnbereich mit einer Leiter zu erreichen. Die Keramik war nun besonders kunstvoll. Töpfe wurden aus Ringen von Ton hergestellt, die man übereinander schichtete. Solche Gefäße eigneten sich gut zum Kochen und hielten länger die Wärme.

Die klassische Periode der Anasazi fällt auf die Zeit zwischen 1050–1300 n. Chr. Die Methoden der Landwirtschaft und die Bewässerungssysteme wurden verbessert. Ortschaften wie der »Klippenpalast« auf der *Mesa Verde* mit 200 Wohnungen und 23 *kivas* entstanden.

Zwischen 1276 und 1299 scheint es dann in der Gegend zu einer großen Dürre gekommen zu sein. Die Jahresringe der Bäume weisen darauf hin. Auch drängten nun Gruppen von schoschonischen Jägern in das Gebiet. Die Gebäude der Anasazi nahmen zu dieser Zeit immer mehr die Form von Festungen an. Um 1300 gaben dann die meisten Gruppen ihre Wohnorte auf und verschwanden aus der Gegend. Sie könnten zu den Begründern der Pueblos am Rio Grande geworden sein oder – sofern diese schon bestanden – sich mit der dortigen Bevölkerung vermischt haben. Die Gründe für diesen harschen Einschnitt in der kulturellen Entwicklung unterliegen immer noch der Diskussion. Die Dürre könnte – wie gesagt – der Anlass gewesen sein, vielleicht aber auch das Aufkommen einer neuen Religion.

Literatur:

McNitt, Frank, Richard Wetherill: Anasazi – Pioneer Explorer of Southwestern Ruins, Albuquerque 1957

Fagan, Brian M: Ancient North America – The Archeology of A Continent, London 1991

Apachen / Stammesgeschichte

Es gibt vier Abteilungen des Apachen-Volkes: 1. Die Östlichen Apachen mit den Jicarilla, Chiricahua, Mescalero, Mimbreño, Mongollone und Gileño. 2. Die Westlichen Apachen (Arizona) mit den Tonto, den Pinaleño und Coyotero. 3. Die mexikanischen Apachen (Sonora / Chihuahua) mit den Lipan. 4. Die Apachen der Plains mit den Kiowa-Apachen. Zur ersten Berührung mit Weißen dürfte es 1541 auf den Großen Ebenen gekommen sein. Nachdem die Spanier die Gegend um den Oberen Rio Grande kolonisiert hatten, besaßen auch die Apachen bald Pferde.

Ihre Sprache gehört zu der südlichen athapaskischen Sprachfamilie. Die Westlichen Apachen sind eng verwandt mit den Navajo, aber doch von ihnen in der Sprache verschieden.

Sie sind ein Volk des Gebirges und der Hochebenen. Sie waren in früheren Zeiten Jäger und Sammler. So galten die »Herzen« der Agaven, die geröstet wurden, ihnen als ein wichtiges, aufbewahrungswertes Nahrungsmittel, außerdem sammelten sie die Früchte von Kakteen, Eicheln, schwarzen Walnüssen und Pinienkernen. Heute werden Mais, Bohnen und Kürbisse bei ihnen angebaut. Manchmal wird die Fürsorge für die Ernten den Alten überlassen, und die jungen Leute gehen auf die Jagd.

Die Östlichen Apachen hatten früh Kontakt mit den Spaniern, lernten deren Sprache, übernahmen spanische Kleidung. Während des Krieges zwischen den USA und Mexiko überfielen halbverhungerte Mescalero weiße Siedlungen und stahlen Pferde. Sie teilten 1863 das Schicksal der Navajo in dem Internierungslager *Bosque Redondo*. Viele entkamen von dort. Die Wende vom 19. zum 20. Jahrhundert ist gekennzeichnet durch einen Rückgang der Bevölkerungszahlen bei den Jicarilla, nicht zuletzt durch Tuberkulose-Erkrankungen. Später förderte das Bureau of Indian Affairs den Einstieg in die Holzindustrie und die Viehzucht, erzwang aber gleichzeitig die zivilisatorische Anpassung an die Weißen. In den letzten Jahren haben die Mescaleros erfolgreich Anstrengungen unternommen, aus dem Tourismus (Fischfang, Ski, Golf, Spielkasinos) Einnahmen zu erzielen, mit denen sie auf den um die Jahrhundertwende eingerichteten Reservationen ihren Lebensunterhalt bestreiten.

Literatur:

Newcomb, W. W. jr.: The Indians of Texas, Austin 1965

Opler, Morris E.: An Apache Life-Way, Chicago 1941

Amedian: News from the Native America, Vol 17, Nr. 3, 4/89. Darin Warsitz, Angela: Die Apachen, Charakterzüge und Grundlagen ihres Daseins

Apachen / Heilige Wesen

Ysun, eine übernatürliche Kraft, von der man weder Geschlecht noch Wohnsitz kennt, hat das Universum geschaffen und wird als Höchstes Wesen angesehen. Als »Geber allen Lebens« bezeichnet, ist *Ysun* die Quelle aller Kraft und übt großen Einfluss auf das Schicksal der Menschen aus.

Alles auf Erden und im Himmel, lebendig oder nicht, hat eine Geistsubstanz. Die Sonne, der Mond, Donner und Wind, Blitze sind besonders machtvoll. Die Donnerwesen lebten einst bei dem Volk und halfen den Jägern mit Blitzen, an deren Enden Pfeilspitzen aus Feuer-

stein saßen, bei der Jagd. Die Erde wird häufig als »Erdfrau« bezeichnet, aber sie wird nicht als Person vorgestellt.
Die Weißbemalte Frau, das Gegenstück zu der Frau der Veränderung bei den Navajo, existierte von allem Anfang an und gilt als die wichtigste weibliche Gottheit. Wasserkind und Der-den-Feinden-den-Tod-bringt entsprechen den Zwillingen bei den Navajo. In einer Schöpfungsmythe wird beschrieben, wie Wasserkind den Menschen aus Lehm und Wolken macht.
Eine in der Hierarchie niedrigere, aber dennoch wichtige Gruppe übernatürlicher Wesen bilden die Mountain-Leute und die Wasser-Leute. Über Letztere herrschte Der-das-Wasser-kontrolliert, ein Wesen, das mit farbigen Wolken bekleidet und zuständig für den Regen ist. Das Wasser-Monster ist ein unerfreuliches Geschöpf. Es handelt sich um eine Schlange in Menschengestalt, die Seen und Quellen bewohnt und das Ertrinken von Menschen und Tieren verursacht.
Die Mountain-Leute stellen die wichtigsten Heiligen Wesen in dieser Gruppe dar. Ähnlich den *yei* bei den Navajo oder bei den Hopi die *kachinas* werden sie mit bestimmten Berggipfeln oder Höhlen, in denen sie sich aufhalten, in Zusammenhang gebracht. Wie die Donnerwesen lebten auch sie einst mit den Menschen zusammen, aber da sie nicht wie diese sterben wollten, zogen sie fort, um eine Welt des ewigen Lebens zu suchen.
Der Kojote ist gewöhnlich der Übeltäter, durch den so unerfreuliche Dinge wie Tod, Völlerei, Diebstahl, Unzucht, Ehebruch und Lüge in die Welt kamen.

Apachen / Tanz der Gebirgsgeister

Die heute wichtigste Zeremonie ist der Initiationsritus der Mädchen in der Pubertät. Sie ist die einzige Zeremonie, die die Apachen mit ihren athapaskischen Verwandten in Kanada teilen. Der Überlieferung gemäß lehrte die Weißbemalte Frau die Apachen dieses Ritual. Sie ist es, mit der sich die jungen Frauen bei der im Sommer stattfindenden Zeremonie identifizieren.
Solche *rites de passage* (Riten des Übergangs von einem Lebensabschnitt zum nächsten) sind überall auf der Welt kostspielige Angelegenheiten. Die Familie der jungen Debütantin muss einen Schamanen anstellen (männlich oder weiblich), der oder die die Zeremonie leitet und die Entlohnung der die Gan-Wesen darstellenden Personen übernehmen. Hinzukommen die Ausgaben für eine große Schar von Gästen, die gut bewirtet sein wollen.
Am ersten Tag wird aus vier Fichten ein Haus für das Mädchen und ihre weibliche Begleiterin errichtet. Das Mädchen hat zeremonielle Bekleidung aus Buckskin angelegt. Sie sind gelb angemalt worden, nämlich mit der Farbe des heiligen Blütenstaubs. Das Kostüm ist ein Duplikat dessen, das die Weißbemalte Frau trägt. Aufgemalt sind Symbole von

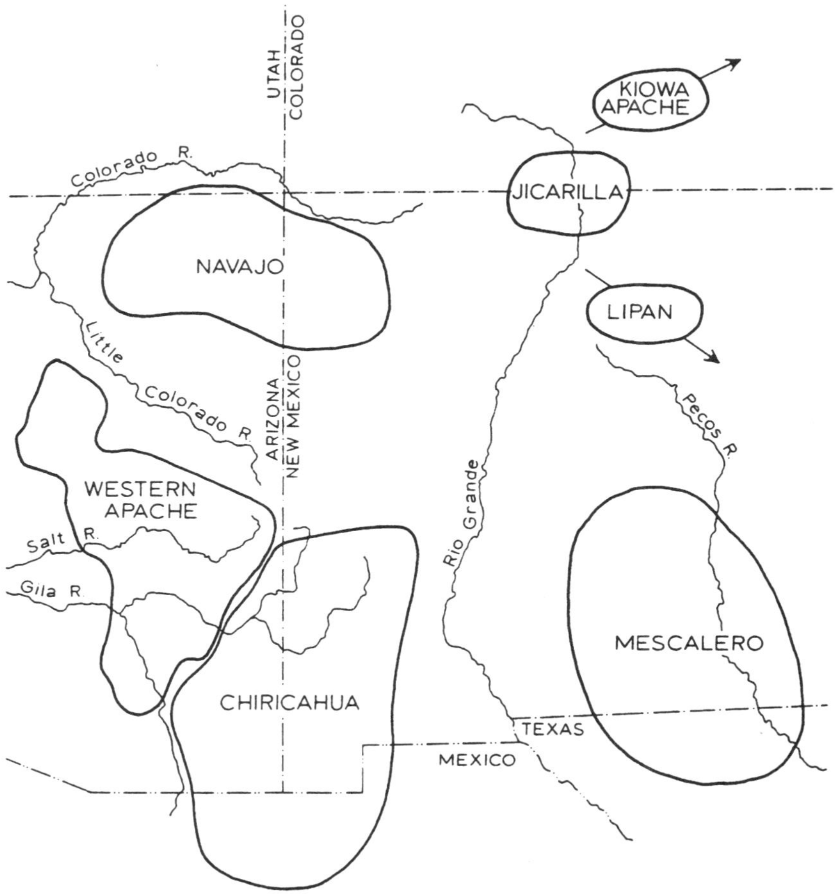

Die Stämme der Apachen

Sonne, Mond und Sternen. Die langen Fransen an dem Gewand stellen die Sonnenstrahlen dar.

Von dem Mädchen nimmt man an, dass es zu dieser Zeit ihres Lebens besondere Heilkräfte besitzt und sie Kranke durch Berührung oder Massage heilen kann. Während der sich lange hinziehenden Gesänge des Schamanen, tanzt das Mädchen auf Rehhaut in einem Tipi und bemüht sich dabei um alle Gäste, die vor allem zu ihrem Fest gekommen sind, damit sie geheilt werden. Die junge Frau muss zahlreiche Tabus beachten, denn ihr weiteres Leben hängt von ihrem Betragen während dieses viertägigen Rituals ab. Man warnt sie beispielsweise, nicht lange oder zu aus-

Die Kulturgebiete der indianischen Nationen

dauernd zu lächeln. Das könnte vorzeitig zu Falten führen. Die Zeremonie steht symbolisch für die Lebensreise des Mädchens. Wenn alles gut verläuft, wird sie ein langes und glückliches Leben haben.

An jedem der vier Tage werden die Darsteller der *Gan*, der Gebirgsgeister, das Lager segnen und die bösen Geister, die den Verlauf der Zeremonie hintertreiben wollen, verjagen. In diesem Zeitabschnitt besitzen auch die Tänzer der Gebirgsgeister heilende Kräfte. Die *Gan* sind bei den Apachen sehr beliebt. In früheren Zeiten traten sie auch auf, um die »band«, also einen Stammesteil, vor Krankheiten zu schützen. Heute sind ihre Auftritte auf die Teilnahme an der Pubertätsrite und die Schau für die Öffentlichkeit beschränkt. Die Tänzer – es können zwischen vier und sechzehn sein, dazu kommt noch ein Clown – werden unter Anweisung des Schamanen geschminkt, genauer bemalt. In der Abenddämmerung betreten sie die Tanzfläche, besuchen erst das mittlere Feuer und segnen dann viermal das Zeremonial-Tipi. Ein Chor, der den Refrain zu den Versen singt, die der Medizinmann vorträgt, und ein Trommler treten nun auf. Nach dem Lied richtet es sich, welche Tanzschritte auszuführen sind. Der Tanz selbst stellt sich für den Fremden als eine Folge kurzer, zuckender, rechteckiger Bewegungen dar. Dabei werden lebhafte Gesten mit den ebenfalls bemalten Yucca-Stengeln, die Schwerter darstellen sollen, ausgeführt. Die Tänzer treten mit Pausen die ganze Nacht über auf. Sind sie nicht auf der Tanzfläche, vergnügt sich das Publikum mit Rundtänzen, die in etwa dem Squaw-Tanz bei den Navajo (siehe dort) entsprechen.

Am Ende der vier Tage wird das Tipi abgeschlagen, und die Besucher reisen ab. Die Familie bleibt am Ort der Feier bis zum neunten Tag, an dem sich das Mädchen mit einem Bad in Yucca-Saft reinigt. Danach ist sie eine heiratsfähige Frau.

Apachen / Zeremonien

Die Apachen teilen mit den Navajo Herkommen, Sprache, kulturellen Hintergrund und viele religiöse Vorstellungen und Zeremonien. Allgemein lässt sich sagen, dass bei den Apachen weniger Zeremonien praktiziert werden, sich diese auch nicht so komplex gestalten wie bei den Navajo.

Arapaho

Ein algonkinsprechender Stamm der Großen Ebenen. Er besteht aus zwei Abteilungen: Den südlichen Arapaho, die in Oklahoma angesiedelt wurden, und den nördlichen Arapaho mit Reservationen im mittleren Wyoming. Der Ethnologe Mooney berichtet von ihnen, dass sie großes Vertrauen in die unsichtbaren Dinge der Geisterwelt besitzen.

Arktis / Native Americans / Übersicht / Geschichte der Frühzeit

Über die ersten Bewohner der westlichen Arktis ist wenig bekannt, aber die Archäologen haben dennoch verschiedene Gruppen identifiziert. Am frühesten in der Eiszeit erscheinen Großwildjäger aus dem nördlichen Asien, die Waffen mit Steinspitzen benutzten. Später kamen die Jäger der nordwestlichen Mikroblatt-Kultur mit kleinen Steinklingen. Sie durchstreiften das Innere Alaskas, das Yukon-Gebiet und das Mackenzie Becken zwischen 6500 v. Chr. und 1000 v. Chr.

Um 4500 v. Chr. entwickelte sich in der Beringsee-Region eine neue Kultur, die sich bis 2000 v. Chr. ostwärts durch die arktische Tundra und den Rand des Waldgebietes bis nach Grönland ausbreitete. Bekannt unter der Bezeichnung »arktische Kleinwerkzeuge-Tradition« und gekennzeichnet durch besonders fein geformte Gegenstände, könnte sich diese Kultur in Sibirien entwickelt haben. Es müssen Vorfahren der Eskimos gewesen sein, deren vielseitige und geschickte Ausnutzung der Ressourcen auf See und zu Lande es ermöglichte, dass sich die gesamte Arktis bevölkerte.

Assiniboin

Sprachlich und kulturell mit den östlichen und mittleren Dakota verwandt, sind die Assiniboin ein siouxsprechendes Volk, das ursprünglich in den Präriegebieten südwestlich des Lake Winnipeg wohnte. Die Stammesbezeichnung bedeutet »Die mit Steinen kochen«.

1658 begegneten Europäer zum ersten Mal Handelskanus mit Angehörigen des Stammes an der Nordspitze des Lake Superior.

In der Geschichte spielten die A. als Vermittler zwischen den Native Americans und den Handelsposten der Engländer und Franzosen und beim Transport der Felle eine wichtige Rolle.

Heute leben Angehörige des Stammes in Reservationen in den USA (Montana) und in Kanada (Saskatchewan und Alberta). Native Americans des Stammes haben während der beiden Weltkriege in den Armeen der USA und Kanadas Dienst getan.

Literatur:

Ewers, John C.: Indian Life on the Upper Missouri, Norman, Oklahoma 1968

Aufstiegszyklen des Südwestens

Für zahlreiche Stämme des Südwestens (Pueblo, Navajo und Apachen) vollzieht sich die Schöpfungsgeschichte durch einen Aufstieg durch mehrere, manchmal bis zu sieben übereinanderliegende Welten (Evolution). Die erste Welt ist die schwarze Welt, eine Insel, die im Nebel treibt. Wohl aber gibt es da schon den Kojoten und den Silberfuchs, die nach einer Mythe der kalifornischen Stämme Lehmklumpen machen und sie durch Tanz in die ersten Menschen verwandeln. Gegenwärtig verläuft für diese Stämme die Menschheitsgeschichte in der vierten Welt. Aus einem nicht bekannten Grund ist der weitere Aufstieg der Menschen unterbrochen worden. Im Zusammenhang mit dieser mythologischen Vorstellung von der Evolution steht im *kiva* der *sapapu*, der Nabel der Welt, eben jene Stelle, durch die der Auf-

stieg in die heute bewohnte Welt erfolgte.
Anthropologen meinen, dass die Aufstiegs-Mythen mit der Schwangerschaft und der Geburt in Zusammenhang stehen könnten.

Literatur:
O'Bryan, Aileen: The Dinéh: Origin Myth of the Navaho Indians, Bureau of American Ethnology, Bulletin 163, Washington 1956
Hetmann, Frederik: Büffelfrau und Wolfsmann, Königsfurt 2001

Augengaukler
Eine Trickstergeschichte, die bei vielen Stämmen der Native Americans (vor allem im Mittelwesten) erzählt wird. Der Trickster als der betrogene Betrüger. Er hat die Fähigkeit erhalten, seine Augen herauszunehmen, sie in die Luft zu werfen und wieder einzusetzen. Doch darf er diesen Trick nicht unbegrenzt ausführen. Durch die Prahlerei mit seiner Fähigkeit nimmt er die Augen einmal zu viel heraus und verliert sie. In einer Version kann er sie später durch Vogelaugen wieder ersetzen.

Literatur:
Bierhorst, John: Die Mythologie der Indianer Nordamerikas, München 1988.
Thompson, Stith: Tales of North American Indians, Bloomington & London 1929

Bandelier, Adolf
(1840 in Bern –1914). Der Vater war Armeeoffizier in der Schweiz, die Mutter eine russische Aristokratin. Mit acht Jahren kam B. nach Amerika. Die Familie ließ sich in Highland, Illinois nieder. Mit fünfzehn Jahren kehrte Bandelier in die Schweiz zurück, studierte in Bern und kam dann wieder nach Amerika. In den Jahren des Amerikanischen Bürgerkriegs beschäftigte er sich mit dem Studium der Archäologie. 1870 begann er einen Briefwechsel mit Lewis Henry Morgan (1818–1881), dessen Werk »Ancient Society« stark von Friedrich Engels beeinflusst war. Zwischen 1873 und 1879 widmete sich B. unter der Leitung von Morgan Untersuchungen über die soziale Organisation der Azteken. Er behauptete, die Azteken hätten in einer Stammesdemokratie ähnlich der Konföderation der Irokesen gelebt. 1879 wurde das »Archäologische Institut von Amerika« gegründet. Ein Jahr später reiste B. mit einem der Stifter nach Santa Fe und begann dort seine Forschungen über die Pueblo-Kulturen in New Mexico. Die verbleibenden Jahrzehnte seines Lebens widmete er der Deutung der Artifakte der Indianer des Südwestens. Zwölf Jahre wanderte er von Pueblo zu Pueblo und trug seine Habseligkeiten in den Satteltaschen seines Maultiers bei sich. Er gilt als der Vater der wissenschaftlichen Archäologie in den USA und als ein Gegner der damals herrschenden romantischen Schule. Auch in seinem Roman »The Delightmakers« ging er von »sober facts«, von »nüchternen Tatsachen«, aus. Bandeliers Roman ist als Darstellung der Native Americans durch einen Weißen für diese Zeit gegen Ende des

19. Jahrhunderts ziemlich einmalig. Es war dies die Epoche, in der man in den USA das unbedingte Recht der Weißen zur Eroberung des Westens (»Manifest Destiny«) auf Grund ihrer kulturellen Überlegenheit der weißen Rasse proklamiert hatte. Die Indianer standen diesem Ziel im Weg. Als barbarisch und grausam denunziert, war ihre Ausrottung eine zivilisatorische Tat. Bandelier zeigte die Native Americans in seinem Buch als reale Menschen, verwickelt in die Konflikte ihrer sozialen Umwelt, wie die Weißen auch.

Literatur:

Bandelier, Adolf F.: The Delightmakers, New York 1971

Bandelier National Monument

Liegt in der Nähe von Santa Fe im Frijoles Canyon, der seinen Namen von den am Creek während des ganzen Jahres wachsenden Bohnen ableitet.

Über mehrere tausend Jahre hin wurde das Pajarito-Plateau von den herumziehenden paleo – indianischen Jägern und später von archaischen Jägern und Sammlern, die dort Wild jagten und Pflanzen sammelten, aufgesucht.

Vor ungefähr 2 000 Jahren zogen kleine Gruppen der Anasazi in den Canyon. Langsam passte sich die Bauweise der Gebäude denen im übrigen Südwesten zu dieser Periode an.

Nach 800 n. Chr. kam es zu einer starken Zuwanderung von Gruppen, wahrscheinlich aus den Trockengebieten der Four Corner-Region. Die Menschen begannen in größeren Verbänden (Pueblos mit bis zu 40 Räumen) zusammenzuleben. Die Anasazi gingen nun auch dazu über, höhlenähnliche Vertiefungen in den Tuffstein der Canyonwände zu kratzen.

Im 13. Jahrhundert erbauten die Anasazi Tyuonyi, das kreisförmige, zweistöckige Pueblo auf dem Boden des Canyon. Die von hohen Mauern umgebene Siedlung erreichte im 15. Jahrhundert mit an die 100 Menschen in einem Gebäude ihre Blütezeit.

Um 1500, beim Eindringen der Spanier in die Wüsten des Südwesten, verließen die Bewohner den Canyon. Ihre Nachfahren lebten wahrscheinlich in Cochiti und San Ildefonso, einige Meilen östlich des Rio Grande.

Literatur:

Bandelier Monument, Tucson, Arizona 1990

Bär / Mythen, Rituale, Image

Durch die Ähnlichkeit des Tieres mit dem Menschen beschäftigen sich zahlreiche Mythen und Geschichten der Indianer mit dem Bär. Geschichten mit den Motiven »Bärenfrau und Rehfrau« und »Frau mit Bärenehemann oder Liebhaber« sind weit verbreitet. In mehreren Stämmen Kaliforniens verwandelten sich die Stammes-Schamanen in einen Bären oder stellten sich als Bär dar. Bären wurden in der Visionssuche als machtvolle Helfer angesehen. Die arktischen Stämme und Völker entschuldigten sich bei dem Bären, wenn

sie ihn getötet hatten, ehe man sein Fleisch aß oder das Fell gegerbt wurde. Einige solcher Praktiken haben sich bis in das zentrale Waldland und zu den nordöstlichen Algonkin ausgebreitet. Die Bärenmedizin ist die Heilkraft des Bären. Der Bär ist der machtvollste Schutzpatron bei den Keresan-, Tewa- und Zuñi-Medizingesellschaften. Schamanen rufen den Bären, damit er kommt, um dem Heilungsritual beizuwohnen. Wenn ein Schamane die Bärenklauen anlegt, besitzt er die Heilkräfte des Tieres. Er steigt in eine andere Welt, um von dort eine besonders wirksame Bärenmedizin mitzubringen.
Von den Mitgliedern der Chippewa-Medizingesellschaft (Midewiwin) sagte man, sie gingen den Weg des Bären. Die Sioux schätzten die Arzneien, die angeblich der Bär den Menschen übereignet hat, besonders hoch.

Literatur:
Rockwell, David: Giving Voice To Bear – North American Indian Myth, Rituals and Images of the Bear, Niwot, Colorado 1991

Bärenmädchen / Bärensöhne

Eine Geschichte der südlichen Küsten – Salish – kreist um die Entführung eines Mädchens durch einen Bären, der sie heiratet und mit dem sie zwei Söhne, Musp und Komól, hat, die sie rasch zu Menschen macht, indem sie sie nach der Geburt fortwährend badet. Die Söhne erlösen die Mutter, indem sie sie so lange schütteln, bis ihre Bärenhaut abfällt, die sich dann in einen Hund verwandelt.

Literatur:
Rockwell David: Giving Voice To Bear – North American Indian Myth, Rituals, and Images of the Bear, Niwot, Colorado, 1991.

Bauern der Ebenen / Native Americans / Überblick Geschichte

Die Mandanen, Nachkommen der Bauern, die den Missouri in spät-prähistorischer Zeit hinaufwanderten, ließen sich zusammen mit anderen Gruppen in der Mitte der Großen Ebenen nieder. Sie bauten Dörfer mit Erdhütten und kultivierten Mais, Squash und Sonnenblumen. Ihre Siedlungen dienten als Handelszentren der Weißen und der nomadischen Stämme auf den großen Ebenen.
Krieg mit den Dakota und Arikara und Blattern-Epidemien – die letzte 1837 – löschten die Mandan-Bevölkerung fast völlig aus.

Baumwolle

Die Forschungsergebnisse über Baumwolle *(Gossypium)* zeigten, dass die beiden wichtigsten domestizierten Sorten G. hirsutum und G. barbadense Kreuzungen zwischen wilden Arten in der Alten und Neuen Welt darstellen. Dies wurde als ein Beweis dafür angesehen, dass Einwanderer bewusst die Arten in der Alten und Neuen Welt kreuzten, nachdem sie Baumwolle von der Alten Welt nach Amerika gebracht hatten. Als dann Baumwolle *(G. barbadense)* aus der Zeit von 2000 v. Chr. in Peru gefunden wurde, kamen Zweifel über die Verbreitung ihrer Vorläufer über den Pazifik durch Menschen zu einer Zeit auf, in der Polynesien noch völlig unbewohnt war. Als dann MacNeish (s. Smith und MacNeish, 1964) in der Puebla-Grabung Baumwolle *(G. hirsutum)* entdeckte, die auf 5000 v. Chr. datiert wurde, schloss dies die Verbreitung über das Meer, als Erklärung für die Kreuzung aus. Die Tatsache, dass die Puebla-Baumwolle wild war, verstärkte die Vermutung, dass die Kreuzung, die zur Hybriden *hirsutum* führte, in der Natur selbst und ohne Zutun der Menschen erfolgt war. Es scheint, dass die Natur – einschließlich der Vögel, die Samen vierzehn Tage lang befördern können, ohne dessen Keimfähigkeit zu zerstören – selbst zu der Verbreitung in zwei Hemisphären in einer Zeit geführt hat, in der Menschen noch gar nicht anwesend waren.

Bevölkerung, indianische in Zahlen

Man schätzt die eingeborene Bevölkerung im Jahre 1492 (Kolumbus) in Nord- und Südamerika auf 75 Millionen, eine Zahl, die etwa 15 Prozent der damaligen Weltbevölkerung entsprach. Die meisten Menschen lebten damals in Amerika südlich des Rio Grande in Mittel- und Südamerika.

Für den Nordteil des Kontinents schwanken die Schätzungen zwischen 1 und 18 Millionen. Anfang des 20. Jahrhunderts lebten in diesem Gebiet dann nur noch 1,5 Million (amerikanische Indianer, Eskimos und Alëutianer).

Von da an steigen die Bevölkerungszahlen durch Verbesserung der hygienischen Verhältnisse und Heiraten mit Nichtindianern wieder an.

Die Zahlen der Volkszählung 1990 lauten: 1,9 Million in den USA plus 740000 Native Americans in Kanada, davon circa 575000 amerikanische Indianer, 35000 Inuit und 30000 Metis (Menschen gemischter indianisch-weißer Abstammung) plus 30000 amerikanische Indianer in Grönland. Das hieße also: Insgesamt läge die Zahl der Native Americans nördlich von Mexiko bei 2,75 Millionen. (Zum Vergleich: Gesamtbevölkerung USA 1990: um die 250 Millionen, Kanada über 25 Millionen.)

Die indianische Bevölkerung der USA verteilt sich auf 278 kleinere und größere Reservationen. Die größte Bevölkerungsgruppe auf einer Reservation stellen die Navajos mit 143405 Native Americans. Die Zahl der städtischen Bevölkerung der Native Americans nimmt ständig zu.

Literatur:

Driver Harold E.: Indians of North America, Chicago & London 1969

Beziehungen zwischen Native Americans und Weißen

Als die Europäer und die Völker der Neuen Welt zusammentrafen, war ein langer und schwer zu lösender Konflikt unvermeidbar. In Neu-Spanien beuteten die Konquistadoren die Indianer ruchlos aus. Landhungrige Siedler trieben die meisten Native Americans an der Atlantik- und der Golfküste von 1780 immer weiter ins Landesinnere, obwohl es Versuche der Native Americans gab, sich zu widersetzen.

Nachdem 1830 Präsident Andrew Jackson ein Gesetz zur Aussiedlung der Cherokee, Creek, Choctaw, Chicksaw und Seminolen aus ihrer angestammten Heimat im Südosten unterschrieben hatte, fand 1839 eine Zwangsüberführung der sogenannten »Fünf Zivilisierten Stämme« mit der Ausnahme kleiner Gruppen ins heutige Oklahoma, damals Teil des Indianer-Territoriums, statt. (Siehe auch dort.)

Auf dem »Zug der Tränen« starb ein Viertel des Cherokee-Volkes, an die viertausend insgesamt, an Krankheiten, Erschöpfung und Hunger. Offiziell aber war alles in Ordnung.

Verträge, die den Indianern im Westen Land für immer und ewig versprachen, wurden bald nicht mehr eingehalten. Weiße Siedler begannen in Stammesgebiete der Großen Ebenen einzudringen, was ab Mitte des 19. Jahrhunderts zu blutigen Auseinandersetzungen führte, die fast über vier Jahrzehnte andauerten. Als die Indianer endlich als »befriedet« galten, war ihnen kaum etwas geblieben.

Um 1900 waren die Überlebenden der Indianerkriege in Reservationen eingesperrt, die nur 4 Prozent der Landesfläche der USA ausmachten. Heute umfassen die Reservationen nur 2 Prozent des Staatsgebietes der Bundesstaaten, in Kanada vier Prozent der Fläche der Provinzen.

Beziehungen zwischen Native Americans und Weißen / Wichtige Daten

1492 Kolumbus entdeckt Amerika

1539–1542 Der Spanier de Soto erforscht den Südosten der heutigen USA.

1540–1541 Der Spanier Coronado erforscht den Südwesten der heutigen USA.

1598 Onate errichtet eine spanische Kolonie am Rio Grande, die Neu-Mexiko genannt wird und gewinnt die Kontrolle über die dort lebenden Pueblo-Indianer.

1604–1635 Champlain erforscht und kolonisiert den Nordosten für Frankreich.

1607 Erste ständige englische Kolonie in Jamestown, Virginia.

1611 Die ersten Jesuiten-Missionare kommen nach Neufrankreich.

1619 Erste englische Missionare, fünfzig Anglikaner, kommen nach Virginia. Erste afrikanische Sklaven in Virginia.

1620 Mayflower landet in Plymouth, erste Kolonie in Neuengland.

1622 Erster Aufstand der Indianer in einer englischen Kolonie (Virginia).

1672–1676 Niederlage der Indianer in König Philip's Krieg. Damit endet der organisierte Widerstand der Native Americans in Neuengland.

1680 Die Pueblo-Indianer rebellieren gegen die Spanier und vertreiben sie im Süden bis etwa an die heutige Grenze USA/Mexiko.

1692 Die Spanier kehren zurück und unterwerfen erneut während der nächsten Jahre die Pueblo-Indianer am Rio Grande.

1756–1763 Krieg zwischen Franzosen und Indianern. Die Engländer besiegen die Franzosen und ergreifen bis 1763 vom ganzen Nordosten Besitz.

1763 Die Britische Krone entzieht den Kolonien die Rechtsprechung über die Indianer. Sie betrachtet jeden Stamm als eine selbständige Nation, die direkt mit der Krone in Verbindung treten kann.

1767 Säkularisierung der Missionen in New Mexico. Damit endet das spanische Bekehrungsprogramm dort.

1768 Die Briten widerrufen die Proklamation von 1763 und geben die Kontrolle über Handel und Umgang mit den Indianern zurück an die Kolonien.

1769 Die Spanier besetzen Kalifornien und errichten dort eine erste Mission.

1775–1783 Nach dem Revolutionskrieg mit England werden die Vereinigten Staaten selbständig.

1778 Der Kontinentale Kongress schließt seinen ersten Vertrag mit einem Indianerstamm, den Delaware.

1789 Die Bundesstaaten ratifizieren die US-Verfassung. George Washington wird erster Präsident. Die Rechte der Indianer werden bestätigt.

1790 Der Kongress beschließt das erste Gesetz, das den Landkauf von Indianern regelt.

1795–1822 Die Vereinigten Staaten richten Handelsposten ein.

1803 Erwerb von Louisiana durch die USA.

1810–1821 Die Mexikaner werden von Spanien unabhängig.

1812–1814 Krieg zwischen England und den Vereinigten Staaten. Der letzte Krieg, in dem Indianer auf Seiten einer Kolonialmacht gegen die Vereinigten Staaten kämpfen.

1819 Der US-Kongress beschließt eine Summe von 10 000 $ zur »Zivilisierung« der Indianer.

1824 Das Bureau of Indian Affairs wird als Behörde des Kriegsministeriums der USA eingerichtet.

1830 Das Indian Removal (Umsiedlungs-) Gesetz wird vom Kongress angenommen, es legitimiert die Aussiedlung der Indianer östlich des Mississippi auf Gebiete westlich des Flusses.

1832 Der Oberste Richter John Marshall äußert die Meinung, dass das Recht der Staaten nicht auf Stammesland angewendet werden kann. Im Kriegsministerium wird das Amt eines Kommissars für indianische Angelegenheiten geschaffen.

1834 Ein Gesetz verbietet den Verkauf von Rauschmitteln (Alkohol) an Indianer.

1846–1848 Krieg zwischen den Vereinigten Staaten und Mexiko.

1849 Das Bureau of Indian Affairs wird vom Innenministerium übernommen. Goldrausch in Kalifornien.

1861–1865 Bürgerkrieg in den Vereinigten Staaten.

1870 Kongress beschließt zum ersten Mal Gelder für die Beschulung indianischer Kinder.

1871 Gesetz, das weitere Verträge mit Indianerstämmen verbietet.

1878 Kongress bewilligt Gelder für Indianerpolizei.

1879 Die Carlisle-Indianerschule wird gegründet.

1886 Geronimo und seine rebellische Gruppe der Apachen werden gefangen. Damit enden die kriegerischen Auseinandersetzungen im Südwesten.

1890 Massaker bei Wounded Knee, South Dakota.

1892–1897 Weitere Gesetze über Schulen für indianische Kinder erlassen. Recht wird, den Schulbesuch von Indianerkindern zu erzwingen. Der Bund gibt nun keine Zuschüsse bei kirchlichen Schulen für Indianer mehr.

1910 Im Bureau of Indian Affairs wird eine Medical Division (Medizinische Abteilung) eingerichtet.

1922 Erstes Treffen des All Pueblo-Rates.

1924 Durch Gesetz des Kongresses werden alle Indianer Bürger der USA und erhalten das Recht zu wählen.

1928 Der sogenannte »Meriam Survey« erkennt, dass die Assimilation der Native Americans nicht erzwungen werden darf. Beginn einer Wende in der Politik gegenüber Indianern.

1933 John Collier wird unter Franklin D. Roosevelt Commissioner of Indian Affairs.

1934 Kongress verabschiedet das Indian Reorganization Act (Reorganisationsgesetz).

1941–1945 USA im II. Weltkrieg. Indianer dienen in der US-Armee und zeichnen sich vor allem auf dem asiatischen Kriegsschauplatz aus.

1944 Gründung des National Congress of American Indians.

1946 Kongress setzt die Indian Claims Kommission ein, um die Ansprüche der verschiedenen Stämme zu überprüfen.

1948 Gerichte in Arizona und New Mexico erzwingen das Wahlrecht der Indianer, ein Recht, das ihnen seit 1924 in diesen beiden Staaten verwehrt worden war.

1951 Relocation-Programm mit dem Ziel, in den Städten Arbeitsmöglichkeiten für arbeitslose Indianer zu schaffen.

1953 Kongress beschließt die Resolution 108, die auf die Beendigung einer Sonderbehandlung der Indianer so bald wie möglich drängt.

1955 Der Medical Service (Gesundheitsbehörde) wird vom Bureau of Indian Affairs ausgegliedert und dem Public Health Service unterstellt.

1961 Gründung des National Indian Youth Council (Nationaler Indianischer Jugendrat).

1964 »Fish-in« im Staate Washington.

1968 Sechs Paragraphen, die sich mit den Bürgerrechten der Indianer befassen, werden vom Kongress beschlossen.
1978 Child Welfare Act (regelt die Rolle der Stämme bei der Adoption indianischer Kinder), American Indian Religious Freedom Act, bestätigt die Religionsfreiheit auch für Native Americans.
1980 67 Prozent der indianischen Bevölkerung leben in Großstädten der USA.
Vor allem Chicago, Los Angeles, Seattle, Oklahoma City, Albuquerque, Detroit und San Francisco haben große Gemeinden der Native Americans.

Literatur:
Washburn, Wilcomb E.: The Indian and the White Man, Garden City, New York 1964
Deloria, Vine jr.: Of Utmost Good Faith, New York 1972

Bilchula

Stamm an der Nordküste von Kanada. Nachbarn der Tsimshian.

Black Elk (Schwarzer Hirsch)

Heiliger Mann, Heiler und Visionär, Oglala Sioux. Geboren Dezember 1863 am Little Powder River, im heutigen Bundesstaat South Dakota. Gestorben 1950. Mit neun Jahren, 1872, hatte er eine berühmt gewordene Vision, während der er zwölf Tage wie tot dalag.
Werner Müller kommentiert in »Glauben und Denken der Sioux – Zur Gestalt archaischer Weltbilder« (S.82) deren Bedeutung und Funktion im Zusammenhang mit Mythen:
»Es stünde weitab von der Wirklichkeit, wollte man die Überlieferung von Mythen und Riten auf den bloßen Akt der Weitergabe von Generation zu Generation einschränken, vielmehr bedarf auch die Tradition der Bestätigung, um ihre Glaubwürdigkeit nicht zu verlieren. Die wichtigste Handfeste dieser Glaubwürdigkeit ist der Traum: Er bestätigt, was man weiß und begründet deshalb die fast totale Traumsteuerung des indianischen Daseins. Man übt mit den Kindern eine Art Traumtechnik; die Erwachsenen suchen bei wichtigen Entscheidungen Traumsignale; man unterscheidet sakrale Träume von alltäglichen; man bevorzugt besondere Stunden für einen Traumempfang (so gilt die Stunde vor Sonnenaufgang als die günstigste Traumzeit); ja ganze Rituale verdanken ihre Geburt Traumbildern.«
»Schwarzer Hirsch« erlebte in seinem Leben noch das Ende der sogenannten Indianerkriege mit, er war, als sich das Massaker bei Wounded Knee abspielte, siebenundzwanzig. Er hielt sich später in der Pine Ridge-Reservation auf, 1904 wurde er im Zuge der Missionierungsaktivitäten bei den Oglala getauft. Er befürchtete, die Politik der Weißen werde die Identität der Lakota-Nation zerstören. 1930 diktierte er seine Lebensgeschichte dem Autor John Neihardt.

Blackfoot zu Pferde

Literatur:
»Schwarzer Hirsch: Ich rufe mein Volk«. Traum und Untergang der Oglala-Sioux. Aufgeschrieben von Joseph Epes Brown (Neihardt), Olten und Freiburg i. Br. 1966
Müller, Werner: Glauben und Denken der Sioux – Zur Gestalt archaischer Weltbilder, Berlin 1970

Blackfoot

Der Stamm lebt heute in einer Reservation in Montana, angrenzend an den Glacier National Park (Größe 50 Quadratmeilen). 1832 besuchte der Maler George Catlin den Stamm. Er schätzte die Bevölkerung auf 16 500. Ein Jahr später kam auch der deutsche Maler Karl Bodmer zu den Blackfoot. Ihr indianischer Stammesname ist Amskapüi Pikuni, übersetzt »gefleckte Decken«. Sie sind ursprünglich Präriebewohner und Büffeljäger. Gewässer sind ihnen, da von dem Unterwasservolk bewohnt, unheimlich. Deswegen essen sie bis heute keinen Fisch. Nur die Hälfte der heutigen 15 000 Stammesangehörigen leben heute noch in der Reservation. Nach der Ausrottung der Büffel 1883 geriet der Stamm in große Schwierigkeiten. Ein weiteres trauriges Ereignis in der Stammesgeschichte war Baker's Massaker im Januar 1870. Bei einem Überfall durch die amerikanische Kavallerie wurden 173 Stammesangehörige, meist Frauen und Kinder, von den Soldaten getötet.

Literatur:
Grinnell, George Bird: Blackfoot Lodge Tales – The Story of a Prairie People Lincoln, Nebraska 1962

Wissler, Clark: Mythology of the Blackfoot Indians, Anthropological Papers of the American Museum of Natural History, Vol.2. New York 1908

Blood-Piegan

Algonkischer Unterstamm der Blackfoot. Heute leben noch 2000 Blood in der Blackfoot-Reservation bei Browning, Montana und in der Agentur der Piegan in Alberta, Kanada.

Blutklumpen

Der Held dieser Geschichte der Blackfoot wird aus einem Blutklumpen geboren. Er kämpft gegen Bären- und Schlangendämonen. Die Tötung des Bärendämonen durch einen »Glutstein« und des einhörnigen Schlangendämonen durch Kopfabschneiden mit einem weißen Steinmesser scheint darauf hinzudeuten, dass der Held mit der Sonne im Bunde ist und im Hintergrund der Geschichte eine Auseinandersetzung solarer und lunarer Kräfte steht. Die Warnung vor Gefahren, die der Held nicht beachtet, das sogenannte Pittheus-Motiv, kommt (nach W. Krickeberg) in nahezu allen nordamerikanischen Heldensagen vor. Der Tanz im Fischbauch dient als legendäre Erklärung einer bestimmten Zeremonie der Blackfoot, des »Tanzes der Totengeister«.

Literatur:

Thompson, Sith: Tales of North American Indians, Bloominton & London 1929
Krickeberg, W. (Herausgeber): Indianermärchen aus Nordamerika, Jena 1924

Boas, Franz

(1858–1942). Deutsch-amerikanischer Anthropologe und Völkerkundler, der zusammen mit seinen Schülern einen geradezu monumentalen Beitrag zu den Studien über die Native Americans leistete. Er wurde in Westfalen geboren und studierte in Heidelberg, Bonn und Kiel (1877–1881). 1883/1884 bereiste er die Baffininsel. Von 1899 bis zu seiner Pensionierung 1937 war er Professor an der Columbia-Universität und von 1901–1905 Kurator am Amerikanischen Museum für Naturgeschichte in New York. Die ergiebigste seiner zahlreichen Reisen war die Jesup-Nordpazifik-Expedition, die er plante und leitete. Bei ihr wurde der Zusammenhang zwischen nordasiatischen und nordwestamerikanischen Kulturen deutlicher sichtbar. Boas »Indianische Sagen« (1895) sind ein wichtiger Beitrag zu der Frage, ob Ähnlichkeiten der Folklore verschiedener Länder auf »psychischer Einheit« oder auf »Ausbreitung« beruhen. In einer brillanten Analyse wies er nach, dass nur letztere Theorie durch das Material aus Britisch-Kolumbien bestätigt wird. Mit »Tsimshian Mythologie« (1916) konstruierte er die Geschichte eines Stammes von seiner Folklore her und schuf so etwas wie eine »Stammes-Autobiographie«. Boas besaß auch weitreichende Kenntnisse über die Mythen und Märchen der Kwakiutl. Ein weiteres hervorragendes Werk von ihm trägt den Titel »Social Organisation

Karl Bodmer

and Secret Societies of the Kwakiutl Indians« (1897).

Bodmer, Karl

(1809–1893). Schweizer Zeichner und Aquarellmaler, bereiste zwischen 1832 und 1843 zusammen mit dem Prinzen zu Wied Nordamerika. Bodmers Original-Tagebücher und etwa 400 Aquarelle blieben erhalten und befinden sich heute im Joselyn Art Museum in Omaha, Nebraska. Zusammen mit der Sammlung des Prinzen, deren größter Teil 1904 in das Stuttgarter Linden-Museum gelangte, bilden sie eine unübertroffene Dokumentation der indianischen Kulturen am Missouri in der Zeit um 1830. Bodmer lebte während der längsten Zeit seines Leben in Frankreich, nämlich in Barbizon und Paris.

Literatur:

Prinz zu Wied, Maximilian: Reise in das Innere Nord-Amerikas in den Jahren 1832 bis 1834, Coblenz 1839

Carl Bodmer: Bildatlas, Reise zu den Indianern am oberen Missouri 1832–1834, Frankfurt/Main 1970

Böll, Heinrich / Nobelpreisrede 1972

In der Nobelpreis-Rede von Heinrich Böll findet sich eine bemerkenswerte Passage, die sich auf die Native Americans bezieht. Sie lautet:

»Worin bestand das größte Verbrechen der Indianer, als sie mit der nach Amerika exportierten europäischen Vernunft konfrontiert wurden? Sie kannten den Wert des Goldes, des Geldes nicht! Und sie kämpften gegen etwas, gegen das wir heute als das allerletzte Produkt unserer Vernunft kämpfen, gegen die Zerstörung ihrer Welt und Umwelt, gegen die totale Unterwerfung ihrer Erde unter den Profit, der ihnen fremder war als uns ihre Götter und Geister. Und was hätte ihnen daran wohl als christlich, als die neue, die frohe Botschaft einleuchten sollen, an dieser wahnwitzigen Selbstgefälligkeit, mit der man sonntags Gott diente und ihn als Erlöser pries und am Montag pünktlich die Banken wieder öffnete, wo die für einzig wahr gehaltene Vorstellung von Geld, Besitz und Profit verwaltet wurde? Für die Poesie des Wassers und des Windes, des Büffels und des Grases, in der sich ihr Leben verkörperte, gab es nur Hohn – und nun beginnen wir westlich Zivilisierten in unseren Städten, den Endprodukten unserer totalen Vernunft – denn gerechterweise muss man sagen: wir haben uns nicht geschont –, wir beginnen etwas davon zu spüren, wie wirklich die Poesie des Wassers und des Windes ist und was sie verkörpert.«

Literatur:
Das Heinrich Böll Lesebuch, herausgegeben von Viktor Böll, München 1994

Bohne
Bohnen *(Phaseolus)* in der ein oder der anderen Art wurden von den Native Americans fast überall dort angebaut, wo auch Mais wuchs, häufig auf demselben Feld. In den meisten Fällen war die Bohne die zweitwichtigste Nutzpflanze. Die Art Phaseolus coccineus taucht circa 7000–5000 v. Chr. auf, und zwar in Tamaulipas, Mexiko. Der archäologische Fundort deutet darauf hin, dass die Pflanze zuerst in Mittelamerika domestiziert wurde. Hingegen wurde die Lima-Bohne *(P. lunatus)* wohl in Südamerika domestiziert, sie erscheint um 5800 v. Chr. in Peru, aber in Mittelamerika nicht vor 300–500 v. Chr. Die nächste noch wilde Verwandte zu der gewöhnlichen Bohne *(P. vulgaris)* tritt im gesamten Bereich zwischen Mexiko und Argentinien auf, aber das archäologische Datum 5000–3000 v. Chr. in Mexiko weit früher als in Südamerika. Die ersten Funde der domestizierten Pflanze stammen aus der Zeit um 400 v. Chr. aus Mexiko. Sie scheint sich von dort nach Süden verbreitet zu haben.

Literatur:
Driver, E. Harold: Indians of North America, Chicago & London 1969

Brûlé-Sioux
Gehören zu den Ratsfeuern der Lakota oder Teton-wan, den sieben westlichen Stämmen der Sioux-Nation. Der Name kommt vom Französischen brûlé, d. h. verbrannt. Zahlreiche Brûlé praktizieren den Peyote-Kult als Mitglieder der Native American Church (s. dort). Sie leben heute in der Rosebud Reservation im südwestlichen Dakota.

Büffel (1)
Der amerikanische Bison oder Büffel *(Bison americanus)* ist bis zu 3 Meter lang und hat eine Schulterhöhe von etwa 1,90 m. Er wiegt ausgewachsen 1000 Kilogramm. Man hat die Zahl der Büffel um 1870 auf etwa 4,5 Millionen Tiere geschätzt, die sich auf eine kleinere Nord- (1,5 Millionen) und eine größere Südherde (3 Millionen Tiere) verteilten. Kleinere Herden kamen auch östlich des Mississippi vor, zumal dort, wo die Prärie sich weit nach Osten in das Waldland hinein vorschiebt.
Als die Amerikaner 1769 unter Führung Daniel Boones in das heutige Kentucky eindrangen, muss das »Land des grünen Rohrs« mit seinem Tierreichtum selbst diesem erfahrenen Jäger die Sprache verschlagen haben. Im Rückblick auf einen seiner Eindrücke an

Büffeljagd (vor Einführung des Pferdes)

der berühmten Blauen Lecke schreibt John Filson: »Ich hörte einen Jäger versichern, er habe über 1 000 Bisonten auf einmal an den Blauen Lecken gesehen, so zahlreich waren sie, bevor die ersten Siedler sie gewissenlos abknallten.« Für den Landwirtschaft betreibenden Siedler stellte der Büffel freilich eine Bedrohung seiner Ernten dar.

Mit dem Bau der transkontinentalen Eisenbahn schlug für den Bison endgültig die Todesstunde. Auch zuvor war er schon zu Hunderttausenden erlegt worden. 1883 war der amerikanische Büffel nahezu ausgerottet.

Bei Hornaday, der während des Massenmordes an den Tieren Material sammelte, liest man:

»Gern hätte ich die Geschichte ungeschrieben gelassen. Sie ist eine Schande für das amerikanische Volk, für die territoriale Verwaltung, die Einzelstaaten und die Administration in Washington. Spätere Geschlechter werden uns für Wilde und Raubtiere halten, ebenso grausam wie habgierig. Sie werden uns vergleichen mit dem blutgierigen Tiger des indischen Dschungels, der ein Dutzend Ochsen auf einmal zerreißt, obwohl er nur einen fressen will ...«

Büffelfleisch war das Hauptnahrungsmittel der Stämme der Großen Ebene (Prärien) gewesen. Es wurde in kleine Stücke geschnitten und roh oder gebraten verzehrt. Das beste Stück Fleisch stellt angeblich der Höcker des Büffels dar. Büffelfleisch konnte man auch zum Verzehr auf der Wanderung zubereiten. Vermischt mit Fett, Kräutern und Beeren trocknete man es in der Sonne (Pemmikan).

Literatur:
Hornaday, William T.: The Extermination of the American Bison. Annual Report of the Board of Regents of the Smithonian Institution for the Year 1887, Pt. 22. Washington 1889

Büffel (2) »Die Büffel kommen wieder ...«

Sie kommen tatsächlich wieder! 1870 lebten auf den Großen Ebenen circa zehn Millionen Büffel, ein Jahrzehnt später waren sie fast völlig ausgerottet. Damals wurde für das Abschießen eines Büffels – man musste die abgeschnittenen Ohren vorweisen – eine Prämie von 50 Cent gezahlt.
Heute zahlen Rancher hohe Preise für ein Büffelkalb, und der Medien-Zar Ted Turner hält auf seiner Ladder Ranch im mittleren Südosten von New Mexico eine Herde von 3 000 Tieren. Insgesamt sollen nun wieder zwischen 5 000 bis 6 000 Büffel allein in New Mexico leben.

Büffel / Mythen

Viele Mythen und Zeremonien des Südwestens und des zentralen Waldlandes beziehen sich auf den Büffel. Das Tier wird mit Regen in Zusammenhang gebracht. Sterbliche besuchen ein Land unter der Erde, wo die Büffel leben, Geschichten von der Heirat mit Büffeln und über das Schicksal der Nachkommen einer solchen Verbindung sind häufig. Unter den Kiowa und Apachen sind der Büffel und die Alte Büffelfrau bekannte mythologische Gestalten. Die Hidatsa (Nuxhaaga) in North Dakota opfern Nahrungsmittel und sprechen Gebete vor einem Büffelschädel, wenn Dürre herrscht. Die Shawnee tauchen einen Büffelschwanz ins Wasser, um Regen zu erbitten.
Eine Mythe bei den Prärieindianerstämmen erzählt von einem jungen Mann, der eine Büffelkuh heiratet. Diese nimmt ihn in ihre Heimat, ins unterirdische Büffelreich, mit und erklärt ihm, dass man Büffelfleisch essen kann.

Büffelsteine / i-nis-kiom

Als Büffelstein bezeichnet man das Schalengehäuse eines bestimmten Fossils (Ammoniten oder fossile Schnecken). Man sagt, dass, wenn man einen i-nis-kiom lange genug eingehüllt liegen lässt, heckt er Junge. Man wird dann zwei kleine Steine ähnlichen Aussehens wie das Original in dem Päckchen finden. Der Gegenstand ist eine starke Medizin und verleiht seinem Besitzer eine große Macht über Büffel. Der Stein wird auf der Prärie gefunden, und jemand, der ihn entdeckt, gilt als außerordentlich glückhaft. Manchmal reitet ein Mann über die Prärie und hört einen schwachen Laut, ähnlich dem Gezwitscher eines kleinen Vogels. Er weiß dann, dass der Laut von einem Büffelstein herrührt. Er hält inne und sucht die Gegend nach dem Stein ab, und wenn er ihn findet, markiert er die Stelle und wird wahrscheinlich am nächsten Tag entweder allein oder mit anderen aus dem Lager noch einmal zurückkehren, um sich umzuschauen. Sollten sie den Stein finden, so wird er sich sehr freuen. Nach der Mythe wurde der erste Stein von *Nerz Woman* gefunden, als der Stamm hungerte. Mit dem Stein war ein Gesang verbunden, den sie der Büffelstein lehrte. Mit ihm konnte man die ganze Herde anlocken. Durch dieses Ereignis wurde die Stellung der Frau bei den Präriestämmen aufgewertet. »Es hatte sich herausgestellt, dass die Sonne ihnen genauso viel Beachtung schenkte wie den Männern.«

Literatur:

Hetmann, Frederik: Jenseitsreisen, Rituale und Mythen amerikanischer Schamanen, Heiler und Zauberer, Freiburg i. Br. 1999

Bürgerrechte der Indianer (Native Americans)

Alle Indianer wurden durch ein Gesetz des Kongresses aus dem Jahre 1924 Bürger der USA und erlangten damit auch das Recht, örtlich, im Bundesstaat und bei den nationalen Wahlen zu wählen. Schon früh, nämlich ab 1817, wurde einigen Indianern das Bürgerrecht durch Sonderregelungen gewährt, und die Zahl derer, die von solchen Maßnahmen betroffen waren, nahm im Laufe der Jahre ständig zu, sodass die meisten Indianer 1924 bereits US-Bürger waren. Das im Jahr 1924 erlassene Gesetz machte diese Regelung allgemeingültig und folgte der Verleihung der Bürgerrechte an Indianer, die im I. Weltkrieg in den Streitkräften der USA Dienst getan hatten. Sie waren Freiwillige, da Indianer damals noch nicht der Wehrpflicht unterlagen. Trotz des Gesetzes von 1924 weigerten sich einige Staaten, das Bürgerrecht der Native Americans anzuerkennen. Erst 1948 gaben auch Arizona und New Mexico ihren Widerstand gegen das Wahlrecht für Native Americans auf. Die großen Volksgruppen, wie beispielsweise die Navaho, die 1966 35 750 registrierte Wahlberechtigte hatten, werden inzwischen von den politischen Parteien als mit wahlentscheidender Faktor stärker beachtet.

Literatur:

Driver, Harold E.: Indians of North America, Chicago & London 1969
Gerber, Peter R. (Herausgeber): Vom Recht, Indianer zu sein – Menschenrechte und Landrechte der Indianer beider Amerika, Zürich 1986

Bureau of Indian Affairs

Die Behörde für Indianische Angelegenheiten ist für die Beziehungen der USA zu den von ihr anerkannten mehr als fünfhundert Stämmen der Native Americans in den USA selbst und für die entsprechenden Gemeinden in Alaska zuständig. Sie wurde 1824, bezeichnenderweise als Teil des Kriegsministeriums, gegründet, 1849 wurde sie dann dem Innenministerium unterstellt. Über lange Perioden ihres Bestehens hin kann die Politik dieser

Behörde – vorsichtig ausgedrückt – nicht gerade als hilfreich für die Native Americans bezeichnet werden. Im Gegenteil: Ihr Vorgehen trug dazu bei, die Indianer ihrer Rechte und ihres Landbesitzes zu berauben. Ein gewisser Wandel trat 1917 unter Commissioner Cato Sells ein, der verkündete, es komme darauf an, die Indianer zu sich selbst versorgenden, mit Selbstachtung versehenen und nützlichen Bürgern der USA zu machen. Alle »kompetenten Indianer« sollten von nun an nicht mehr der Behörde unterstehen. Als kompetent galten solche Personen, die weniger als zur Hälfte indianisches Blut hatten oder Highschool-Diplome besaßen. Diese Bevölkerungsgruppe wurde also aus der Vormundschaft durch die Behörde entlassen. Fortschrittlich war Sells' Politik vor allem im Bereich des Gesundheitswesens. Nachdem zur Zeit des New Deals (Roosevelt) der Kongress mehr als hundert Stämme in die Selbstverwaltung entlassen hatte, nahmen zwischen 1940 und 1950 dann die Spannungen zwischen den Native Americans und der Behörde wieder zu. Auch in diesem Zeitabschnitt war und blieb es das Ziel der Behörde, die Indianer in den Hauptstrom des gesellschaftlichen Lebens in den USA zu integrieren, was nicht unbedingt den Wünschen der Native Americans selbst entsprach.

Nach Protestaktionen (Besetzung des Gebäudes B.I.A. in Washington 1972) trat ein gewisser Wandel vom Paternalismus zur Förderung der Selbstbestimmung ein. 1991 erließ der US-Kongress ein Gesetz, nach dem 30 Stämmen die völlige Kontrolle über ihre örtlichen Programme und Dienste übertragen wurde. Dabei bleibt festzuhalten, dass die Politik des B.I.A., Macht über die Indianer auszuüben und durch ihr Willfährige (Uncle Tomahawks) die Vorstellungen und die wirtschaftlichen Interessen der um die Ausbeutung der Bodenschätze bemühten Konzerne durchzusetzen, keineswegs zu einem Ende gekommen ist. Auch sind vor allem in den Grenzgebieten zu den Reservationen des Südwestens die Vorurteile der Weißen gegenüber den Native Americans immer noch groß.

Literatur:

Biegert, Claus: Seit 200 Jahren ohne Verfassung – 1976: Indianer im Widerstand, Reinbek bei Hamburg 1976

Hetmann, Frederik und Tondern, Harald: Pferd ohne Reiter, Reinbek bei Hamburg 1995

Caddo

Gehören zur caddoanischen Sprachfamilie. Sie waren früher über Oklahoma hin im Gebiet des Red River und Arkansas und im nördlichen Texas ansässig. An die 500 überlebende Caddos wurden in Oklahoma angesiedelt. 1994 zählten sie 3 200 Stammesmitglieder. Nach Vorstellung des Stammes sind der Erste Mann und die Erste Frau dem Red River entstiegen. Der Erste Mann brachte Pfeife und Feuerstein mit, die

Erste Frau Mais und Kürbis. Das erste Caddo-Dorf, Tall-Timber-on-the-Hill, soll in der Nähe des Caddo-Sees nicht weit von der Grenze zwischen Louisiana und Texas gelegen haben.

Cahokia

Ein städtisches Zentrum einer indianischen Kultur am Mississippi in der Nähe von St. Louis. Es war von 700 v. Chr. bis 1250 nach Chr. bewohnt. Die Bevölkerung lebte von Ackerbau, ergänzt durch Jagd und Fischfang. Cahokia kontrollierte ein weites Netz von Handelsbeziehungen, das bis zum Pazifik, bis nach Florida und zu den Großen Seen im Norden reichte. Die Ansiedlung wurde von einer Theokratie regiert, die von hieraus über eine Bevölkerung von 30 000 bis 40 000 Menschen herrschte. Die Häuser und Regierungsbauten dieser Machtelite standen auf den noch heute sichtbaren künstlichen Hügeln. Im übrigen war der Stadtbezirk durch eine Palisade aus Holzpfählen gesichert. Kleinere Siedlungen lagen in der näheren Umgebung. Warum dieses Stadtreich schließlich unterging, ist noch weitgehend ungeklärt. Jedenfalls war Cahokia, als die Europäer bis in diese Gegend vorstießen, schon seit fast vierhundert Jahren menschenleer. Heute informiert ein eindrucksvolles Museum über das Leben der Hügelbauer in der sogenannten Mississippikultur, von der auch an anderen Orten aufschlussreiche Zeugnisse entdeckt wurden.

Calumet

Von *chalumet*, französisch für Hirtenpfeife. Ein ritueller Gegenstand, aus dem zunächst vor allem bei den Waldindianern des Ostens und den Indianerstämmen der Großen Ebenen geraucht wurde, um Verträge zu besiegeln oder das Jagd- oder Kriegsglück zu beschwören. Die Aura des Calumets verweist auf den ganz anderen Stellenwert des Rauchens bei den Native Americans im Vergleich mit den Weißen. Für die Indianer war Tabakrauchen zunächst vor allem bei Zeremonien üblich und diente nicht unbedingt als eine Art Rauschgift zur Entlastung bei Stress.

Castañeda

Castañeda, genauer Carlos César Arana Castañeda, geboren 1925 in Cajamara, Peru. Nach Abschluss am Colegio Nacional de Nuestra Señora de Guadalupe in Lima Studium an der Hochschule für Schöne Künste. Ab 1951 in den USA (San Francisco). 1955 am Los Angeles City College (nach Vorkurs in Psychologie, Creative Writing und Journalismus). Wurde 1959 US-Staatsbürger. Studium an der University of California. B.A. (Bachelor of Art) in Anthropologie. Sein erstes Buch in einer langen Folge von weiteren Büchern trug den Titel »The Teachings of Don Juan: A Yaqui Way of Knowledge« (University of California Press, 1968, Ballantines Book, 1969) und wurde zu einem Sensationserfolg. Der Inhalt ist in etwa folgender: Don Juan Matus, ein Yaqui -Indianer, ein alter Mann um die siebzig Jahre aus Sonora, Mexiko, ist ein »brujo« (Medizinmann, Heiler Zauberer). Juan spricht fließend Spanisch. (Für einen Indianer dieser Gegend zumindest ungewöhnlich!) Angeblich lernt Castañeda ihn kennen, als er eine Feldstudie über Heilkräuter durchführt. Über fünf Jahre hin besucht er ihn immer wieder. Er lernt von ihm den Umgang mit Peyote und anderen bewusstseinsverändernden Drogen, und Don Juan führt ihn in die Wahrnehmung einer »nonordinary reality« (nichtgewöhnlichen Wirklichkeit) ein. Im Laufe der Zeit wird daraus ein sich ständig erweiterndes, man könnte auch sagen sich immer weiter differenzierendes System. Dabei lautet die grundlegende Aussage, dass die Welt, wie wir sie erleben, nur eine Beschreibung ist, die wir durch unsere Erziehung verinnerlichen, dass die Wirklichkeit nicht wirklich ist, sondern nur eine Möglichkeit darstellt, von denen es unendlich viele gibt (Castañeda, C.: Die Kunst des Pirschens, Frankfurt/Main 1981, S. 312).

Im Laufe der nach und nach erscheinenden Bände ergibt sich die Darstellung einer typische Queste, einer Initiation durch einen Schamanen in eine mystische Lehre, eine Suchfahrt nach einer bestimmten Lebenshaltung, bei der es darauf ankommt, die Routine zu durchbrechen, das Wichtignehmen des Ego zu überwinden und einzusehen, dass der Mensch ob der ständigen Bedrohung seiner Existenz durch den Tod keine Zeit nutzlos vertun darf, vielmehr gut daran tut, intensiv und möglichst konzentriert zu leben, was zu einem Zuwachs an Kraft führe.

Die Authentizität der Begegnung von Castañeda mit Don Juan ist oft in Zweifel gezogen worden.

Es scheint bei kritischer Betrachtung durchaus denkbar, dass Castañedas Bücher Fiktionen (Erfindungen) darstellen, was ja übrigens der »Wirklichkeit« ihrer Wirkung bzw. der genialen Erfindergabe ihres Verfassers keinen Abbruch tun würde.

Andererseits steht der Aufwand, mit dem die »Lehre« verkündet wird, in einem gewissen Missverhältnis zu dem, was bei näherer Betrachtung als Erkenntnis vermittelt wird. So genommen sind die Bücher Cs. unter der Voraussetzung einer Zeit und einer Gesellschaft zu bewerten, in der ein starkes »Sinnbedürfnis« besteht. Um sich eine Vorstellung zu verschaffen, was da gespielt wird, ist es meiner Ansicht nach hinreichend, »Die Lehren des Don Juan – Der Yaqui-Weg des Wissens« zu lesen.

Literatur:

Carlos Castañeda: The Teachings of Don Juan – A Yaqui Way of Knowledge, New York 1968

Deutsche Ausgabe unter dem Titel:

Carlos Castañeda: Die Lehren des Don Juan – Der Yaqui-Weg des Wissens, Frankfurt / Main 1973

De Mille, Richard: Castañedas' Journey, Santa Barbara 1976

Ulrich, Hans E.: Von Meister Eckardt bis Carlos Castañeda – Reise durch eine andere Wirklichkeit, Frankfurt / Main 1986

Catawba

Stamm im heutigen US-Bundesstaat North Carolina. 1840 verkauften die Stammeshäuptlinge das gesamte Land des Stammes gegen Bargeld und das Versprechen, ihnen ein anderes Gebiet zu geben. Obwohl dieser Vertrag der Ratifizierung durch den US-Senat bedürftig gewesen wäre, was nie geschah, wurden die Catawba aus ihrer Heimat vertrieben.
Zehn Jahre später kehrten zahlreiche Stammesmitglieder in die alte Heimat zurück und kauften ein Stück Land. Seit 1883 hatten die Mormonen große Erfolge bei der Missionierung der Catawba, und dieser Sektenglaube wurde ein wichtiger Bestandteil der Stammesidentität.
Im 20. Jahrhundert wurde häufig der völlige Untergang des Stammes durch Anpassung an die weiße Zivilisation und an den Mormonenglauben vorhergesagt. Tatsächlich aber haben die Catawba immer weiter um ihr Land gekämpft. 1993 zählte der Stamm 1400 Mitglieder. Es kam zu einem Vertrag mit der Bundesregierung, die diese Gruppe wieder als Stamm anerkannte und ihr 50 Millionen Dollar zum Landkauf und zur wirtschaftlichen Entwicklung zahlte.

Catlin, George

(1796–1872), Maler, geboren in Wilkesbarre, Pennsylvania, gab das Studium der Rechte auf und widmete sich der Malerei. Verbrachte nahezu acht Jahre in der Wildnis jenseits des Mississippi und gewann einen Ruf als Historiograph der westlichen Indianerstämme. Kam 1840 zum ersten Mal nach Europa, wo er über Jahre hin Vorträge hielt und Ausstellungen veranstaltete.
Er machte die Indianer auch in Deutschland populär. 1855 besuchte er Berlin, wo Alexander von Humboldt dafür sorgte, dass Friedrich Wilhelm IV. zehn Gemälde und eine Mappe mit 104 Zeichnungen von Catlin kaufte. Kurz vor seinem Tod in Jersey City, New Jersey unternahm Catlin noch eine Reise nach Südamerika.

Literatur:

Catlin, George: Last Rambles Among the Indians of the Rocky Mountains and the Andes, 1868
Rossi, Paul A. &. Hunt, David C. J.: The Art of the Old West, New York 1971
Hartmann, Horst: Catlin und Möllhausen – Zwei Interpreten der Indianer des Alten Westen, Berlin o. Jahresangabe.

Chaco Canyon

Im August des Jahres 1849 ritt ein Vermessungstrupp der US-Armee durch die ausgedehnten Weiten der mit Salbei bedeckten Wildnis des nordwestlichen New Mexico und entdeckte im Chaco Canyon die ersten Anzeichen für eine gewaltige prähistorische Siedlung, von der sich später herausstellte, dass sie zum Chaco-Zweig der Anasazi-Kultur gehörten. Heute sind 3600 Fundstellen im Canyon und dessen näherer Umgebung fixiert worden.
Jäger, die Mammuts und andere Tiere der Eiszeit verfolgten, kamen durch die-

se Gegend und suchten Schutz in Höhlen. Nach einer Klimaveränderung und dem Aussterben der Großtiere folgten auf die Paleo-Indianer die sogenannten archaischen Jäger und Sammler, die Rehe und Kaninchen jagten und nach den Samen wilder Gräser, Beeren und Wurzeln suchten. Vor 2000 bis 3000 Jahren hatten die archaischen Menschen aus dem Süden die Kultivierung von Mais übernommen und lebten in kleinen Grubenhäusern auf der Chaco Mesa im östlichen Teil des Canyon und an anderen Stellen mit hinreichenden Wasservorkommen. Sie stellten aus Pflanzenfasern Körbe, Sandalen und Fallen her, was ihnen bei den Archäologen die Bezeichnung »Basketmaker« (Korbmacher) eintrug.

Um 700 n. Chr. begannen sich die Basketmaker zu größeren Einheiten zusammenzuschließen und die ersten überirdischen Häuser aus Stein und Holz zu bauen. Sie waren inzwischen erfahrene Ackerbauer in einer an Niederschlägen armen Gegend, sie bauten Mais, Bohnen und verschiedene Kürbisarten an. Zeremonien wurden in unterirdischen Kammern (kivas) abgehalten. Der Mais wurde in Steingefäßen neben den kleinen Familienräumen aufbewahrt. Im 10. Jahrhundert war das goldene Zeitalter der Chaco-Zivilisation. Keramik ersetzte nun die Körbe als Gefäße zur Aufbewahrung mineralischer Farbstoffe und Edelsteine.

Die schwarz-weiß gehaltene Chaco-Keramik ist bis heute in ihrer Formschönheit unübertroffen. Das öffentliche Leben spielte sich vor allem auf der Plaza ab. Die Frauen benutzten zum Mahlen des Mais Handsteine. Die Männer gingen auf die Jagd, besuchten die Zeremonien, kümmerten sich um die Ernten, stellten die Werkzeuge her und webten.

Die großen Gebäude, die um diese Zeit entstanden, könnten als Handelshäuser oder zu spirituellen Zwecken gedient haben. Die Canyon-Bewohner scheinen vor allem an dem Handel mit Türkisen bis nach Mittelamerika und bis hin zum Pazifik beteiligt gewesen zu sein. Die Türkise fanden sich bei Cerillos in der Nähe von Santa Fe. Sie wurden von dort zur Verarbeitung und zum Verkauf im Fernhandel in den Chaco Canyon gebracht.

Wie viele Menschen damals im Chaco lebten, ist immer noch umstritten. Es fällt auf, dass Reste von Wohnstätten, Kochstellen und Begräbnisplätzen eher selten sind. Gräber, die gefunden wurden, scheinen hauptsächlich solche von hochgestellten Persönlichkeiten gewesen zu sein, die mit Juwelen und Gebetstöcken beigesetzt wurden.

Auch wurde im Chayo Canyon eine große Menge zerbrochener Keramik gefunden, sodass man die Sitte des zeremoniellen Zerbrechens, aus welchen Gründen auch immer, nicht ausschließt. Auf der Nordseite des Canyon lagen Felder mit Bewässerungsgräben. Schätzungen der Archäologen über die Bevölkerung liegen bei einigen tausend Menschen.

Die schwierigen topographischen Verhältnisse mögen den Ausbau eines weitreichenden prähistorischen Straßensystems in und um den Chaco notwendig gemacht haben. Pfeilgerade Straßen von beträchtlicher Breite führten zu den Außensiedlungen, aber es gibt auch solche Straßen, die merkwürdigerweise im Nirgendwo enden. Die Vermutungen gehen dahin, dass sie Kultplätze miteinander verbanden. Um 1100 n. Chr. scheint sich das Machtzentrum aus dem Chaco Canyon in jene Gegend im Norden verlagert zu haben, an der man die *Aztec Ruins* fand. Noch später wird dann die Mesa Verde zum wichtigsten Ort im Bereich der Four Corners.

Unter den vielen eindrucksvollen Gebäuden im Chaco Canyon, ist das bedeutendste das Große Haus im Pueblo Bonito, an dem mehrere Generation von Steinmetzen gearbeitet haben dürften. Es war schließlich nach hinten vier oder fünf Stockwerke hoch und fiel nach vorn auf ein Stockwerk ab. Es enthielt 600 große Räume um eine Plaza mit drei großen und 30 kleineren kivas.

Pueblo Bonito wurde von dem Cowboy-Archäologen Richard Wetherill und der Hyde-Expedition zwischen 1896 und 1899 ausgegraben. Weitere Ausgrabungen nahmen der Kurator des Smithonian Institute, Neil Judd, und die Expedition des National Geographic Magazine in den zwanziger Jahren vor. Man fand dabei häufig Stücke weiß-schwarzer Keramik, rohe und bearbeitete Türkise und ein Aufsehen erregendes Halsband mit zwei Strängen Muscheln, die offenbar vom Pazifik stammten, zudem mexikanische Kupferglocken und bemalte Papageienknochen.

Um besseren Schutz vor Plünderungen zu gewährleisten, wurde Chaco 1907 zum Nationaldenkmal erklärt.

Literatur:

Fagan, Brian M.: Ancient North America – The Archeology of a Continent, London 1991
Plog, Stephen: Ancient Peoples of the American Southwest, London 1997

Cherokee

Wahrscheinlich abzuleiten von *chilukki*, einem Choctaw-Wort, das »Höhlenleute« bedeutet. Die Cherokee sind einer der sogenannten Fünf Zivilisierten Stämme, eine Bezeichnung, die zum ersten Mal in den Berichten des Indian Office (Vorläufer des Bureau of Indian Affairs) 1876 auftaucht. Diese Stämme hatten ihre eigenen konstitutionellen Regierungen. Die Cherokee erlangten eine traurige Berühmtheit durch ihre Abschiebung ins Indianerterritorium, dem sogenannten »Zug der Tränen«, bei der ein Viertel des Stammes umkam. Die meisten Cherokee leben heute in Oklahoma, 7 000 von ihnen allerdings noch immer auf der 56 000 acres großen Cherokee-Reservation in North Carolina.

Literatur:

Fuller, Louis and Guttmann, Allen: The Removal of the Cherokee Nation – Manifest Destiny or National Dishonor? Boston 1962

»Black Belly«

Cheyenne / Stammesgeschichte
Stamm der algonkinischen Sprachfamilie in den Großen Ebenen des Westens. Reservationsland im südlichen Montana. Der Stammesname leitete sich her von *chien* (Hund) wegen eines Rituals, bei dem Hunde gegessen wurden. Die Cheyenne bezeichneten sich selbst als *TisTisTas*, das Volk.

Vor mehreren hundert Jahren lebten die Cheyenne in den Waldgebieten westlich der Großen Seen, wahrscheinlich in der Nähe des Lake Superior. Gegen Ende des 17. Jahrhunderts wanderten sie westwärts und ließen sich dort am Red River nieder, wo dieser die Grenze zwischen Minnesota und den beiden Dakotas bildet. Im frühen 18. Jahrhundert waren sie eng verbunden mit den sesshaften Stämmen am oberen Missouri, also mit den Mandanen, Hidatsa und Arikara. Sie wohnten in Dörfern, die aus großen, halbunterirdischen Hütten bestanden, betrieben Gartenbau und ergänzten ihre Lebensgrundlage durch die Jagd. Sie waren in matrilinearen Clans organisiert, ein verheiratetes Paar lebte also bei den Eltern der Ehefrau. Um 1780 wurde das Pferd in diese Gegend vermittelt. Das eröffnete für die Cheyenne die Möglichkeit zu einer ganz neuen Lebensart. Bis 1830 besaßen sie hinreichend Pferde, um ihre bis dahin sesshafte Lebensweise aufzugeben und zu nomadisierenden Jägern zu werden. Zwischen 1857 und 1879 wurden sie in Auseinandersetzungen mit den weißen Amerikanern verwickelt und waren zudem Angriffen durch die Sioux, Kiowa und Comanchen ausgesetzt. 1855 (Ash Hollow) und 1864 (Sand Creek) wurden friedliche Lager der Cheyenne von den US-Truppen überfallen und Frauen und Kinder niedergemetzelt. Die Cheyenne spielten eine entscheidende Rolle in der Schlacht am *Little Bighorn* (1876).

Die nördlichen Cheyenne wurden 1877 nach Süden getrieben und mit den südlichen Cheyennes im heutigen Oklahoma interniert. Im Sommer 1878 widersetzten sich 300 von ihnen unter Führung von Dull Knife (Morning Star) dem Indianeragenten und der Armee. Sie brachen zu einem langen Marsch zurück in ihre Heimat auf. Dreitausend Soldaten versuchten, sie zurückzuhalten. Die Cheyenne kämpften und marschierten, bis sie ihre Heimat erreichten, wo sie dann kapitulierten. Aus Washington kam der Befehl, sie mitten im Winter wieder nach Oklahoma zurückzuschaffen. Dort sperrte man sie in ungeheizte Kasernen ohne Nahrung ein. Bei einem Ausbruchversuch im Januar 1879 wurden vierundsiebzig Cheyenne von den weißen Soldaten getötet, achtundsiebzig wieder gefangen, dreißig entkamen.

Getrennte Reservationen wurden kurz danach am Tongue River in Montana und im südwestlichen Oklahoma eingerichtet. Im Norden sind die Cheyenne seither vor allem Viehzüchter, in Oklahoma betreiben sie kleine Farmen. Seit der Mitte der 30er Jahre haben beide Stämme eine Handelsgenossenschaft gegründet.

Cheyenne / Zeremonien

Erneuerung der Heiligen Pfeile

Die Medizin-Pfeile symbolisieren die kollektive Existenz des Stammes. In gewissem Sinn kann man sagen, dass sie die Verkörperung der Stammesseele darstellten. Die Erneuerung der Heiligen Pfeile ist keine jährliche Zeremonie. In Jahren, in denen sie nicht stattfindet, wird entweder der Sonnentanz oder der

Tiertanz

Tiertanz durchgeführt. Die Pfeil-Erneuerungs-Zeremonie ist entstanden durch ein Stammesmitglied, das eine große Tat vollbringen wollte. Es ist eine Verpflichtung gegenüber dem Übernatürlichen, ein Schwur, der unter großer Belastung durch Angst und materielle Not (Hunger) geleistet wurde.

Cheyenne / Zeremonien

Massaum (Gegenteil) oder Tiertanz

Diese Zeremonie ist dazu bestimmt, das Wohlbefinden des Stammes zu sichern. Es ist hauptsächlich ein Jagd-ritual, das dem Kulturhelden »Süße Medizin« gelehrt wurde, als er die Heiligen Gebirge aufsuchte. Die Frauen spielen im Massaum eine wichtige Rolle.

Vier Tage und Nächte finden Rituale in einem Doppeltipi um den Mittelpfosten herum statt, einem Baum, der noch seine Zweige hat, um das Wachsen der Vegetation auszudrücken. Der Stifter und seine Frau handeln nach Anweisung eines Priesters. Es werden rituelle Vorgänge wie Rauchen, Bemalen u.s.w. vollzogen. Alle Tätigkeiten zielen auf die Vorbereitung einer Wolfshaut hin, die der Stifter der Zeremonie am fünften und letzten Tag trägt.

Zwei Wölfe sind die beiden wichtigsten Tiere der Zeremonie, aber am fünften Tag kommen Büffel, Rehe, Füchse, Gebirgslöwen, Pferde, Bären, Antilopen, Kraniche und Amseln in Gestalt von Männern, die diese Tiere verkörpern, hinzu. Die Tiere werden von Mitgliedern der Bogensehnen-Gesellschaft oder von den Contrary-Kriegern, die alles verkehrt herum tun, spielerisch gejagt. Der Name der Zeremonie leitet sich her von dem Wort massa'ne', d. h. verrückt.

Cheyenne / Zeremonien

Sonnentanz

Das zentrale Thema des Sonnentanzes ist die Erneuerung der Welt.

F. A. Dorsey, ein Cheyenne-Priester, erklärt dazu:

»Das Ziel der Zeremonie ist es, die ganze Welt zu verändern und neu zu machen, und von dem Augenblick an, an dem der Errichter der Lodge (Hütte) seine Verpflichtung leistet, beginnt für alle und jeden ein neues Leben, denn der Medizin-Geist *(maíyun)* hat das Gebet dessen, der die Verpflichtung übernahm, gehört und beginnt sofort, auf sie zu antworten. Der Mann, der diese Verpflichtung ausspricht, tut dies nicht so sehr für sich oder seine Familie, sondern für den gesamten Stamm. Die Reaktion besteht darin, dass der Medizin-Geist gutes Wasser und ein gutes Wehen des Windes verfügt. Der Wind ist der Atem des Medizin-Geistes. Zur Zeit des Einsamen Tipi, als die Welt geschaffen wurde, begann der Wind zu wehen. Wenn die Zeremonie fortschreitet, nimmt die Welt an Größe zu, und wenn die Lodge errichtet worden ist, entzünden wir ein Feuer, das die Hitze der Sonne darstellt. Die Lodge ist nach Osten ausgerichtet, damit die Heiligen Wesen darüber hinfahren und sie heiligen können.« (Dorsey,G.A.: The Cheyenne, Field Columbian Museum, Anthropological Series, Vol. IX, Nos. 1 and 2, in 2, 186)

Der Name der Cheyenne für den Sonnentanz, das Wort oxheheom, d. h. Hütte des neuen Lebens, drückt eindeutig den Zweck der Zeremonie aus. Die Schöpfungsmythe der Cheyenne bringt die Einführung des Sonnentanzes mit einem Kulturhelden, nämlich »Aufrechte Hörner« *Tomsivsi*, in Zusammenhang. Wie »Süße Medizin« reiste auch er in die heiligen Gebirge, um dort von maíyun und dem Donnergeist belehrt zu werden.

Literatur:

Grinnell, George Bird: By Cheyenne Campfire, New Haven & London 1926

Hoebel, E. Adamson: The Cheyennes – Indians of the Great Plains, New York 1960

Chilcotin

Stamm im Nordwesten (Pazifikküste), wanderte wahrscheinlich aus dem Norden in die Gegend ein. Völlig ausgestorben.

Chinook

Der Stammesname leitet sich ab von dem Wind, der vom Pazifik her landeinwärts weht. Der Stamm lebte an der Mündung des Columbia River. Die Entdecker Lewis und Clark waren 1803 die ersten Weißen, die in diese Gegend kamen. Seit 1864 teilen sich Überreste des Stammes mit den Chehalis-Indianern der Salishan-Sprachfamilie eine Reservation nahe Oakville im Bundesstaate

Washington. Aus ihrer Sprache leitete sich der Handelsjargon des Nordwestens her.

Chipá Kikwaio

Fest der Toten bei den Potawatomi. Einst wurden dabei die Fische mit Opfergaben geehrt. Den Feiernden erschien im Traum eine Forelle und erklärte ihnen, dass der Fisch-Clan der einflussreichste und größte Clan des Stammes werden würde.

Chippewa, auch Ojibwa

Ein Algonkin-Volk im Westen der Großen Seen. Heute in Reservationen in Michigan, Wisconsin, Minnesota und North Dakota. In Minnesota und entlang der kanadischen Grenze haben die Ojibwa in den letzten Jahrzehnten für ihr Recht gestritten, wilden Reis zu ernten und vermarkten zu dürfen. Zum Stamm gehören circa 200 000 Menschen, von denen 2/3 in Kanada leben. Etwa 20 000 davon sprechen einen der vier Dialekte der Ojibwa-Sprache. Um in die Zeremoniengesellschaft der Midewiwin aufgenommen zu werden, hatte sich der Adept einer Visionssuche und einer langen Zeit der Ausbildung in Kräuterkunde und weltanschaulichem Wissen durch die Ältesten zu unterziehen.

Choctaw

Stamm, dessen traditionelle Heimat das Land am mittleren Mississippi ist. Die Gesellschaft der Choctaw ist in zwei Gruppen oder iksas organisiert, durch die sich die Heirat regelt. Kinder gehören zur iksa ihrer Mutter und können nur in den anderen iksa heiraten. Politische Macht wird über die Frauen vererbt. Der Neffe des Häuptlings, der Sohn dessen Schwester, wurde traditionsgemäß sein Nachfolger. Die höchste Gottheit der Choctaw war die Sonne, verkörpert auf Erden durch das Feuer. Tote wurden auf eine erhöhte Plattform gelegt und so ihre Überreste der Sonne dargebracht.
1903 zogen hundert Stammesangehörige vom Mississippi nach Oklahoma, tausend blieben in ihrer alten Heimat. Nach einer wechselvollen Geschichte bewilligte 1918 der US-Kongress eine Summe, die es den am mittleren Mississippi lebenden Choctaw ermöglichte, Land für eine Reservation zu erwerben. Die Mississippi-Band der Choctaw Indians zählte 1970 um die 5 000 Stammesangehörige. Es bestehen auf eine Annäherung hinzielende Beziehungen zu den Choctaw in Oklahoma.

Clan

Ein Clan besteht aus Personen eines Geschlechts, die demselben Verwandtschaftsverband angehören und den Ehepartnern der verheirateten Angehörigen. Ein Matriclan besteht aus Frauen der Verwandtschaft mütterlicherseits, ihren unverheirateten Söhnen und ihren Ehemännern; ein Patriclan aus den Verwandten väterlicherseits, ihren unverheirateten Töchtern und ihren Frauen. In beiden Fällen gilt die wirkliche oder metaphorische Clan-Verwandtschaft für alle Clan-Mitglieder und diese können einander nicht heiraten.

Cochise / Apachen-Häuptling

Ein Kriegshäuptling und Anführer der Chiricahua-Apachen, lebte von 1810 bis 1874. Er war über 30 Jahre, zwischen 1840 und 1870, die Seele des indianischen Widerstands gegen die Weißen in Südwesten. Seinen Namen hatte er nach dem indianischen Wort goci, Nase. Er führte einen Guerillakrieg gegen Mexiko und gegen die USA. Er war ein außerordentlich geschickter Reiter. Sein Mut im Kampf Mann gegen Mann und seine Autorität unter seinen Kriegern waren legendär. Nach schier endlosen Kämpfen stellte ihn die amerikanische Armee unter General Oliver Howard im Oktober 1872 im Dragoon-Gebirge in Arizona. Man einigte sich dort auf eine Reservation für die Chiricahua-Apachen im südöstlichen Arizona. Cochise hielt den einmal geschlossenen Friedensvertrag bis zu seinem Tod am 8. Juni 1874 ein.

Literatur:

Sweeney, Edwin R.: Cochise: Chiricahua Apache Chief, Norman, Oklahoma 1991

Comanchen

Von den Stämmen der Kiowa, Schoschonen und Comanchen gehören die beiden Letzteren zur uto-aztekischen Sprachfamilie. Alle drei sind tatsächlich Wüstenvölker, die in Utah, Nevada, in den Trockengebieten von Kalifornien und teilweise auch in Oregon und Washington ansässig waren. Man nennt sie die marginalen Stämme, weil ihre Heimat dort liegt, wo die Wüstenlandstriche und die von Büffeln beweideten Prärien zusammentreffen, also auf einem Landstreifen der trockenen Großen Ebenen in Oklahoma, Colorado, Wyoming und im westlichen Kansas. Als sie mit den Weißen zusammentrafen, besaßen sie schon Pferde. In der frühen Literatur tauchen sie als Snakes oder als Horse-Indians auf.

Im 17. Jahrhundert hielten sich die Kiowa unmittelbar westlich der Black Hills auf, während die Schoschonen zwischen ihnen und den Rocky Mountains lagerten. Unmittelbar südlich der Kiowa lebten die Comanchen. Während des nächsten Jahrhunderts verlegten die Kiowa ihre Wohngebiete in die Gegend zwischen Denver und Amarillo, Texas, während sich die Comanchen südlich und östlich von Amarillo niederließen. Die Schoschonen blieben im Norden. Die Stämme bildeten eine lange Linie von Montana bis Mexiko. Sie waren ausgezeichnete Reiter und stritten sich mit anderen Stämmen, die ebenfalls Büffel jagten, um die Weidegründe dieser Tiere. Man schätzt sie in dieser Zeit auf an die zehntausend. Die ersten Verträge mit den USA wurden 1830 geschlossen. Als die Comanchen zwischen 1868 und 1874 aus alter Feindschaft mit Texas ihre Überfälle nicht einstellten, gingen

Comanchen-Dorf

Truppen der USA gegen Comanchen und Kiowa vor. Die US-Armee erzwang letztlich damit ihren Sieg, dass sie die Pferdeherde der Comanchen raubte und über einen Abgrund (Palo Duro Canyon) in eine Schlucht stürzen ließ, wobei sich die meisten Tiere das Genick brachen. Danach unterblieben die Überfälle der Comanchen, und diese ließen sich in Reservationen in Oklahoma nieder. Die Schoschonen wandten sich nach Norden, nach Wyoming. Sie

nannten sich nun Wind River-Schoschonen. Ihre Reservation liegt in der Nähe ihrer alten Heimat.
Die Schoschonen trugen viel zur Ausbreitung spezieller Zeremonien in den Großen Ebenen bei. Der Sonnentanz der östlichen Schoschonen basiert auf einer Zeremonie der Comanchen im späten 18. Jahrhundert.
Religion wurde bei den Comanchen nicht von der Stammesgruppe, sondern vom Individuum praktiziert. Gegen Mitte des 19. Jahrhunderts gab es bei den Comanchen die Biberzeremonie und den Adlertanz. Während der Zeit in der Reservation wurden die Comanchen leidenschaftliche Anhänger des Peyote-Kultes. Der Bibertanz scheint von den Pawnee übernommen worden zu sein, hingegen war der Adlertanz eine Zeremonie der Comanchen. Er wurde von einem Mann für seinen Sohn oder Neffen arrangiert, um auf den jungen Mann von einem mächtigen Schamanen eine starke Kraftübertragung vorzunehmen.
Die Vorstellungen der Comanchen von wichtigen Gottheiten waren ziemlich vage. Sonne, Mond und Erde galten als übernatürliche Wesen, und in späteren Zeiten kam die Vorstellung von einer allmächtigen Macht, bezeichnet als Großer Geist oder Our Sure Enough Father auf. Der Große Geist war der Schöpfer des Universums. Bei Gebeten wurde diese diffuse, aber allmächtige Kraft zuerst erwähnt. Einige Comanchen scheinen auch an einen Gegenspieler dieser Gottheit, an den Bösen Geist, geglaubt zu haben.
Der Große Geist wurde von manchen Comanchen mit der Sonne gleichgesetzt. Ihr traute man Allmacht zu. Allerdings wurde nie scharf zwischen der Sonne und dem Großen Geist unterschieden. Wie die Erde, die als Mutter angesprochen wurde, war auch der Mond eine Gottheit. All diese göttlichen Wesen waren ziemlich entrückt, während der einzelne Comanche mehr an einem individuellen Schutzgeist interessiert war, der auf ihn Kräfte übertrug.
Solche Geister waren in der Lage, sich in der Sprache der Menschen kundzutun und die Gestalt nahezu eines jeden Gegenstandes anzunehmen. Sie konnten sich in diese Gegenstände verwandeln und auch deren Gestalt wieder verlassen. Geister lebten in Flüssen, Quellen und markanten Formationen der Landschaft.
Kraft konnte auch in Naturphänomenen enthalten sein. So hielten die Comanchen, gleich anderen Stämmen der Großen Ebenen, den Donner für einen Vogel, größer und mächtiger als der Adler. Der Donnervogel war in der Lage, Blitze, Stürme und Regen auszulösen und wurde mehr als jede andere Macht im Zusammenhang mit den Naturphänomenen gefürchtet. Auch Büffel konnten als übernatürliche Wesen auftreten. Eine magische Praktik, um Büffel anzulocken, bestand darin, einen Büffelschädel mit Blickrichtung

gegen das Lager hin zu postieren. Der Kojote wurde als ein Bruder angesehen, in dessen Macht es stand, das Individuum auf glückliche oder unglückliche Umstände hinzuweisen. Der Adler verlieh vor allem Kräfte für den Krieg, deswegen wurde er auf den Schilden abgebildet, und die Krieger schmückten sich mit Adlerfedern. Der Elch verlieh dem, der ihn als Schutzgeist besaß, Kraft und Stärke. Bär und Skunks besaßen die Fähigkeit, Wunden zu heilen.

Literatur:

Newcomb, W.W. jr.: The Indians of Texas – From Prehistoric to Modern Times, University of Texas Press, Austin 1961

Cooper, James Fennimore

(1789–1851) Schriftsteller, stammte aus einer Großgrundbesitzerfamilie aus New Jersey, studierte in Yale und wurde dort relegiert, weil er eine Kuh auf einen noch heute zu besichtigenden Turm auf dem Universitätsgelände getrieben hatte. Er fuhr dann zur See und lebte ab 1811 als freier Schriftsteller im Staate New York, zwischen 1826 und 1833 in Frankreich, zeitweilig als Konsul. C. begründete die Tradition des historischen Romans in den USA. Er veröffentlichte im Laufe seines Lebens 35 Romane und 15 weitere Prosawerke. In Hinblick auf die Indianer prägte er mit seinen »Leatherstocking Tales« (1824–1841), deutsche Ausgabe »Lederstrumpf« (1826–1841), entscheidend die Vorstellungen von den Indianern und den Beziehungen zwischen ihnen und den Weißen in Europa.

Gert Raeithel kommentiert: »Cooper sah Parallelen zwischen den Wäldern der Frontier und dem Ozean in beider Grenzenlosigkeit, beide waren Bereiche des Möglichen, stellten Schwierigkeiten dar, die sich überwinden ließen. Um zu überleben, muss der Held das Weite suchen, er muss abspringen – jump off – sich lösen von vertrauten Menschen und Umgebungen. Natty Bumppo als ›Deerslayer‹ (1841) geht lieber zu den Irokesen, um sich dort foltern zu lassen, als die Frau zu heiraten, die ihm ihre Liebe erklärt hat.« Was Cs. Indianerbild angeht, so ist es mehr von der Melodramatik, die für den Verlauf einer publikumswirksamen Romanhandlung günstig ist, bestimmt, als dass es die realistische Wiedergabe der historischen Verhältnisse darstellte. Es hat geholfen, das Klischee, Indianer seien entweder grausame Barbaren oder edle Wilde (der Delaware-Häuptling Chingachgook, die Große Schlange und sein noch edlerer Sohn Uncas!) mitzuprägen. Während einerseits gerade die Lederstrumpf-Geschichten ein großartiges Panorama eines jungen und vitalen Amerikas entwerfen, treten in ihnen auch Coopers literarische Schwierigkeiten deutlich zu Tage: die hölzerne Redeweise der Personen, Vorgänge, bei denen selbst die Möglichkeit dem Leser noch unwahrscheinlich vorkommt, eine Handlung, die sich in sich selbst verheddert. Die härteste Kritik kommt in diesem Zusammenhang von Mark Twain, der – witzig oder lächerlich? – zu beweisen versuchte, dass Cooper einfach keine Geschichte erzählen konnte.

Literatur:

Lass, Abraham (editor): A Student's Guide to 50 American Novels, New York 1966

Raeithel, Gert: Geschichte der Nordamerikanischen Kultur, Band 1–3, Frankfurt/Main 1995

Crazy Horse

(1840–1877) Oglala-Lakota-Krieger und politischer Führer. Er wurde in der Nähe von Bear Butte in den Black Hills geboren. Als Junge trug er den Namen Light Hair and Curly. Als Teenager hieß er dann *His-Horse-Stands-in-Sight,* und erst mit zwanzig übernahm er den Namen, unter dem er später bekannt wurde. Vor ihm hatten schon zwei seiner Vorfahren ihn getragen. Als Junge hatte er eine Vision. Er sah einen Krieger auf einem Pferd, das die Farbe wechselte. Der Krieger ließ sich auch von Wind, Hagel und den Geschossen der Feinde bei seinem Ritt nicht aufhalten. Als junger Mann bewies er Verantwortungsbewusstsein, lernte aber auch die Grausamkeit der US-Armee in ihrem Vorgehen gegen die Indianer kennen. Sein Verhalten im privaten Bereich war nicht ohne Makel. Er versuchte, einem anderen Mann die Frau zu stehlen. Das führte dazu, dass er das Amt des »Hemdträgers«, als welcher er für das Wohlergehen und den Schutz des Stammes zuständig war, abgeben musste. Es gab insgesamt drei Frauen in seinem Leben. Im Fall der zweiten Frau gab es ein Eifersuchtsdrama, da der Ehemann, dem die Frau davongelaufen war, Crazy Horse zu erschießen drohte. Dieser hieß schließlich die Frau zu ihrem Mann zurückkehren. Seine dritte Frau hieß Nellie Laravie. Von seiner ersten Frau, Black Shawl, hatte er eine Tochter, die aber dreijährig an Cholera starb.

1876 war Crazy Horse entscheidend an zwei Kampfhandlungen des Indianerkrieges beteiligt: an der Schlacht am Rosebud und an der bei Greasy Grass (Little Bighorn). Im Mai 1877 kapitulierte seine Gruppe (band). Im Herbst dieses Jahres sollte er wegen angeblicher Verschwörung in Haft genommen werden. Als er sich zu widersetzen versuchte, stach ihn ein Wachsoldat mit einem Bajonett nieder. Crazy Horse starb in der Nacht des 5. September 1877.

Literatur:

Sandoz, Mari: Crazy Horse – The Strange Man of the Oglala, 1961, University of Nebraska Press

Cree

Ein Algonkin-Stamm. Waldlandindianer. Hingegen waren die Plains Cree Büffeljäger. 1640 Begegnung mit Jesuiten, 1777 große Pockenepidemie. Die meisten Angehörigen dieses Stammes leben heute in Kanada, einige teilen mit anderen Stämmen eine Reservation in North Dakota.

Literatur:

Fine Day: My Cree People, A Tribal Handbook, Invermere, B.C. 1973

Crow

Zur Sioux-Nation gehörig. Der Vogelname, mit dem sie selbst den Stamm bezeichneten, wurde fälschlich mit »Krähe« übersetzt. (Siehe auch unter Sioux)

de Angulo, Jaime

(1887–1950) Geboren in Paris, kam mit achtzehn Jahren in die USA und lebte als Cowboy, Arzt und Rancher in Kalifornien. Er begann, sich für Anthropologie zu interessieren und führte, ermuntert von Alfred Kroeber und Paul Radin, sprachwissenschaftliche Untersuchungen bei kalifornischen Indianern durch. Seine Feldforschungen fanden vor allem bei den Pit River-Indianern oder Achumawi statt, die im Nordosten Kaliforniens als Jäger, Fischer und Sammler von Wildfrüchten in kleinen Gruppen lebten. 1951 prozessierten sie um ihren Landbesitz. Sie waren ein aktiver Teil der politischen Indianerbewegung. Für Ezra Pound und Marianne Moore war Jaime de Angulo »einer der Großen der amerikanischen Literatur«.

Literatur:

Jaime de Angulo: Indian Tales, New York 1953 (deutsche Ausgabe unter identischem Titel, München 1984)
– :Indianer im Overall, München 1983

Deganawidah

Ein Irokese aus dem 15. Jahrhundert, einer der Begründer der irokesischen Konföderation. Er verfügte angeblich über orenda, d.h. übernatürliche Kräfte, Weisheit, prophetische Gaben und Durchsetzungsvermögen. Seine Geschichte folgt dem Muster vieler mythologischer Helden. Er wird von einer Jungfrau geboren, diese erfährt noch vor seiner Geburt durch ein Omen, dass ihrem Volk, den Huronen, Unheil durch das Kind drohe. Dreimal versucht die Mutter, das Kind zu töten. Es wächst unnatürlich rasch zu einem Mann heran und bricht zu einer Reise nach Süden auf. In der Hütte seiner Mutter lässt er ein Otterfell zurück, von dem Blut tropfen wird, wenn er eines gewaltsamen Todes sterben sollte. Viele Verfassungsgrundsätze und Gesetze der Konföderation werden D. zugeschrieben.

Literatur:

Campbell, Joseph: Historical Atlas of World Mythology, Vol II: The Way of the Seeded Earth. Part II: Mythologies of the Primitive Planters: The Northern Americas, New York 1988

Delaware

Hauptgruppe des östlichen Zweiges der Algonkin. Bis ins späte 17. und frühe 18. Jahrhundert lebten sie am Einzugsgebiet des Delaware River im unteren Hudson-Tal. Der Kontakt mit den Europäern begann schon vor 1524. Damit wurden die D. aber in der Folge auch häufig Opfer von durch die Weißen eingeschleppten Krankheiten.

Bei der wichtigsten Zeremonie der D. traten Maskierte auf, die den Geist der Maismutter und die Tiere darstellten, die auf der Jagd erlegt werden sollten. Kleinere Zeremonien bestanden in der

Verehrung von heiligen Puppen, Bären und Ottern und wurden, bezahlt von den Frauen, für gewisse Haushalte oder Dörfer durchgeführt. Aus ihrem Heimatgebiet wichen die D. schließlich nach Pennsylvania aus, wo sie 1737 durch einen betrügerischen Landhandel mit der Penn-Familie vertrieben wurden. Um 1790 ging eine Teilgruppe, die Munsees, die auf Seiten der Briten gestanden hatte, nach Kanada, während ein anderer Stammesteil, die Unamis, über Missouri und Kansas ins östliche Oklahoma gelangte und dort 1867 eine Reservation bezog. 1902 litten die dortigen Delaware wie andere Stämme in Oklahoma unter der Aufhebung des Indianer-Territoriums. Die letzten Grundstücke, die dem Stamm gehört hatten, wurden – mit Ausnahme der Friedhöfe – 1907 verkauft. Danach wurden die D., wie auch die Weißen dieser Gegend, von der Bodenerosion in der »Dust Bowl« betroffen. Die zum Christentum bekehrten D. wanderten wie viele arme Weiße nach Kalifornien aus. Dort hielt sich, durch die bei ihnen gebräuchlichen Kirchenlieder, die Stammessprache bis in die Mitte des letzten Jahrhunderts. Die Gruppe in Oklahoma zählt heute etwa zehntausend Menschen.

Literatur:

Goddard, Ives: »Delaware«. In: Handbook of North American Indians. Editor William C. Sturtevan, vol 15, Northeast., Washington Smithonian Institution 1978

Deloria, Vine, jr.

Standing Rock-Sioux, aus einer Familie von Wissenschaftlern, Kirchenleuten und Kriegshäuptlingen stammender, praktizierender Rechtsanwalt, Executive Director des National Congress of American Indians, Professor an der Unversität von Colorado, Boulders am Center for Native American Studies.

Literatur:

Deloria, Vine, jr.: Custer Died for Your Sins, An Indian Manifesto, New York 1969
– : God is Red – A Native View of Region, updated edition, Golden, Colorado, 1993

Deloria, Vine, sr.

(1901–1990)
Standing Rock-Sioux, Priester.

Deohako

In der Mythologie der Seneca der kollektive Name für die drei Töchter der Erdmutter, Geister und Wächterinnen von Mais, Bohnen und Squash. Jede von ihnen wird vorgestellt als mit den Blättern einer der Pflanzen bekleidet, für deren Schutz sie zuständig ist. Im Anfang wuchsen diese Pflanzen alle auf einem Hügel. Als sich jedoch Onatah (Maisfrau) von der Stelle fortbewegte, um nach Tau zu suchen, fing sie Hahgwehdaetgah, der Böse, und entführte sie unter die Erde. (Ähnlichkeit mit der Persephone Mythe!) Dann schickte er einen schneidend kalten Wind über die Felder, vor dem Bohnenfrau und Kürbisfrau flohen. Endlich entschloss sich der Träger des Sonnengestirns hervorzukommen, um sie zur Rückkehr zu bewegen. Heute steht Onatah allein auf dem Feld. Sie erträgt tapfer Dürre und Regen und wanderte nie fort, um sich Erleichterung zu verschaffen.

Dieguenos

Auch Yuma. Der Stamm lebte auf beiden Seiten des Colorado River, betrieb primitive aber effektive Landwirtschaft (Mais, Melonen, Mesquitebohnen und Kürbisse). Heute lebt eine kleine Gruppe (ca. 60) auf der Cocopah-Reservation im Yuma County, Arizona.

Donner, Donnerbuben, Donnermädchen

Viele Stämme Nordamerikas personifizieren den Donner und erzählen Geschichten vom Wettkampf zwischen dem Donner und anderen personifizierten Naturphänomenen. Einige Stämme, so die Kato in Kalifornien, betrachten den Donner sogar als Schöpfer der Welt. In der Kato-Mythologie war von Donner und *Nagaido* Donner der mächtigere. Er schuf den Menschen und viele Tiere, Gebirge, Bäume, Quellen. Beim Nachbarstamm Huchnom wurde *Taikómol* als oberstes Wesen angesehen, das aber vom Donner einst herausgefordert wurde. Es gelang dem Donner nicht, das zu bewirken, was *Taikómol* konnte, und dieser schickte den Donner in den Norden, von wo aus er im Frühjahr immer in den Süden reisen, dann mit Hagel spielen und wieder nordwärts fahren sollte. Unter den White Mountain-Apachen ist der Donner ein heiliges Wesen, das mit der Sonne streitet. Unter mehreren Stämmen im südlichen Oregon ist er ein alter Mann, der eine alte Frau hat, manchmal stellte man sich diese als Baum vor. Andere Gruppen in dieser Gegend halten den Donner für einen Jungen mit einem Bruder, dem Blitz. Auch bei den Cherokee findet sich diese Vorstellung. Donner ist der zahme Junge, Blitz der Wilde. Beide sind die Söhne von Jäger und Mais-Mutter. Oft werden beide auch als Zwillinge bezeichnet, die im Himmelsgewölbe oder auf Felsklippen wohnen. Sie tragen als Schmuck Schlangen und spielen am Himmel Ball (Gewitter). Die Gewitter-Zwillinge sind wohltuende Wesen und werden in der Formel angerufen, derer sich die Cherokee-Schamanen bedienen.

Eine typische Ursprungsmythe bei den Prärieindianern im Zusammenhang mit dem Donner ist diese: Beleidigt durch ihren jähzornigen Vater, liefen zwei Mädchen von daheim fort und betraten den Himmel. Sie nahmen sich eine getrocknete Haut und einen Feuerstein. Wann immer sie die Haut schütteln und den Stein anschlagen, gibt es Donner und Blitz.

Literatur:

Bierhorst, John: Die Mythologie der Indianer Nordamerikas, München 1988

Eastman, Charles (Ohiyesa)

(1858–1939) Arzt, Regierungsangestellter, Übersetzer und US-Indianer-

Inspektor, Schriftsteller und Reformer. Da die Mutter kurz nach seiner Geburt starb, wurde er von den Großeltern väterlicherseits aufgezogen. 1862 flohen sie mit ihm nach Kanada. Dort spürte ihn sein Vater, der als tot gegolten hatte, wieder auf und brachte ihn nach South Dakota, wo er die Santee Normal School besuchte und den Namen Charles Alexander Eastman annahm. Nach dem College schloss er 1889 ein Studium der Medizin ab. Seine Laufbahn erweckte das Interesse des B. I. A., und 1889 wurde er zum Arzt in der Pine Ridge-Agentur ernannt. Er kam dorthin während der Geistertanzbewegung und war der erste Arzt, der die Toten von Wounded Knee sah, ein Erlebnis, das ihn tief erschütterte.

Seine Frau drängte ihn schließlich, die wechselvolle Geschichte seiner eigenen Kindheit aufzuschreiben. Daraus ergaben sich eine Vielzahl von Büchern. Das bekannteste unter ihnen ist »Indian Child Life« (1910). 1893 verließ Eastman Pine Ridge und praktizierte als Arzt in Minnesota. 1898 unterstützte er seinen Bruder bei dessen Versuch, gewisse Rechte für die Santee-Sioux wiederzuerlangen. 1900 wurde er Arzt in der Crow Creek Agency in South Dakota und erhielt den Auftrag, die Namen der auf den Agenturen lebenden Dakota und Lakota zu übersetzen. Später zog er mit seiner Frau nach New Hampshire, New England, beriet den Präsidenten Coolidge in der Indianerpolitik und war gegen sein Lebensende hin ein geachteter Sprecher für die Interessen der Native Americans, freilich mit manchmal reichlich romantischen Vorstellungen.

Literatur:

Eastman, Charles A.: Indian Boyhood, New York 1971

Erdenschöpfer

Auch Hoher Schöpfer. Bei den Wintu (Kalifornien) war das *Ólebis* (»einer, der oben ist«) zusammen mit seiner Gefährtin, *Mem Loimis*, der Wasserfrau. Die in Kalifornien einst ansässigen Yuchi kannten Taikómol (»der einsam geht«). Man hörte seine Stimme aus dem Meeresschaum, später nimmt er menschliche Gestalt an und erschafft die Erde, indem er über dem Wasser ein Kreuz schlägt. Hier sind christliche Vorstellungen nicht zu übersehen. Unter den Cahto, Nachbarn der Yuchi, wird dieser Gott der Große Spaziergänger genannt. In vielen dieser Mythen wird dieser Schöpfergott durch den Kojoten behindert.

Erdrich, Louise

Geboren 1954 in Little Falls, Minnesota. Die Mutter war eine Ojibwa französischer Abstammung, der Vater ein Deutsch-Amerikaner. Die Eltern arbeiteten in Wahpeton, North Dakota in einer Schule des Bureau of Indian Affairs. Ihr Großvater war der Stammespräsident der Turtle Mountain Reservation in North Dakota. Sie selbst gehört der Turtle Mountain Band der Chippewa an. Nach ihrem Studium heiratete sie den Autor und Anthropologen Michael Dorris, der drei adoptierte Kinder mit in die Ehe brachte. Das Paar hatte dann noch drei eigene Kinder. Es trennte sich 1995. 1997 beging Dorris Selbstmord. Louise Erdrich lebt heute in Minneapolis. Sie gilt als eine der wichtigsten Autorinnen der Native Americans in der Gegenwart.

Literatur (Auswahl):
»Love Medicine« (1984), mit dem sie den National Critic Circle Award gewann, »The Beet Queen« (1986).
Wichtige Anthologie: Earth Power Coming and That's What She Said: Contemporary Poetry and Fiction by Native American Women.
Zusammen mit ihrem Mann: »The Crown of Columbus« (1991), Roman, von dem beide Autoren einen Teil der Tantiemen indianischen Wohlfahrtsverbänden stifteten.

In deutscher Sprache u. a.:
»Liebeszauber«, Roman, Reinbek bei Hamburg 1986
»Spuren«, Roman, Reinbek bei Hamburg 1990
»Die Antilopenfrau«, Roman, Reinbek bei Hamburg 2001

Erdtaucher

Eine weitverbreitete Geschichte östlich der Rocky Mountains und in der subarktischen athapaskischen Region. In Kalifornien ist es gewöhnlich die Schildkröte oder die Ente, die den Schlamm vom Meeresboden heraufbringt. Bei den Stämmen des Ostens ist es die Bisamratte, die auf den Panzer der Schildkröte Schlamm speit und somit die Welt schafft.

Ernährung

Das Fleisch und der Fisch, die von den Indianern verzehrt wurden, enthielten hinreichend Proteine, Fett, Mineralsalze und Vitamine. In den Gebieten, in denen Indianer vom Jagen und Fischen lebten, waren sie also gut ernährt, außer, wenn das Wild selten wurde. Eine Analyse der nährenden Gehalte in 66 Arten der Wildpflanzen, die die Indianer aßen (Yanovsky und Kingsbury, 1938), ergab einen Durchschnitt von nur acht Prozent Proteinen bei Trockengewicht. Squash *(Cucurbita)* enthält zehn, Mais heute einen Durchschnittswert um die zwölf Prozent, Bohnen um die fünfundzwanzig Prozent Proteine. In den Gegenden, in denen sich die Indianer hauptsächlich von Wildpflanzen ernährten, ist der Mangel an Proteinen offensichtlich. Dies gilt auch für Stämme mit intensivem Ackerbau, wenngleich die Bohnen die Situation etwas verbesserten. Andererseits haben Ausgrabungen ergeben, dass Menschen, die hauptsächlich von Wildpflanzen lebten, gesünder waren als jene, die Ackerbau trieben. Die Zähne der Bauern, für die Mais das Hauptnahrungsmittel darstellte, zeigten bedeutend mehr Schädigungen als die jener Indianer, die sich von Wildpflanzen ernährten. In Mittelamerika, wo der Mais zum Aufquellen in Kalkwasser gelegt wurde, waren die Zähne durch die Kalkzufuhr in weitaus besserem Zustand.

Literatur:
Driver, Harold E.: Indians of North America, Chicago & London 1969

Waschen von Weizen

Erste Menschen in Amerika (Paleo-Indianer)

Die genaue Datierung, seit wann Menschen in Amerika gelebt haben, ist letztlich nur annähernd möglich. Einen entscheidenden Diskussionspunkt betrifft die Frage: Ist Amerika ein Kontinent, der auf seinem Boden die Vorgänger des *homo sapiens* hervorgebracht hat, oder kamen die ersten Bewohner als Einwanderer? Seit den Funden von Louis Leakey im südkalifornischen Calico Hills, könnte es schon vor 200 000 Jahren Menschen auf dem nordamerikanischen Teilkontinent gegeben haben, die in der Lage waren, Werkzeuge herzustellen.

Auf etwas sichererem Boden bewegen sich jene Wissenschaftler, die, gestützt auf Artifakte aus dem Zeitraum von vor 25 000 bzw. 15 000 Jahren (oder auch noch 10 000 Jahre früher), das Auftreten der Menschen in Nordamerika annehmen. Die letzte eiszeitliche Vergletscherung hatte vor 35 000 Jahren stattgefunden. Danach starb die Spezies der Neandertaler in der Alten Welt aus, und es entwickelte sich der homo sapiens sapiens. Mit seinem Aufkommen soll die Besiedlung der bislang menschenleeren Gebiete Australiens und Amerikas zusammenhängen.

Die konservative Schule setzt dieses Ereignis erst nach Ende der Eiszeit an.

Kein erfahrener Archäologe würde bestreiten, dass es schließlich um 10 000 v. Chr. Menschen in der Neuen Welt gab.

Brian M. Fagan, ein Experte für die Frühgeschichte Amerikas, stellt dazu fest: »Kleine Horden von Großwildjägern erschienen südlich der großen nordamerikanischen Eisschichten, als sich die Gletscher vor 14 000 Jahren zurückzogen. Die Neuankömmlinge folgten eiszeitlichem Großwild in gemäßigte Breiten. Sie verbreiteten sich rasch über riesige Gebiete unberührten Jagdlandes.« Man geht davon aus, dass die frühesten Einwanderer von Sibirien her nach Alaska über eine Landbrücke kamen, die maximal 1 000 Meilen breit gewesen ist. Es gibt hinreichendes zoologisches und geologisches Beweismaterial für das Bestehen einer solchen Landverbindung im Pleistozän. Die Tiere im nördlichen Asien und in Nordamerika gleichen sich in solchem Maße, dass die Zoologen die beiden Gebiete zu einem Lebensraum zusammengefasst haben. Die Geologen schätzen, dass während der Perioden stärkster Vereisung die Eisschicht über dem Boden eine Meile dick war. Die enormen Wassermassen, die in dieser Eiskappe enthalten waren, kamen letztlich aus den Ozeanen in Form von Nebel und Wolken, sie fielen als Schnee und wurden später zu Eis verdichtet. Die Folge war, dass der Wasserspiegel um mehrere hundert Meter absank. So dürfte die Landbrücke entstanden sein.

Offenbar haben im Pleistozän zweimal Landbrücken bestanden; die eine zwischen 50 000 und 40 000 v. Chr., die zweite zwischen 26 000 und 8 000 v. Chr. Zu den fraglichen Zeiten war die Kälte so groß, dass Menschen, ohne Pelz und ohne zum Bau von Grubenhäusern fähig zu sein, nicht hätten überleben können. Die Landschaftsform war die einer arktischen Tundra ohne Baumbestand. Hinweise auf Grubenhäuser und Fellkleidung finden sich in der Mongolei nahe des Baikalsees in der Zeit zwischen 13 000 und 8 000 v. Chr. Ein Hindernis bei der zweiten Landbrücke muss eine Eisbarriere südlich von Alaska zwischen 21 000 und 11 000 v. Chr. dargestellt haben. Dass diese Barriere von einem eisfreien Korridor unterbrochen wurde, und dass zahlreiche Gruppen von Menschen ihn benutzten, erklärt das plötzliche Auftauchen der Paleo-Indianer an verschiedenen Plätzen um 10 000 und später. Die Funde von frühen Menschen in Feuerland aus der Zeit um 8 000 legen nahe, dass deren Vorfahren die Eisbarriere tausend Jahre früher überwanden. Noch das heutige Aussehen vieler Native Americans verweist darauf, dass ihre Vorfahren aus einer mit den Mongolen verwandten Bevölkerung stammten, die zu dieser Zeit in großen Teilen Nordasiens und Ostindiens lebte. Ihre partielle Ähnlichkeit mit Europäern wird damit erklärt, dass die Trennung zwischen Mongoloiden und Europäern zu der Zeit der Wanderung noch nicht

Die Kulturgebiete der indianischen Nationen

lange zurücklag. Die unmittelbaren Nachkommen dieser asiatischen Einwanderer waren die Indianer der Clovis-Jäger-Kultur (um 11 500 v. Chr.), von denen 1926 eine signifikante steinerne Speerspitze zwischen den Rippen einer inzwischen ausgestorbenen Spezies des Bisons gefunden wurde. Die Clovis-Funde scheinen die einzigen über den ganzen Kontinent verbreiteten Steinwerkzeuge darzustellen. Die rasche Verbreitung dieser gerillten Artefakte in beiden Amerikas, deutet auf die Kolonisierung eines bis dahin noch leeren oder nur dünn besiedelten Kontinents hin. Bei Folssom, New Mexico fand man Gegenstände von sechs bis acht Zentimetern, die nach unten kleine, gehämmerte Querrinnen aufweisen. Vielleicht, um so eine Klinge leichter an einem hölzernen Schaft befestigen zu können. Nach ihnen ist diese Epoche benannt.

Brian M. Fagan hat versucht, uns eine Vorstellung von den Jagdumständen und Lebensverhältnissen in einer Gruppe von Menschen in der Clovis-Kultur zu vermitteln:

»Die elf Bisons, die man bei Murray Springs, Arizona fand, könnten Nahrung für eine Gruppe von 50 oder 100, vielleicht aber auch für viel weniger Menschen dargestellt haben. Ein einzelnes Mammut in Naco, Arizona hatte nicht weniger als acht Clovis-›Points‹ in seinem Kadaver, viermal soviel wie bei jedem anderen Fund dieser Art. Vielleicht entkam es verwundet und starb erst später. Wenn jede dieser Spitzen einem einzelnen Jäger gehört hätte, dann griffen da wenigstens 8 Männer das Tier an oder auch vier, wenn jeder zwei Speere geworfen haben sollte. Vance Haynes glaubt, dass die Jäger ein Fünftel einer Gruppe von 20 bis 40 Männern, Frauen und Kindern dargestellt haben. Nicht, dass die Clovis-Leute alles Fleisch eines erlegten Tieres gleich verspeist hätten. Wenn sie ein Mammut erlegten, weideten sie den Kadaver nur teilweise aus und verzehrten nur besonders begehrte Stücke. Bei Clovis selbst, in Murray Springs und an der Colby-Fundstelle in Wyoming hinterließen sie ganze Haufen abgetrennter Teile, vielleicht stellten diese einen Aufbewahrungsplatz für den Winter dar. Bisonkadaver wurden stärker zerwirkt, und nur wenig blieb an dem Ort des Geschehens zurück.«

Die Werkzeuge zur Herstellung der »Points« müssen leicht gewesen sein, denn die Gruppen von Menschen, die sie benutzten, befanden sich ständig in Bewegung. Die Werkzeuge bestanden aus Stein und Knochen. Aber da die säurehaltige Erde im östlichen Nordamerika die Knochen zersetzt hat, kamen die Funde solcher Werkzeuge meist aus der Gegend westlich des Mississippi. Clovis-Werkzeuge wurden aus fein gekörntem Stein hergestellt, dies kam von weit voneinander entfernt gelegenen Fundstellen. Die Clovis-Leute lebten etwa 500 Jahre auf den Großen Ebenen, bis sie dann plötzlich verschwanden. An ihre Stelle trat im folgenden Jahrtausend eine Vielzahl unterschiedlicher Jäger- und Sammlerkulturen. »Was wirklich geschah, gehört zu den Rätseln der modernen Archäologie«, stellt Brian M. Fagan fest.

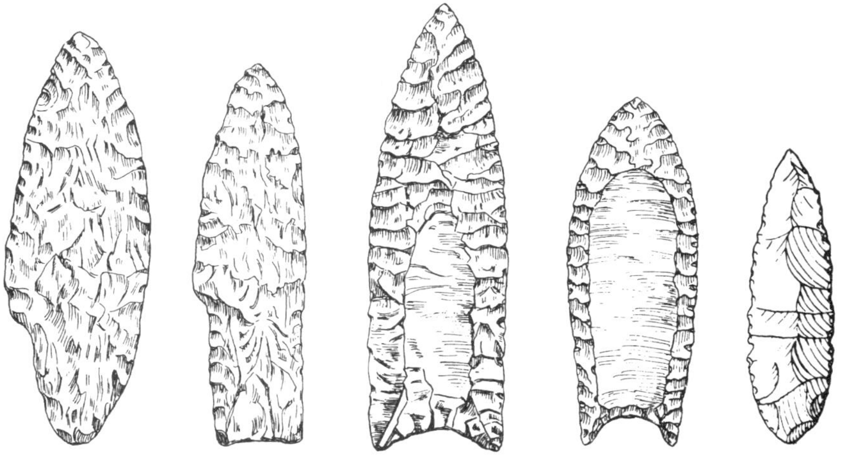

Pfeilspitzen der Clovis-Kultur

Dass die Einwanderung ausschließlich von Sibirien über Alaska erfolgte, ist nicht unumstritten. Es könnte sein, dass um 3 000 v. Chr. transpazifische Reisende ostwärts verschlagen wurden und dann die Küste Ecuadors erreichten, wo man in unserer Zeit Keramik fand, die der in Japan damals gebräuchlichen sehr ähnlich ist. Ab 1 500 v. Chr. verfügten asiatische Länder über Schiffe, die durchaus in der Lage gewesen wären, eine solch lange Seereise zu bewältigen. Zwischen 500 und 1 000 v. Chr. wurden die polynesischen Inseln zum ersten Mal besiedelt. Der norwegische Anthropologe Thor Heyerdahl versuchte mit der Fahrt seines Floßes »Kon-Tiki« von Südamerika in die Südsee zu beweisen, dass Indianer von Südamerika zumindest bis nach Polynesien gelangt sein könnten.

Trotz zahlreicher, mehr oder weniger seriöser Theorien, scheint festzustehen, dass es vor den Fahrten der Wikinger (Vinland) keinen Kontakt zwischen der Alten und der Neuen Welt gab.

Einer besonderen Erwähnung unter jenen Hypothesen, die an der Besiedlung Amerikas ausschließlich durch frühe Einwanderer aus Sibirien Zweifel hegen, ist jene wert, die Werner Müller entwickelt hat.

Er ging davon aus, die zusammenhängenden Kulturkomplexe beiderseits des Atlantik zu vergleichen.

Dabei stieß er in einem entscheidenden Punkt auf Übereinstimmung des alteuropäischen und des altamerikanischen Kulturverständnisses. Er sieht in der Errungenschaft des sogenannten Horizontkalenders eine Methode, die Jahreszeit durch das Anpeilen des scheinbar geographischen Ortes des Sonnenaufgangs zu bestimmen. Für

Werner Müller ist die Vorstellung einer vom Horizontjahr umrundeten Weltscheibe das Urmuster vieler Formelemente, die in indianischen Zeremonien und in der kosmischen Architektur der Indianer wiederkehren. Aus seinem Argumentationsgeflecht, das hier nicht in seinem ganzen Ausmaß ausgebreitet werden kann, ergeben sich folgende Hypothesen:

- Amerika ist als ein wichtiger, wenn nicht als der wichtigste Kontinent der Sapiens-Entstehung anzusehen.
- Die ersten länger vorhandenen Kulturzentren der Sapientes lagen am Rand des nördlichen Eismeers, freilich bei anderen klimatischen Bedingungen als heute.
- Von dort aus erfolgten Auswanderungswellen nach Amerika und Eurasien.
- Von daher würden sich auch die schon vor Müller bekannten Beziehungen zwischen Eskimosprachen und den indogermanischen Sprachen erklären.
- Durch archäologische Funde ist zu belegen, dass die ersten Sapientes, die um 42000 v. Chr. in Europa erscheinen, eine nördliche Ausrüstung und Lebensweise hatten und möglicherweise die Neandertaler ausrotteten. Die Archäologen sprechen von »jungpaläolithischen Jägertrupps mit eskimohafter Lebensweise«.

Literatur:

Fagan, Brian M.: Die ersten Indianer – das Abenteuer der Besiedlung Amerikas, München 1990
– : Ancient North America – the Archeology of a Continent, London 1991
Müller, Werner: Amerika – die Neue oder die Alte Welt, Berlin 1982

Eskimo

Die Eskimos an der Küste Alaskas, in der kanadischen Arktis und im westlichen Grönland – einige wohnen auch an der Nordostspitze Sibiriens – unterscheiden sich von allen Ureinwohnern der Neuen Welt. Die Frage, ob man sie als Indianer oder als auf eine geheimnisvolle Weise von diesen verschiedenes Volk ansehen sollte, ein Volk, das unter den besonders extremen Bedingungen der Arktis entstanden sein könnte, wurde lange kontrovers diskutiert. Ihre Sprache nämlich ist mit dem keines anderen Volkes auf der Welt verwandt. Heute hat sich die Meinung durchgesetzt, die Eskimos jedenfalls kulturell und sprachlich als von der übrigen Urbevölkerung Amerikas völlig verschieden zu betrachten.

Die Bezeichnung Eskimo-Kultur ist relativ jung. Sowohl an der arktischen Küste wie im Landsinneren entdeckten die Archäologen Plätze einer Bevölkerung, die in der Zeit relativ weit zurücklagen. Wenn auch die Datierungen voneinander abweichen, so scheint doch festzustehen, dass sie ursprünglich aus verschiedenen Gegenden Sibiriens kamen. Diese Menschen, deren Spuren auf eine Zeit vor 13000 und 18000 v. Chr. verweisen, scheinen Karibus und die in der Region heute

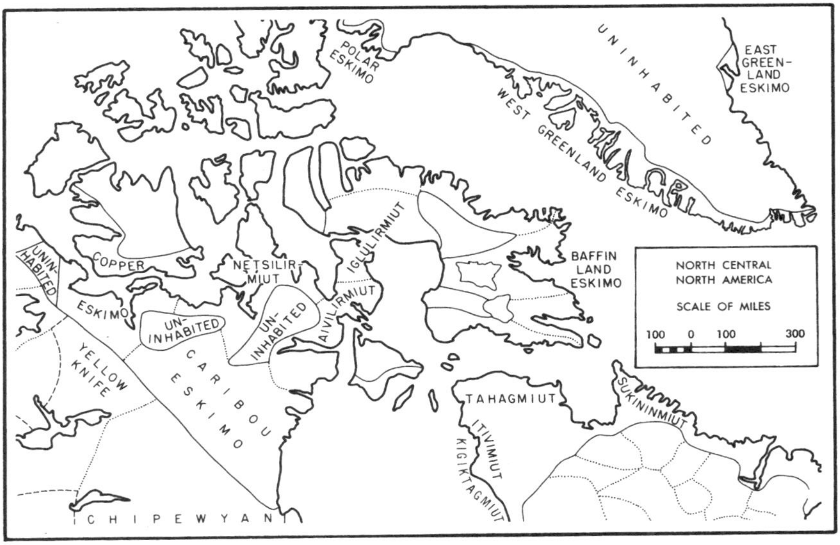

Der Norden – Die Eskimos

ausgestorbenen Bisons gejagt zu haben. Offenbar herrschte in der Gegend damals ein gemäßigteres Klima als heute.

Bei der Datierung der Vor-Eskimo-Funde bewegt man sich noch im Bereich von Vermutungen.

In einer späteren Zeit scheint dann eine andere Gruppe von Einwanderern aus dem nordöstlichen Sibirien gekommen zu sein, deren Kultur man mit den Namen »nördliche maritime oder Beringsee-Kultur« gekennzeichnet hat. Fundstätten sind hier St. Lawrence Island, Okvik (um 250 v. Chr.), Birnirk, Punuk und Thule. Die Errungenschaften der Birnirk-Phase waren mit den Techniken der Jagd auf Meeressäugetiere für das Entstehen einer Eskimo-Kultur offenbar entscheidend.

Die frühe Geschichte der Eskimos ist immer noch unvollkommen erforscht. Besser bekannt ist hingegen, welche Ereignisse zu einer kulturellen Synthese der verschiedenen Gruppen führten.

Im ersten Jahrtausend nach Christus setzten sich die Eigenarten der Thule-Kultur in der gesamten Arktik vom nördlichen Alaska bis nach Grönland durch. Später wanderten Volksgruppen der Thule-Kultur wieder nach Westen und beeinflussten die Landstriche an diesem Weg. Auch an der Westküste von Alaska kam es zwischen 1200 und 1650 zu einer ähnlichen Vereinheitlichung durch die Menschen der sogenannten »Nukleet-Kultur«, die als die direkten Vorfahren der modernen Eskimos angesehen werden können.

Um 1000 n. Chr. sind alle Volksgruppen des arktischen Amerikas zu dem geworden, was wir heute als Eskimos bezeichnen. Gewisse kulturelle Errungenschaften – das Kajak, ein Einmann-Kanu, Benutzung von Treibholz als Spannrahmen für Felle – sind weit älter. Seit 2000 Jahren kennen diese Stämme die Harpune, spezielles Fischgerät, Eispickel, Pfeil und Bogen, von Hunden gezogene Schlitten und Brillen gegen Schneeblindheit.
Die Eskimo-Sprachfamilie besteht aus zwei lange getrennten, aber verwandten Zweigen, nämlich Eskimos und Alëuten. Die der Eskimos zerfällt dann wiederum in zwei Hauptgruppen, das im Norden gesprochene *Inupiaq/Inuit* und das weiter im Süden gebräuchliche *Yupik*.
Zu ihrem Lebensunterhalt konzentrieren sich die meisten Eskimo-Gemeinden auf den Fang von Säugetieren des Meeres, ergänzt durch Karibu, Wasservögel und Fische. Eine im Inland lebende Gruppe ist fast ausschließlich vom Karibu abhängig, hingegen ist im Südwesten Alaskas der Lachsfang die Haupteinnahmequelle.
Die heutigen Jäger und Fischer benutzen Aluminiumboote mit Außenbordmotoren, Schneeschleudern, Motorschlitten, Gewehre, Radios und Camping-Ausrüstung. Der Walfang ist verbunden mit besonderen Gemeinschaftritualen. Die Vorbereitung auf den Walfang schließt ein, dass man dem Wal Respekt zollt. Die Frau des Kapitäns eines Walfängers ist, während die Männer auf Jagd sind bzw. sobald sie heimkommen, gewissen Verhaltensvorschriften unterworfen, damit der Geist des Wals nicht erzürnt wird. Dem toten Wal wird sie Wasser ins Maul gießen, damit er in die Geisterwelt zurückkehren kann. Es kommt auch zu einer zeremoniellen Verteilung von Walfleisch und zur *Nulakataq*-Feier, bei der der erfolgreiche Walfänger die ganze Gemeinde bewirtet und bei der eine Person auf einem Stück Haut in die Luft geworfen wird.
Für die Eskimos in Alaska ist schließlich das Botenfest von besonderer Bedeutung, das von den Häuptern der ausgedehnten Familien oder im Norden von *umaelik* (Kapitän des Walfängers) veranstaltet wird. Boten werden zur Einladung der Gäste ausgesandt, bei denen es sich meist um Verwandte oder um Geschäftspartner handelt.

Literatur:
Brody, Hugh: Living Arctic: Hunters of the Canadian North, London 1987
Rasmussen, Knud: The Intellectual Culture of the Iglulik Eskimos, Copenhagen, 1929

Europäische Märchenmotive in der Folklore der Native Americans

Zahlreiche europäische Geschichten oder Motive aus ihnen sind in die Mythologie und die moderne Folklore der Native Americans einverleibt worden. So die Geschichten um den siebenköpfigen Drachen, John, der Bär, das verzauberte Pferd, Däumling, die Weiße Katze, Aschenputtel (Cinderella), Geschichten von Zwergen und viele andere, zudem Episoden aus der Bibel wie die von der Sintflut, vom Turmbau zu Babel, von Adam und Eva. Einige dieser Geschichten wurden mit nur geringfügigen Veränderungen übernommen, andere wurden der neuen kulturellen Umgebung so angepasst, dass sie kaum noch erkenntlich sind. Durch französische raconteurs lernten die Stämme des Nordostens der heutigen USA und des östlichen Kanadas, der westlichen Plateau-Region und des Südwestens europäische Geschichten schon recht früh kennen, an der Atlantikküste im Osten erzählten Missionare biblische Geschichten, die sich von dort weiter verbreiteten.

Literatur:

Thompson, Stith: Tales of the North American Indians, Bloomington & London 1929. Dieser Band enthält ein ganzes Kapitel solcher Geschichten.

Evolution der Landwirtschaft / Übersicht

Ausgrabungen in trockenen Höhlen Mittelamerikas zeigen, dass die frühen Menschen zwischen 7 000 und 2 000 v. Chr. an verschiedenen Zentren vom Zustand der Jäger und Sammler zur Landwirtschaft übergingen. Ein allmählicher Prozess, der auf Versuchen beruhte und bei dem es auch Rückschläge gab, führte in mehreren Schritten zur Domestizierung so wichtiger Pflanzen wie Mais, Bohnen und Squash.

Die Kenntnisse über Ackerbau breiteten sich von Mittelamerika nordwärts aus. Um die Zeitenwende dürften Völker und Stämme im Südwesten der heutigen USA und in Teilen des Ostens mit dem Ackerbau (Mais, Bohnen) begonnen haben.

(Siehe auch Stichwort »Mais, Bohnen« u. »Chaco Canyon«)

Falschgesichter

Auch Schiefgesichter. Masken bei den Irokesen, die zu Heilzwecken benutzt werden und nicht reproduziert werden sollten. Das Völkerkundemuseum in Berlin besitzt einige schöne Stücke.

Fetisch

Ein Fetisch ist ein Gegenstand, von dem angenommen wird, dass er größere Kraft besitzt als das Objekt, das er darstellt. Er sollte, um wirksam zu sein, von einem Schamanen oder Priester der Native Americans gesegnet worden sein. In den letzten Jahren sind Fetische vor allem von weißen Sammlern als Kunstgegenstände erworben worden.

Fetische sind vorrangig mit der Mythologie der Zuñi verbunden. Der Stamm glaubte, dass die Welt einst von einer Sintflut heimgesucht wurde. Als das Wasser abgeflossen war, blieb ein großes Schlammfeld zurück. Der Sonnenvater, den die Zuñi als Schöpfer verehren, schuf Zwillingssöhne. (Ähnlichkeiten mit der Mythologie der Navajo!) Den beiden Jungen war klar, dass, sollte die Menschheit überleben, trockenes Land geschaffen werden musste. Zunächst trockneten sie das Schlammfeld mit Blitzen, aber nun fraßen die Raubtiere die Menschen. Darauf schickten die Zwillinge auch auf sie Blitze nieder. Sie wurden zu Steinen und schrumpften zusammen. Aber tief im Stein blieb ihr Herz lebendig. Wenn nun die Zuñi einen Stein finden, der einem Tier ähnelt, so meinen sie, eines dieser geschrumpften Tiere vor sich zu haben. Die Fetische stehen mit den Himmelsrichtungen, mit dem Himmel oder der Unterwelt in Beziehung. Die Schutz gebenden und heilenden Tiere und die Jagd- und Raubtiere bilden die beiden Hauptgruppen der Fetische. Schützende Tiere sind der Berglöwe, der Bär, der Dachs, der Wolf, der Adler und der Maulwurf. Allen vier Himmelsrichtungen und der Unterwelt ist ein schützendes Tier zugeordnet. Für den Norden ist das der Berglöwe, für den Westen der Bär, für den Süden der Dachs, für den Osten der Wolf, für den Himmel der Adler und für die Unterwelt der Maulwurf. Jede Himmelsrichtung ist zudem mit einer Farbe verbunden. Der Norden mit der Farbe Gelb, der Westen mit der Farbe Blau, der Süden mit Rot, der Osten mit Weiß, der Himmel mit allen Farben, die Unterwelt mit Schwarz. Wenn nun ein Tier dieselbe Farbe wie die Himmelsrichtung trägt, betrachtet man es als den älteren Bruder aller ähnlichen Tiere. So ist der gelbe Berglöwe der ältere Bruder des blauen Berglöwen. Zu den Raubtieren werden Berglöwe, Kojote, Wildkatze, Wolf, Adler und Maultier gezählt.

Literatur:

McManis, Kent: A Guide to Zuñi Fetishes & Carvings, Tucson, Arizona 1995

Cushing, Frank Hamilton: Zuñi Fetishes, Las Vegas, Nevada 1990

Fünf Zivilisierten Stämmen, die

Zu ihnen zählte man im Südosten die Cherokee, Choctaw, Chickasaw, die Creek und die Seminolen.

Frau, indianische

Das realistische Bild der indianischen Frau ist in den Augen vieler Weißen von zwei Klischeebildern verdeckt. Zum einen von der Erinnerung an die einflussreiche Indianerprinzessin Pocahontas, in deren Macht es gestanden hatte, einen Anführer der frühen Siedler an der Ostküste, Captain Smith, vor dem Tod zu bewahren. Zum anderen, wie Carolyn Niethammer schreibt, von der Vorstellung der »Lasten schleppenden, gebeugten Elendsfigur, die hinter – und immer hinter! – ihrem Kriegerehemann hertrottet.« Die Wirklichkeit sah anders aus. Es gab indianische Gruppen, die weibliche Anführer hatten, es gab und gibt eine große Anzahl von Stämmen, in denen für die Herkunft eines Menschen die weibliche und nicht die männliche Verwandtschaftslinie (matrilinear) entscheidend ist. Es gab Stämme, in denen Mädchen, wenn sie heirateten, bei ihren Müttern lebten

und die Männer ihnen in den Haushalt der Mutter folgten (matrilokal).
Es gab Stämme, in denen die Frauen die offiziellen Bewahrerinnen der Rituale und Heiligtümer waren oder auf die Entscheidungen der Stammespolitik starken Einfluss ausübten (Irokesen). Andererseits gab es Tabus, denen Frauen unterlagen.
Weder durften Frauen mit den heiligen Medizinbündeln in Berührung gekommen sein – ein Vorgang, der die Grundlagen der kosmischen Ordnung schlechthin betraf – noch hört man, dass sie den übernatürlichen Wesen hätten Opfer darbringen dürfen. Solche Abgrenzungen ergeben sich aus dem, was kosmologisch eindeutig als weiblich oder männlich festgelegt war. Männliche und weibliche Kräfte (Energien) waren streng geschieden, denn auf ihrer Balance beruhte der Bestand der Welt.
Nach Vorstellung der American Natives ist die Frau während ihrer Periode ein Gefäß übernatürlicher Kräfte, eben der Kraft, die es ihr erlaubt, Kinder zu gebären. Die Kraft ist verschieden von der männlichen Energie, die sich auf Erfolge bei der Jagd und bei Kriegszügen auswirkt.
Beide Kräfte durften nicht vermengt werden. Angehörige bestimmter Stämme glaubten, dass der bloße Anblick einer menstruierenden Frau einem Mann auf Lebenszeit die Fähigkeit nehmen konnte, als Jäger erfolgreich zu sein.
Deswegen hält sich die indianische Frau, vor allem bei Stämmen, die Jäger sind, während ihrer Periode in einer besonderen Hütte auf. Sie sollte die Jagdwaffen nicht berühren. Sie kann nicht für die Männer kochen oder Teller benutzen, die später auch von diesen benutzt werden.
Wer sich darum bemüht, ein möglichst vorurteilsfreies Bild von der Rolle und der gesellschaftlichen Situation der indianischen Frau zu entwerfen, muss sich auch Folgendes vor Augen halten: Wir besitzen Dokumente erst seit der Zeit, da weiße Forschungsreisende und Missionare mit den Indianern in Berührung gekommen sind. Dies waren zumeist Männer, die aus einer Gesellschaft mit männlicher Vormachtstellung kamen und von daher vor allem an den Tätigkeiten der Männer unter den Native Americans interessiert waren bzw. dazu neigten, ihr eigenes Rollenverständnis bei den Indianern bestätigt zu finden.

Literatur:
Bode-Paffenholz, Heidelis: Indianische Frauen Nordamerikas, Pfaffenweiler 1997
Hetmann, Frederik: Mondhaus und Sonnenschloß, Märchen und Mythen der nordamerikanischen Indianer, Stuttgart 1989
Lampe, Peter: Pocahontas – die Indianer-Prinzessin am Englischen Hof, München 1995

Frau der Gedanken

Die Bewohner des Pueblo-Dorfes Isleta kennen zwei Schwestergottheiten der Unterwelt, die ihrerseits von der Frau der Gedanken (Thought Woman) und

Geronimo

der Spinnenfrau (s. auch unter »Spinnenfrau und Spinnenmann«) beraten werden. In einer Version gibt die Frau der Gedanken den beiden Schwesterngottheiten im Zug der Evolution bzw. des Aufstiegs Körbe mit Saatgut und Bilder der künftig zu schaffenden Wesen mit.

Frau des Waldes

Bei den Nootka (Nordwestküste) ein menschenfressendes Wesen, ein Weib, das kleine Kinder in ihrem Rückenkorb fortschleppt. Offenbar gelangte Káneklak (der Rabe) dadurch, dass er sie überwindet, zu übernatürlichen Kräften.

Geistertänzer-Bewegung

Sie begann Ende des 19. Jahrhunderts und war zweifellos eine Reaktion auf das Elend und die damals aussichtslose Lage der Präriestämme. Ein Paiute namens Wovoka (s. dort), auch Wodziwob, hatte eine Vision. Er beschwor seine Brüder und Schwestern zu tanzen, dann würde ein Naturereignis die Weißen vertreiben und die Bisonherden würden wiederkehren. Zweifellos war Wovoka in seinen Vorstellungen durch gewisse Episoden des Alten Testaments beeinflusst. Die Geistertanzhemden waren angeblich kugelsicher, was sich freilich als tragischer Aberglaube erwies. Das Ende fand die Geistertänzer-Bewegung 1890 mit dem Massaker von Wounded Knee.

Literatur:

Tedlock, Dennis and Tedlock, Barbara: Teachings from the American Earth – Indian Religion and Philosophy, New York 1975

Brown, Joseph Epes: The Spiritual Legacy of the American Indian, New York 1988

Geronimo (Goyathlay)

(um 1829 bis 1909) Anführer der Apachen. Machte ab 1858 schlimme Erfahrungen mit den Weißen. Mexikanische Truppen ermordeten seine Mutter, seine Frau und seine Kinder. Die Vorstellung, dafür Rache nehmen zu müssen, machte ihn zu einem verwegenen Krieger. Es wurden ihm mystische Kräfte zugeschrieben, zum Beispiel sollten ihm Gewehrkugeln nichts anhaben können. 1863 ermordeten US-Soldaten den Chiricahua-Häuptling Mangas Colorado unter Verletzung eines Waffenstillstandes. Die sich daraus entwickelnden Kämpfe zogen sich lange hin. 1884 wurde Geronimo schließlich Turkey Creek in der San Carlos Reservation als Aufenthaltsort zugewiesen. Im folgenden Jahr floh er mit seiner Familie, da ihn Gerüchte erreicht hatten, man wolle ihn hinrichten. Das Militär jagte ihn mit einem großen Aufgebot und wollte ihn nach Florida zwangsverschicken. Noch einmal entkam er, wurde aber im September 1886 gefasst. Nun brachte man ihn in eines der drei Internierungslager in Florida. 1887 wurde er von dort nach Alabama verschickt. Eine seiner beiden Frauen mit den Kindern Lenna und Robbie erhielt die Erlaubnis, in die Mescalero Reservation in New Mexico zurückzukehren.

Wer von den Apachen bis dahin noch nicht dem feucht-warmen Klima erlegen war, wurde nun nach Fort Sill im Indianer-Territorium (Oklahoma) gebracht. Geronimo trat offiziell zum Christentum über, ohne aber seine traditionellen Vorstellungen aufzugeben. Er ernährte seine Familie durch die Betätigung als Rancher, Bauer und indem er Andenkenfotos von sich verkaufte. Er erzählte einem Autor sein Leben, war auf der Eröffnungsfeier der St. Louis Weltausstellung als Berühmtheit zugegen. Er starb, immer noch ein Gefangener, am 17. Februar 1909 an einer Lungenentzündung in Fort Sill.

Literatur:

Debo, Angie: Geronimo – The Man, His Time, His Place, Norman, Oklahoma 1976

Gerstäcker, Friedrich

(1816–1872) Sohn eines Sängerehepaars. Wanderte angeregt durch Coopers »Lederstrumpf«-Erzählungen 1837 nach Nordamerika aus. Arbeitete in verschiedenen Berufen. Wurde während seiner Abwesenheit durch die Veröffentlichung seiner Briefe an seine Mutter in der Zeitschrift »Rosen« bekannt. Nach seiner Rückkehr 1843 erschienen zuerst »Streif- und Jagdzüge durch die Vereinigten Staaten«, 1846, dann sein Roman »Die Regulatoren in Arkansas« und zwei Jahre später »Die Flusspiraten vom Mississippi«. 1849 machte er auf einer Reise nach Chile und Kalifornien jene Beobachtungen, die er in dem Roman »Gold! Ein kalifornisches Lebensbild« verarbeitete.

Nach Reisen in fast alle Erdteile kam er 1867 noch einmal in die USA und bereiste Mexiko, Ecuador und Venezuela. Das schlug sich in »Neue Reisen durch die Vereinigten Staaten, Mexiko, Ecuador, Westindien und Venezuela« (1868) und in dem Roman »In Mexiko« (1871) nieder. 1870/1871 war er Kriegsberichterstatter im Deutsch-Französischen Krieg. Wegen seiner lebensnahen Beschreibung von Arkansas wurde er posthum 1957 Ehrenbürger dieses Bundesstaates der USA.

Gluskabe oder Glooskap

Kulturheld der Abenaki-Indianer der nordöstlichen Waldgebiete, manchmal gleichgesetzt mit *Nanabozho*, wahrscheinlich irrtümlich. Sein durchgehend altruistischer Charakter und sein menschliches Aussehen unterscheiden ihn von anderen, Kulturgüter bringenden Helden der nordamerikanischen Indianer. In den Mythen erscheinen häufig *Gluskabe* und *Turtle* zusammen. Letzterer ist Zielscheibe des Spottes. Eine der ersten Taten Gluskabes war es, den Tod seiner Mutter zu rächen, die mutwillig von Wolf, *Gluskabes* jüngerem Zwillingsbruder, getötet worden war. Später wird Gluskabe von eifersüchtigen Nachbarn ausgesetzt, und seine Hausgefährten werden verschleppt; er reitet auf einem Wal, meistert Schwierigkeiten und rettet seine Hausgenossen. Nachdem er *Jug Women* überwunden hat und nach einer gefährlichen Fahrt über die unterirdischen Wasserfälle, befreit er einen Freund aus der Gewalt der Schlange, verjagt einen gewaltigen Biber und verkleinert wegen ihrer Übergröße gefährliche Tiere; er bricht die Schwingen des *Windvogels* und tötet das *Frosch-Monster.* Am Ende zieht er sich aus der Welt zurück, wird aber wiederkehren, falls die Menschen wieder einen Kulturgüter bringenden Helden brauchen. Er reagiert auf Wünsche nach dem ewigen Leben, indem er die Bittsteller in Steine oder Bäume verwandelt, erfüllt aber weniger anspruchsvolle Wünsche.

Literatur:
Spence, Lewis: Myths and Legends of the North American Indians, London 1914
Müller, Werner: Die Religionen der Waldlandindianer Nordamerikas, Berlin 1956

Grinnell, Bird George

Obwohl Grinnell (1849–1938) als Ethnologe, Autor, Herausgeber und Forscher bekannt wurde, liegen seine bleibenden Verdienste vor allem auf dem Gebiet des Naturschutzes. Grinnell ist es vor allem zu verdanken, dass der Glacier National Park geschaffen und der Yellowstone Park vor der Ausbeutung und damit vor der Zerstörung der Naturschönheiten bewahrt wurde. Grinnell beteiligte sich an den Expeditionen von Marsh, Custer und Ludlow um 1870 und schrieb in diesen Jahren Berichte über die Vögel und Säugetiere der nordwestlichen Großen Ebenen, die immer noch ihre Gültigkeit haben. Aus diesen Jahren rührt auch sein Interesse für die Indianer, besonders für die Pawnee, Blackfoot und Cheyenne, her.

Literatur:
Aus der Vielzahl seiner Bücher sind besonders hervorzuheben:
Pawnee Hero Stories and Folk-Tales (1889), Blackfoot Lodge Tales (1892), The Cheyenne Indians (1923)

Großes Becken / Native Americans / Übersicht

Die Völker des Großen Beckens (Utah) waren von jeher Meister in der Kunst des Überlebens unter widrigen äußeren Bedingungen. Wie andere Stämme in dürren Gegenden führten beispielsweise die Paiute ein Leben zyklischer Wanderungen. Die Familien bauten Unterstände aus belaubten Zweigen. Sie ernährten sich von wilden Samen.

Große Ebenen / Native Americans / Überblick / Frühzeit

Nach 4 000 v. Chr. wandten sich die Indianer der Großen Ebenen der Jagd auf Kleinwild und dem Sammeln von wilden Esspflanzen zu.
Ab der Zeitenwende hat ein stärkerer Einfluss aus dem Osten stattgefunden. Das wird erkenntlich durch die Begräbnishügel, aber auch durch die später aufgefundene Keramik. Möglich, dass es in kleinerem Umfang auch zu Maisanbau kam.
Ab 1 000 nach Chr. sind die Siedlungsmuster kleine Dörfer an den Flussufern, die um 1500 n. Chr. aufgegeben wurden. Ursachen könnten eine Dürreperiode oder Einfall von Feinden aus dem Westen gewesen sein. Als die ersten weißen Siedler um 1800 in diese Gegend, dem äußersten Osten der Großen Ebenen, kamen, trafen sie große Gemeinden mit Erdhütten, die sich vom Ackerbau ernährten. In den Trockengebieten gegen Westen lebten die Stämme weiter als Jäger und Sammler.

Große Ebenen / Native Americans / Überblick / Neuere Geschichte

Gruppen, die Nachfahren von Landwirtschaft treibenden Stämmen, wanderten gegen Ende der prähistorischen Zeit den Missouri River hinauf. Zu ihnen gehörten die Mandanen, die in Dörfern mit Erdhütten lebten und Mais, Squash und Sonnenblumen anbauten. Ihre Siedlungen dienten als merkantile Zentren beim Handel zwischen den Weißen und den nomadischen Stämmen der Ebenen.

Kriege mit den Dakota und Arikara und Pockenepidemien löschten die Bevölkerung der Mandanen aus.

Großer Geist

Die irrige Vorstellung der Europäer, nach der bei allen American Natives eine überragende Gottheit existiert habe, ist eine populäre Falschbildung des 19. Jahrhunderts, die aber weiterlebt. Wenngleich die Vorstellung einer obersten Gottheit, tatenlos oder aktiv, ursprünglich bei einigen Gruppen bestanden haben mag, glaubten die meisten Stämme an eine ganze Anzahl übernatürlicher Wesen und maßen bestimmten belebten und unbelebten Dingen magische Kräfte bei.

Literatur:
Hetmann, Frederik: Die Erde ist unsere Mutter – Indianische Spiritualität und Religion, Freiburg i. Br. 1998
Underhill, Ruth M.: Red Man's Religion, Chicago &. London 1965

Gros Ventre

Ein Stamm der algonkinischen Sprachfamilie, der mit den Assiniboin die Fort Belknap Reservation im mittleren Montana teilt. Heute noch leben auf dem Teritorium der Reservation circa 1 385 Stammesangehörige. Der indianische Name lautet *A'ani*, d. h. »Volk des weißen Lehms«. Wichtigste Zeremonie ist der Sonnentanz während der Sommermonate. Das Eindringen des Katholizismus wirkte sich auf die Stammestradition schädlich aus. Der Stamm kennt zwei heilige Gegenstände: Die flache und die gefiederte Pfeife.

Heiler

Die Bezeichnungen sind unterschiedlich: Heiler, Medizinleute, Schamanen, auch Sänger. Die meisten dieser Frauen und Männer wenden ein ganzes Spektrum von Behandlungsmethoden an, die jeweils davon abhängen, ob die Krankheit als natürlichen oder übernatürlichen Ursprungs angesehen wird.

Es gibt Stämme, bei denen es ein gut organisiertes System dieser Art gibt und Heiler zu sein eine Vollzeitbeschäftigung darstellt; bei anderen wiederum wird diese Tätigkeit als Nebenbeschäftigung ausgeübt. In bestimmten Völkern und Stämmen der Native Americans übernimmt der Heiler durchaus auch Tätigkeiten, die die Europäer eher mit einem Priester in Zusammenhang bringen. Er wird also nicht nur im Fall von Krankheiten gerufen, sondern auch um Schutz vor möglichen Bedrohungen

Der Heiler

zu bewirken oder um das kosmische Gleichgewicht wiederherzustellen.

Die Ausbildung kann mit einer Lehrlingszeit verbunden sein und unter Umständen recht lange dauern. So bei den Ojibwa, wo als Mitglieder der *Midewiwin* oder Großen Medizingesellschaft nur besonders Begabte aufgenommen werden und man von dem Betreffenden auch verlangt, dass er ein Vorbild an Tapferkeit, Ehrlichkeit und Milde darstellt.

Literatur:

Vogel, Virgil: American Indian Medicine, Norman, Oklahoma 1970

Heilpflanzen

Mehr als zweihundert Heilmittel, die von indianischen Stämmen benutzt wurden, sind im »United States *Pharamacopeia*« (1820) und im »National Formulary« seit dessen erster Ausgabe 1888 aufgeführt. Etwa zwei Dutzend davon wurden zunächst in Lateinamerika gefunden und später in die Vereinigten Staaten eingeführt. Die bekanntesten dieser Substanzen sind Coca *(Erythroxylon coca)*, das zur Herstellung von Kokain und Novokain benutzt wird, also als schmerzstillendes Mittel bei Zahnärzten etc., Chinin *(Cinchona pubescens)*, eine Rinde und bis 1940 das einzige Mittel gegen Malaria, Jimson Kraut *(Datura sp.)* als schmerzstillendes Mittel, Jalap als Abführmittel und Curare *(Strychnos toxifera)*, benutzt in der Chirurgie um das Atmen für den Augenblick zu unterbrechen, während-

dessen eine Gummiröhre statt Luftröhre bei einem Patienten eingeführt wird, um zu verhindern, dass er unter Betäubung erstickt.
Auf dem Gebiet von Nordamerika scheinen folgende Heilpflanzen ursprünglich entdeckt worden zu sein: Cascara *(Rhamnus Pushiana)* und Mayappell *(Podophyllum peltatum)* als Abführmittel, Pinkroot *(Spigelia)* gegen Würmer, Dogwood *(Cornus)* gegen Fieber. Virginischer Schlangenwurz *(Aristolochia serpenteria)* zur Anregung des Schwitzens, Blue Cohosh oder Squawwurzel *(Caulophyllum thalictroides)* als krampflösendes Mittel und zur Anregung der Menstruation.
Seit 1880 zeichnet sich eine deutliche Abnahme dieser Heilmittel ab, da sie durch synthetische Mittel und Antibiotica ersetzt werden.
Das Parlament von Virginia belohnte 1738 Dr. John Tennent mit hundert Pfund, weil er die Klapperschlangen-Wurzel der Seneca zur Heilung von Brustfellentzündungen erfolgreich eingesetzt hatte.
Die Seneca verkaufen bis heute Sassafras in den Straßen von Buffalo. Viele Arzneien der Indianer legten im 19. und zu Anfang des 20. Jahrhunderts weite Vertriebswege zurück. Davon sind am berühmtesten die Heilmittel der Kickapoo.

Literatur:

Driver, Harold E.: Indians of North Amerika, Chicago

Hiawatha

Wahrscheinlich um 1570, legendärer Anführer der Mohawk und Gründer der irokesischen Föderation. Der erste Bericht über ihn stammt von dem Mohawk Joseph Brant (Anfang des 19. Jahrhunderts). Das Poem »The Song of Hiawatha« (1855) von Henry Wadsworth Longfellow, das an den Großen Seen spielt, hat mit der historischen Figur wenig zu tun.

Literatur:

Wallace, Anthony F. C.: The Death and Rebirth of the Seneca, New York 1970

Hillerman, Tony

Geb. 1925, Verfasser von Kriminalromanen, die im Südwesten der USA spielen und deren Helden zwei Polizisten der Navajo Tribal Police, Lieutenant Joe Leaphorn und Officer Jim Chee, sind. H. selbst wuchs auf einer Farm in Oklahoma auf und besuchte dort acht Jahre eine Tagesschule für Indianer aus den Stämmen der Potawatomi und der Seminolen. Während des II. Weltkrieges kam er als Fernmelder in der Armee nach Europa und wurde im Winter 1945 hinter den deutschen Linien von einer Granate getroffen, kam aber mit zwei gebrochenen Beinen, Verbrennungen und vorübergehender Erblindung davon. Machte nach der Entlassung aus der Armee seinen Bachelor of Arts an der University of Oklahoma, wurde dann Polizeireporter und später politischer Journalist im UPI Büro in Oklahoma City. Er machte, ermuntert von seiner Frau, noch den Master of Arts und hielt dann mit 22 Jahren Vorlesungen an der New Mexico University über Ethik und Literatur. Sein erster Krimi war *»The Blessing Way«*. Nachdem seine New Yorker Agentin das Manuskript gelesen hatte, riet sie ihm, bei einer Überarbeitung das »ganze Indianerzeug rauszuschmeißen.« Schließlich brachte er das Manuskript für einen Vorschuss von 3500 Dollar bei Harper & Row unter. Damit begann seine Karriere als Bestsellerautor, die sich bis heute fortsetzt. Fragt man sich nach dem Faszinosum seiner Romane, so liegt es gewiss in seiner Fähigkeit, die Landschaft der »Four Corners« so zu beschreiben, dass man morgen hinfahren möchte. Zum anderen weiß Hillerman viel von den Mythen und Zeremonien des Südwestens. Die Lösung der dargestellten »Fälle« geschieht meist eben über solche Kenntnisse seiner beiden Polizisten. Es mag, was die Raffinesse der Handlungsführung angeht, aufregendere Krimis geben, als erste Annäherung an das Sein von Menschen und Dingen des Südwestens, also auch gerade zum Verständnis der Indianer heute, sind sie zu empfehlen. H. nennt das riesige Colorado Plateau »meine Pfarrei. Das ist mein territorialer Imperativ, offensichtlich nicht dazu geschaffen, dass Menschen von ihm Besitz ergreifen. Land, von dem man nicht leben, in dem man aber ganz sicher sterben kann. Kein Boden, der es einem leicht macht, aber ich fühle mich dort irgendwo zu Hause – wegen der Schönheit, wegen des Gefühls, nicht eingeengt zu sein, wegen der Weite.« Hillerman hat auch über andere Stämme geschrieben, aber seine besondere Vorliebe gilt den Navajo. Er begründet das damit, dass dieses Volk Sinn für Humor und einen ausgeprägten Horror vor Obszönitäten habe und erklärt: »Die übelste Beleidigung ist (bei ihnen), ›er benimmt sich wie einer, der keine Verwandten hat‹. Man findet dort noch das Gefühl dafür, dass vor allem der Mensch zählt, nicht das Geld. Ich mag das.« H. lebt heute in Albuquerque. Er arbeitet an einem neuen »Navajo Mystery«. Seine Memoiren werden im Oktober 2001 erscheinen.

Literatur:
Die bisher erschienenen Bände der sogenannten »Navajo Mysteries« sind:

The Blessing Way, New York 1970 / Dance Hall of the Dead, New York 1973 / Listening Woman, New York 1978 / People of Darkness, New York 1980, reprinted 1982 / The Dark Wind, New York 1982 / The Ghost Way, New York 1984 / Skinwalker, New York 1986 / A Thief of Time, New York 1988 / Talking God, New York 1989 / Coyote Waits, New York 1990 / Sacred Clowns, New York 1993 / The Fallen Man, New York 1997 / Hunting Badger, New York 1999.

Himmelsmädchen

Ein nicht nur in der Neuen Welt verbreitetes Volksmärchen-Motiv (Schwanenjungfern). Ein Mann heiratet eine Vogelfrau, die sich schließlich wieder in einen Vogel verwandelt und davonfliegt.

Bei den Shawnee gibt es eine Geschichte, in der ein junger Mann zwölf strah-

Hopimädchen

lende Mädchen sieht, die in einem Korb zur Erde herunterschweben. Er heiratet die Jüngste von ihnen. Das Paar hat einen Sohn. Die Mutter kehrt mit dem Kind zum Himmelsvolk zurück. Der Sohn sehnt sich nach seinem irdischen Vater. Der Herrscher des Himmelsvolkes empfiehlt dem Irdischen, mit

Schwingen und Klauen in den Himmel zu kommen. Dort werden Tiere erschaffen. Mutter, Vater und Kind werden weiße Falken.

Hogan

Achteckige Wohnhütte bei den Navajo. Die acht Ecken verweisen auf die Bedeutung der Himmelsrichtungen während der frühen Wanderungen des Stammes.

Hopi

Die Stammesbezeichnung ist abzuleiten von *Hpituh*, das Volk, das nach der Art der Hopi lebt. Die Hopi leben auf den Tafelbergen (Ausläufer des Hochwüstenplateaus der Black Mesa).

Die wichtigste Lebensgrundlage ist Mais, angebaut in gartenähnlichen Feldern. Er wird frisch gegessen, aber auch getrocknet. Bei der Zeremonie der Namensgebung für Kinder bekommen sie zum ersten Mal Mais zu essen. Heute verdienen die Hopi auch durch das Schnitzen von *kachina*-Puppen, Silberarbeiten und Keramik, aber auch als Lehrer und in der Verwaltung der University of California ihren Lebensunterhalt. Die Hopi-Dörfer liegen auf drei Mesas. Auf der Ersten Mesa Hano oder Tewa, besiedelt von Tewa-Indianern vom Rio Grande, Sichomovi oder Sichoamavi, das mittlere Dorf, und Walpi oder Wolpi am äußersten Ende der Mesa. Auf der Zweiten Mesa liegen Mishongnovi oder Misshonginivi, Shipaulovi oder Shipauiluvi, Shongopovi, Shongapovi, auch Shumapovi genannt. Auf der Dritten Mesa Oraibi (Neu Oraibi am Fuß der Mesa, Alt-Oraibi auf ihr).

Der wichtigste Bestandteil in der gesellschaftlichen Ordnung der Hopi ist der Clan, d.h. eine Gruppe von Menschen, die ihre Herkunft von einem viele Generationen zurückliegenden Vorfahren ableiten. Größere Clans unterteilen sich in sogenannte Linien (lineages).

Wolfgang Haberland beschreibt die für Europäer schwierig nachzuvollziehende Familienstruktur auch für Laien anschaulich so: »Die Clans der Hopi – in einem Dorf kommen bis zu elf Clans vor – sind matrilinear, matrilokal und exogam. Das heißt, dass die Zugehörigkeit zum Clan von der Mutterseite her vererbt wird. Da die Clans auch Eigentümer bestimmter Landstriche am Fuße der Mesa sind, bedeutet dies, dass das Anrecht auf bearbeitetes Land von der Mutter auf die Tochter übergeht und durch den Clan auch der Besitz der Quellen und Wassersammelbecken.

Der Mann zieht bei seiner Heirat zu seiner Frau (Matrilokalität), die entweder von ihrer Mutter oder sonstigen Verwandten ein Haus geerbt hat oder für die man eine neue Unterkunft errichtet. In diesem Falle bemüht man sich, in der Nähe der unmittelbaren Verwandtschaft zu bleiben. Also leben Mitglieder des gleichen Clans und der gleichen Linien in unmittelbarer Nachbarschaft. Auch als erwachsener Mann verliert man seine Clanzugehörigkeit nicht, sondern behält das Wohnrecht

im Clan der Mutter, das man bei dem Tod der Frau oder bei Scheidung in Anspruch nimmt.«
Die Bindung an den Vater, der einem anderen Clan angehört, denn Mitglieder des gleichen Clans können sich nicht heiraten, ist im Vergleich zu der an die Mutter nicht so stark ausgeprägt.
»Sie (familiäre Bindungen) werden«, fährt Haberland erklärend fort, »nicht durch die Konzeption geschaffen, sondern auf zeremonielle Weise etwa zwanzig Tage nach der Geburt mit der Namensgebung durch die Schwester des Vaters, die stärker in seinen Clan eingebunden ist als er selbst, denn sie setzt durch ihre Töchter die Linie des Clans fort, nicht jedoch er.« Oraibi ist der Ort, an dem die beiden heiligen Bündel aufbewahrt werden, die den Bestand der Welt garantieren. Die neuen Dörfer Hotevilla und Bakabi, Moenkopi in der Nähe von Tuba City wurden von Einwanderern aus Alt Oraibi gegründet.
Vor einigen Jahren wurden die Hopi von der Bundesregierung als »Hopi-Stamm« anerkannt. Die Erziehung der Kinder und Jugendlichen erfolgt teils in den *kivas* (traditionelles Wissen), teils über lange Zeit in Regierungs- oder Privatschulen, seit 1985 auch in einer *Hopi junior and senior highschool.*
Das Lebensgeheimnis der Hopi sind ihre Gemeinschaftszeremonien und esoterischen Rituale, eine bewusst praktizierte Ökologie und die Kraft des Hoffens.

Hopi / Gottheiten, wichtigste
Das Pantheon der Hopi umfasst zwischen dreißig und vierzig Gottheiten, die in ihrer Bedeutung von Kulturhelden (siehe dort) bis zu Hauptgöttern reichen. Oft haben sie in den einzelnen Hopidörfern unterschiedliche Funktionen. Die Mythen, die von den Göttern berichten, sind manchmal recht vage gehalten und weichen ebenfalls von Mesa zu Mesa voneinander ab.
Sotuqnangu, der Gott des Himmels, wird im allgemeinen als das Höchste Heilige Wesen angesehen, wenngleich er anderen mit Ausnahme der Zwillinge keine Befehle erteilen kann. Er wird auch Schöpfer der Erde genannt. Er erschuf eine Jungfrau und verwandelte diese später in die Erde. Er wird mit einem einzelnen Horn, das den männlichen Blitz darstellt, abgebildet. Er hat Macht über den Himmel, die Blitze und die Wolken. Er schickt den Regen. Man bezeichnet ihn auch als Sternen- und Blitz-Gottheit.
Masau ist sowohl Gott der Erde und Gott des Todes. Er war es, der den Hopi ihr Land anwies. Er wird als ein riesiger Mann abgebildet, und seine Farbe ist schwarz. Man hält ihn für stattlich, er trägt aber, wenn er mit den Menschen in Berührung kommt, eine abschreckende Maske, die mit Blut beschmiert ist. Er ist für die Fruchtbarkeit des Mannes und der Tiere zuständig und wird auch mit dem Feuer in Beziehung gebracht. In manchen Geschichten spielt er die Rolle des Trickster (s. auch dort).

Zum Christentum konvertierte Hopi identifizieren ihn mit dem Satan und behaupten, er habe die Hopi dazu gebracht, eine falsche Religion zu praktizieren.

Mui-ingwa oder Alosaka, ist der Gott des Keimens und Wachsens, er wird auch der Gott mit den zwei Hörnern oder der Keimgott genannt. Er lebt unter der Erde und ist hauptsächlich für das Sprießen der Pflanzen zuständig wie überhaupt für die Fruchtbarkeit aller Wesen zwischen Himmel und Erde. Er wurde von *Huru-ing Wuuti* zusammen mit seinem weiblichen Gegenstück der *Sandaltar-Frau* geschaffen, die den Frauen bei Geburten beisteht.

Huru-ing Wuuti stellt man sich als die Mutter des Universums vor. Als Göttin der harten Gegenstände (Türkise, Muscheln und Korallen) ist sie für den Reichtum zuständig. Sie erscheint am Tag hässlich und schön bei Nacht. Täglich wird sie von der Sonne in ihrem *kiva* besucht, der im westlichen Meer liegt.

Kwanitaqa ist der Einhorn-Gott am Eingang der Unterwelt, der über den Weg der Toten bestimmt.

Tawa ist der Sonnengott oder Vater Sonne, er schenkt Leben und reist täglich zum *kiva* der Göttin der harten Gegenstände. Ihn ruft man an, ehe man in den Krieg zieht. Ein frommer Hopi bringt ihm jeden Morgen ein Opfer in Form von Maismehl. Neugeborene werden dem Träger des Sonnengestirns acht Tage nach ihrer Geburt präsentiert. *Tawa* wird besonders bei der Zeremonie der Wintersonnenwende geehrt.

Kokyang Wuuti, die Spinnenfrau, wird als weise alte Frau dargestellt, die immer bereit ist zu helfen. Jedes Dorf hat einen Schrein, an dem sie verehrt wird. Sie ist (bei den Hopi) die Mutter der Zwillings-Kriegsgötter. Sie spielte nach der Vorstellung einiger Gruppen eine wichtige Rolle bei der Schöpfung der Welt, nach Meinung anderer hat sie alle Menschen geschaffen, die keine Hopi sind.

Tihküyi ist die Kind-Medizin- oder Sandaltar-Frau. Sie ist Mutter der Spiele, Geist der Geburt, Ehefrau von *Masau* und die Schwester von Miiy'ingway. Sie wird von Parson mit der Erdmutter bei den Zuñi, Keres, Tewa und Taos gleichgesetzt. Ihr Name, der Kind-Wasser-Frau könnte auf eine Fehlgeburt hinweisen. Diese ereignete sich, als sie mit den Frauen des Schlangen-Clan umherwanderte. Sie wandert und klagt immer noch und schenkt den Frauen ihre Kinder, indem sie sie zunächst deren Bild sehen lässt.

Po-okan-hoya und *Palo-ngao-hoya* sind die Zwillings-Kriegsgötter, die von der Spinnenfrau, die ihre Großmutter ist, geschaffen wurden. (Man beachte die Ähnlichkeit, aber auch die Unterschiede zu den Zwillingshelden bei den Navajos!) Nach manchen Geschichten sind sie es, die *Palolokon* daran hindern, Erdbeben zu verursachen. Sie sind hilfreich, aber manchmal spielen sie auch Streiche.

Hopi Kachina

Palolokon ist die Wasserschlange, abgeleitet wahrscheinlich von der gefiederten Schlange *Quetzalcoatl* aus Mexiko. Sie bewohnt die unterirdischen Gewässer und benutzt Quellen und Seen, um die Menschen zu beobachten. Wenn sie übelgestimmt ist, verursacht sie Überschwemmungen und Erdbeben. Alle Flüssigkeiten – Baumsaft, Blut und Wasser – unterliegen ihrer Kontrolle.
Mu-yao ist der Mondgott, den man sich als einen alten Mann vorstellt, der nachts für Licht sorgt. Bei der Schöpfung machte die Spinnenfrau den Mond, indem sie ein Gewand aus Baumwolle webte und es an den Himmel hängte.
Ong-Wuuti, die Salzfrau, bewohnt den Salzsee, südlich des Zuñi-Landes. Gebetsfedern werden ihr geopfert, wenn die Hopi dorthin gehen, um Salz zu holen.

Hopi / Kachinas (siehe auch unter Stichwort Kachina)

Sie sind ursprünglich in der Vorstellung der Hopi entstanden. Der Stamm kennt dreißig *mong*, Häuptlings-*kachinas*. Außerdem gibt es 220 weitere, die während der *kachina*-Jahresperiode erscheinen. *Kachinas* kennen auch die Zuñi- und die Pueblo- Stämme. Wenn eine bestimmte *kachina*-Zeremonie nicht den gewünschten Erfolg hat, kann es geschehen, das diese *kachina* verschwindet. Die vielleicht schönste und umfangreichste *kachina*-Sammlung in Europa ist die des Malers Horst Antes.
Auch André Breton scheint von den *kachinas* begeistert gewesen zu sein. In einem seiner Briefe findet sich der Satz:
»Ich grüße Dich vom Fuß der Leiter, die in das Mysterium der Hopi *kiva* führt, in den unterirdischen und heiligen Raum, an diesem 22. August 1945 in Mishongnovi zu der Stunde, in der die Schlangen, zuletzt ein einziges Knäuel, anzeigen, dass sie bereit sind, die Vereinigung mit dem menschlichen Mund zu vollziehen.«

Hopi / Schöpfungsmythe

Huru-ing Wuuit (in manchen Legenden auch der Spinnenfrau) wird die Fähigkeit zugeschrieben, die Menschen aus Speichel und farbigem Sand erschaffen zu haben. Vier Paare von Männern und Frauen kamen so in die Welt, sie waren schwarz, rot, gelb und weiß und sprachen verschiedene Sprachen und hatten unterschiedliche Kraft, um sich fortzupflanzen. Leben begann in der hintersten der vier Unterwelten. Manche Mythen beschreiben das Leben dort als gut, in Harmonie zwischen Mensch und Tier und inmitten von Überfluss. In anderen Überlieferungen wird die Unterwelt als dunkel, übervölkert und der Aufstieg als der Versuch geschildert, diesen Widrigkeiten zu entkommen.
Die meisten der mythologischen Geschichten spielen auf die soziale Unordnung an, die *Zweiherz*, der Böse, anrichtete. Der Streit und die Ausei-

nandersetzung, die folgten, ließen die Menschen ihre Zeremonien vergessen. Voller Abscheu darüber zerstörte *Sotuqnangu* (Gott des Himmels) alle Unterwelten. Jedes Mal aber wurde ein Paar der Menschen gerettet und in eine neue Welt versetzt, nur um dort die alten Fehler zu wiederholen.

Um der Sintflut zu entkommen, die geschickt wurde, um die dritte Unterwelt zu zerstören, suchten die Priester Beistand bei Tieren und Vögeln. Sie hatten die Geräusche von jemandem gehört, der dort oben herumging, und erbaten die Erlaubnis, dorthin aufzusteigen.

Nach mehreren vergeblichen Versuchen erreichten sie einen Ausgang, den *sipapu* und kamen mit Hilfe der Tiere in die nächste Welt.

Diese war beim Eintreffen der Hopi nur von dem Heiligen Wesen *(Masau)* bewohnt. Aber *Masau* selbst half den Hopi durch den *sipapu* in diese Welt einzusteigen. Er gab ihnen die Erlaubnis, sich in ihr niederzulassen und wies ihnen ihr Land an.

Hopi / die Welt der Toten

Beim Tod eines Menschen wird die Leiche mit Yucca-Sud gewaschen und ihr eine Gebetsfeder in die Hand gegeben. Weitere Federn werden ihr an den Füßen und im Haar befestigt. Über das Gesicht legt man eine Maske aus Baumwolle. Sie ist identisch mit der Wolkenmaske, die der Tote tragen wird, wenn er mit dem Wolkenvolk zurückkehrt und den Irdischen Regen bringt. Den Frauen legt man nach ihrem Tod ihr Hochzeitskleid an.

Die Geister der Toten werden mehr als das Sterben selbst gefürchtet. Um zu verhindern, dass sie den Lebenden schaden, werden den Geistern der Toten *pahos* (Gebetsfedern) gegeben, und der Pfad zurück zum Dorf wird mit heiligem Mehl verschlossen.

Vier Tage nach dem Begräbnis verlässt der Geist den Körper, kriecht mit Hilfe eines Grabstocks aus dem Grab und beginnt seine Reise zu den Toten. Der Eingang zur Unterwelt, zugleich der *sipapu*, befindet sich am Grand Canyon. *Kwanitaqa*, der Gott mit dem einen Horn, der den Toten ins Herz sehen und ihre Gedanken lesen kann, bewacht die Unterwelt. Er zwingt »Zweiherzen«, also böse Menschen, einen schmalen Pfad voller Gefahren zum Reich der Toten einzuschlagen, während Personen, die dem Sonnenpfad gefolgt sind, rasch über den leichten Weg zu dem Wolkenvolk gelangen.

Die Zweiherzen landen in einer Feuergrube, der sie als schwarze Käfer entsteigen.

Die Geister der Kinder, die vor ihrer Initiation sterben, kehren zum Haus der Mutter zurück und werden dort wiedergeboren.

Hopi / Zeremonien

Ihre Vielfalt ist so groß, dass ich mich begnügen muss, sie nur mit ihrem Namen und ihrer Funktion aufzuführen, nämlich: *Wuwuchim*, Einweihungszeremonie, *Soyal* zur Wintersonnenwende, *Powamu* oder Bohnentanz, Auftritt einer *mong-kachina. Pachavu*, Parade aller kachinas. Die *Palolokon*, Wasserschlangen-Zeremonie, findet nicht jedes Jahr statt. Als Mythentheater ist sie nahezu unübertroffen. Die *Flöten*-Zeremonie soll die Sommerregen herbeibringen und wird von der Grauen- und Blauen-Flöten-Gesellschaft ausgeführt, schließlich der Schlangentanz, eine sechzehn Tage dauernde Zeremonie. Sie beruht auf einer Geschichte, der zufolge ein junger Mann die Quelle allen Wassers zu finden versuchte und dem Colorado bis in sein Quellgebiet folgte, eine gefährliche Reise, auf der ihm die Spinnenfrau beistand. Schließlich stieß er auf die große Schlange, wurde in ihren Stamm aufgenommen und mit dessen Zeremonien vertraut gemacht. Ehe er heimkehrte, heiratete er eine Irdische, die in eine Schlange verwandelt worden war. Alle Reptilien sollen von diesem Paar abstammen.

Von ihrer Komplexität und der verwirrenden Wirkung der Zeremonien auf Weiße vermittelt der Bericht von Major J. W. Powell, der sich im Oktober 1870 einige Zeit in den Dörfern der Hopi aufhielt, eine Vorstellung:

»*Mui-ingwa* ist der Gott des Regens, und die Zeremonie, die vierundzwanzig Stunden dauert, findet nach dem Einbringen der Ernte statt. Ein Priester aus Oraibi, einer aus Shi-pau-i-luv (heute Shipauzlovi), einer aus Shonapa-vie (heute Mishongnovi) versammeln sich im *kiva* des letztgenannten Ortes. Eine alte Frau, ihre Tochter und ihre Enkelin, d. h. eine Großmutter, eine Mutter und eine Jungfrau, die Frauen aus derselben Ahnenlinie, werden mit in den *kiva* genommen, wo man auch mir gestattete, anwesend zu sein. Schon zuvor hatte ich von vielen Zeremonien, die durchgeführt wurden, gehört, aber man hatte sich immer geweigert, mich zuzulassen. Und es war auch erst am Tag, ehe der große Rat in Oraibi zusammentrat, dass man sich entschloss, es mir zu erlauben. Die Männer waren völlig unbekleidet, nur während gewisser Abschnitte der Zeremonie nahmen sie Decken um, und auch mir gab man zu einem solchen Zweck eine Decke. Die drei Frauen waren ebenfalls nackt, außer einem Band aus reinem Baumwollgewebe, das mit Quasten verziert war, das sie um ihre Hüften schlagen. Ereignis folgte auf Ereignis während dieser vierundzwanzig Stunden, dass es mir zwischendurch nicht möglich war, herauszukommen und einen genauen Bericht über die heiligen Rituale zu verfassen. Aber es gelang mir, einige Dinge mitzunehmen, die ich später von Zeit zu Zeit für meine Notizen benutzte.

Ich habe gesagt, dass die Zeremonie zu Ehren des Regengottes stattfand. Es war eine Art Dankesgottesdienst für reichliche Ernte und ein Gebet um Regen für die nächste Saison. Gegen die eine Wand des *kiva* wurde auf hölzernen Brettern eine Folge von Bildschriften gestellt. Geschnitzte hölzerne Vögel auf kleinen Podesten und viele Krüge und Vasen überall im Raum. In den Nischen sah man eine Sammlung heiliger Juwelen: kleine Kristalle von Quarz, Kalzit, Granaten, Stücke von Jaspis und andere leuchtende oder phantastisch geformte Steine, von denen es hieß, sie seien schon über viele Generationen hin aufbewahrt worden. Mais, Mehl, weißer und schwarzer Sand wurden zu verschiedenen Zeitpunkten in der Zeremonie benutzt. Vorher hatte man über diese Gegenstände und Substanzen Gebete gesprochen. Oft wurden der Sand und das Mehl verstreut. Manchmal während der 24 Stunden erschien ein Chor von Sängerinnen im *kiva* und die allgemeine Zeremonie wurde abgelöst von Tanzen und Singen. Der Tanz wurde von einer einzelnen Person ausgeführt, von Paaren und von einer ganzen Gruppe von Frauen. Aber der Gesang geschah immer im Chor, außer bei gewissen Gesängen, die die älteren der Priester anstimmten. Meine Kenntnisse der Sprache waren nur sehr gering, und so verstand ich von dem, was gesagt wurde, nur wenig. Doch glaube ich, dass ich hier und da ein paar Worte aufschnappte und so ungefähr mitbekam, um was es da ging.

Alle zwei Stunden trat eine Pause bei der Zeremonie ein, und Erfrischungen wurden dargereicht. Fünfundzwanzig Minuten oder eine halbe Stunde verstrichen mit einer allgemeinen Unterhaltung, und diese Zeit benutzte ich, um mir soweit wie möglich den vorangegangenen Ablauf der Zeremonie erklären zu lassen. Während einer dieser Pausen machte ich auch eine kleine Zeichnung, wie die verschiedenen Personen und Gruppen gestanden hatten. Nicht weit von der einen Seite des Feuers, das in der Mitte der Kammer brannte, und nahe der heiligen Bilder nahmen die vier Priester ihre Position ein. Dann stellte die Jungfrau eine große Vase in die Mitte des Raumes, sie brachte einen Krug mit Wasser und unter einem Gebet goss der alte Mann etwas davon in die Vase. Auf gleiche Weise verfuhren die übrigen Priester. Dann brachte das Mädchen auf einem kleinen Tablett ein Behältnis aus Ton, das die Heiligen Juwelen enthielt, und nach einem Gebet legte der alte Mann die Edelsteine ins Wasser. Die anderen taten es ihm nach. Darauf brachte das Mädchen Maiskörner auf einem Tablett, und sie wurden auf die gleiche Weise in das Wasser geschüttet. Dann legte sie eine kleine Bürste vor jeden der Priester hin. Die Bürsten bestanden aus Vogelfedern. Sie rückte nun das Tablett mit dem Mehl nahe zu den Priestern heran, zudem ein Tablett mit weißem Sand, dazu eines mit rotem und eines mit schwarzem. Darauf holte sie aus einer Vertiefung in der Wand ein kleines Steingefäß, in dem sich getrocknete Blätter befanden, und stellte auch das vor die Männer hin. Auf einem Tablett aus Weidenzweigen, unter die farbige Strähnen geknüpft waren, trug sie nun vier Pfeifen mit alten Mustern herbei. Jeder der Priester atmete so viel Rauch ein, bis Magen und Mund beräuchert waren. Dann beugten sie sich über die Vase und bliesen Rauch auf sie, der aufstieg und eine Wolke bildete. Nun griffen sie nach den kleinen Bürsten aus Federn, tauchten sie in die Vase mit dem Wasser und besprengten damit den Boden des *kiva*, klatschten in die Hände, blickten nach oben und beteten: *Mui-ing-wa*, großer und gütiger, der du uns liebst, der du uns aus der unteren Welt heraufgeführt hast, der du unsere Vorvätern die Weisheit gelehrt hast, welche sie an uns weitergegeben haben. Wir essen kein gestohlenes Brot. Keine gestohlenen Schafe finden sich unter unseren Herden. Unsere jungen Männer reiten nicht auf gestohlenen Eseln. Wir bitten dich, nimm du die Bürste aus Vogelfedern, die du besitzt, und tauche sie in die See des Himmels, lass es auf Erden regnen, so wie ich Wasser auf den Fußboden des *kiva* gespritzt habe.

Dann wurde weißer Sand auf dem Boden ausgestreut, und der alte Mann betete um Segen für die nächste Ernte. Nach einer weiteren Zeremonie mit Maiskörnern bat er darum, dass der Mais mit dem Wasser des Lebens imprägniert werde und es so gute Ernten gäbe. Es hieß in seinem Gebet mit Bezug auf die Edelsteine, die Maiskörner sollten diesen an Härte gleichen. Danach wurden die Gegenstände, die bisher gebraucht worden waren, von der Mutter weggeräumt. Bei Tagesanbruch des zweiten Tages kamen fünfundzwanzig oder dreißig junge Mädchen in den *kiva* herab, zogen sich aus und bekamen Festkleider angelegt, die unterschiedlich mit Federn und Glöckchen geschmückt waren. Ihre Gesichter wurden von den Männern auf die folgende Art bemalt: Ein Mann nahm etwas Farbe in seinen Mund und vermischte sie mit Speichel. Mit dem Finger bemalte er dann das Gesicht des Mädchens auf die Art und Weise, die ihm richtig erschien. Dann setzte ein anderer Mann die Bemalung mit einer anderen Farbe fort. Auf diese Weise wurden ihre Gesichter gelb, rot und blau eingefärbt. Als man damit fertig war, wurde im *kiva* eine Reihe gebildet, an deren Spitze die Großmutter und an deren Ende die jungfräuliche Priesterin stand, die während der ganzen Zeremonie zugegen gewesen war. Sobald sich die Kette gebildet hatte, stiegen die Männer, darunter auch ich, in den Hof und versammelten sich auf einem Dach nahe dem Eingang zum *kiva*. Wir sahen nun, dass alle Leute aus dem Dorf und den umliegenden Dörfern voller Erwartung auf den flachen Dächern ihrer Häuser standen.

Während die Prozession aus dem *kiva* über die Leiter hervorkam, begann die alte Frau zu singen. Langsam bewegte sich die Prozession um den Hof, und zwar zwei- oder dreimal. Dann bildeten die Mädchen einen Kreis, in dessen Mitte sich die jungfräuliche Priesterin hinstellte. Sie hielt ein kunstvoll aus Weidenzweigen geflochtenes Tablett in der Hand, und alle jungen Männer standen vor einer Mauer. Es schien, als würden sie dort auf ein Signal warten. Ein Mädchen bewegte sich singend und mit verbundenen Augen um die eigene Achse, bis sie unmöglich noch wissen konnte, wo der junge Mann stand. Dann warf sie das Tablett von sich. Sofort stürzten sich die jungen Männer darauf und versuchten, es an sich zu bringen. Es setzte keine Schläge, aber sie fassten einander an Hüfte und Hals, bis einer das Tablett erobert hatte und zum Sieger erklärt wurde. Mit großem Stolz ging er damit davon. Und wieder wurde ein Tablett gebracht, das das junge Mädchen mit den verbunden Augen von sich warf. So ging es weiter, bis alle Mädchen diese Handlung ausgeführt hatten. Gegen zehn Uhr war dieser Teil des Rituals abgeschlossen, und die Familien kehrten zu ihren Freunden aus den umliegenden Dörfern, die bei ihnen zu Gast waren, zurück. Für etwa eine Stunde wurde nun gefeiert. Am Nachmittag fanden Rennen statt, darauf Tänze, die sich bis Mitternacht hinzogen.«

Literatur:

Courlander, Harold: The Fourth World of the Hopis – The Epic Story of the Hopi Indians as Preserved in Their Legends and Traditions, Albuquerque 1974

Powell, Major J. W.: The Hopi Villages – The Ancient Province of Tusayan. Nachdruck: Filter Press, Palmer Lake, Colorado 1972

Parson, E. C.: Hopi and Zuñi Ceremonialism, American Anthropological Association Memoirs, Vol XXXIX., Menasha 1925.

Pueblo Indian Religion 2 vls., Chicago 1938

Kachina-Figuren der Pueblo-Indianer Nordamerikas aus der Studiensammlung Horst Antes, Karlsruhe 1981

Waters, Frank: Das Buch der Hopi, nach Berichten der Stammesältesten aufgezeichnet von Kaha Hónaw (Weißer Bär)

Hügelbauer (Mountbuilder)

s. Südosten / Native Americans,

Huronen / Wyandot

Ein irokesisches Volk, das die Franzosen im 17. Jahrhundert Huronen nannten, abgeleitet von *hur*, Eberkopf, was auf die Haartracht anspielte. Die H. lebten zwischen dem Lake Simcoe und der Georgian Bay in der heutigen Provinz Ontario. Im 17. Jahrhundert schätzungsweise zwischen zwanzig- und vierzigtausend Stammesmitglieder, die in achtzehn bis fünfundzwanzig Dörfern lebten. Sie waren Bauern und ergänzten ihren Lebensunterhalt mit der Jagd. Nach Ansicht der Archäologen kamen sie in das oben genannte Gebiet nach dem Rückgang der Gletscher und entwickelten sich langsam von Jägern und Sammlern zu Bauern und Jägern. Nach ihrer eigenen Überlieferung sollen sie später von Südosten eingewandert sein. Ab 500 n. Chr. bauten sie jedenfalls Mais an. Zuvor war schon der Tabak eingeführt worden, für dessen Aufzucht und Ernte die Männer zuständig waren, während die Frauen die Maisfelder betreuten. Durch Kriege mit den Irokesen wurden sie fast völlig aufgerieben. Ein Zweig des Stammes, der mit den Petun (den »Tabakleuten«, Spezialisten für den Anbau dieser Pflanze) verwandt war, floh westwärts und wurde dort zu den Wyandot.

Indianer
Bezeichnung, die seit der Entdeckung der Neuen Welt den dort lebenden Menschen gegeben wurde. Andere Bezeichnungen sind Amerindian, Amerind, Indian, Native American. Alle Eingeborenen mit Ausnahme der Eskimos und Alëuten (Aleuts).

Indianer-Agent
Beamter oder Beauftragter der US-Regierung bzw. des B.I.A. für eine Reservation. Nicht selten hatten Indianer-Agenten Anweisung, die traditionelle Lebensweise der Indianer abzuschaffen bzw. ihre religiösen Praktiken zu unterbinden. Es gab aber durchaus auch Agenten, die Interesse an den Sitten und Gebräuchen der Stämme entwickelten und diese in ihren Berichten nach Washington genau beschrieben.

Indianer-Territorium
Nach 1803 kam der Plan auf, die Stämme der östlichen USA westlich des Mississippi anzusiedeln. 1825 wurde die Gegend westlich von Arkansas und Missouri und östlich des mexikanischen Territoriums als »Indianerland« definiert. Ab 1830 wurde für dieses Gebiet die Bezeichnung Indianer-Territorium üblich. In den folgenden fünfzehn Jahren wurden Tausende Indianer aus dem Osten in das Land westlich des Missouri und Arkansas umgesiedelt, 1834 verabschiedete der Kongress das Western Territory-Gesetz. Die indianische Bevölkerung war ungleichmäßig über das durch Gesetz festgelegte Gebiet verteilt, im Süden lebten nun die Fünf Zivilisierten Stämme.
Bei wechselnden Grenzen wurden immer mehr Stämme im Indian Territory angesiedelt.
1889 wurden neue Grenzen festgelegt; das Gebiet war nun von den Staaten Kansas, Missouri, Arkansas und dem Territorium New Mexico umschlossen. In jene Ländereien, die nun nicht länger den Indianern vorbehalten blieben, strömten am 22. April 1889 fünfzigtausend weiße Siedler ein. Danach ging die Verkleinerung der für die Indianer bestimmten Gebiete (Indian Territory) Schritt um Schritt weiter. Eine Zeitlang wurden weiße Siedler, die in Gebiete eindrangen, die den Indianern gehörten, allerdings vom Militär zurückgeholt. Schließlich gelang es der Regierung dort, zahlreiche Besitzrechte an Land von Indianern zu kaufen. Das für Weiße nun zur Besiedlung offene Gebiet wurde zum Oklahoma Territory. Es bildete die Vorstufe zur Schaffung eines Bundesstaates. 1905 versuchten die Anführer der Fünf Zivilisierten Stämme auf dem ihnen noch verbliebenen Land den Staat Sequoyah zu errichten. Der Stamm hatte sich bereits eine Verfassung gegeben und verlangte nun, in die Union aufgenommen zu werden. Dies lehnte die US-Regierung ab, statt des-

sen wurden 1907 das Oklahoma Territory und das Indian Territory zu dem Bundesstaat Oklahoma vereinigt. Man kann sagen, dass diese Entwicklung einem ständig weiter fortschreitenden Landraub der Weißen gleichkam.

Inktomi

Eine Trickster-Gestalt, der Kuppler in einer kosmologischen Geschichte der Sioux, bei der die Trennung der Zuständigkeit von Sonne für Tag und Mond für Nacht auf eine doppelte Ehebruchgeschichte zurückgeführt wird. *Wi* (Sonne) betrügt seine Frau *Hawi* mit der Sterblichen *Ite* (Gesicht), diese ihren Mann *Tate* (Wind). Über allem schwebt *Skan*, die »Quelle der Energie« und straft die Ehebrecher. Die Authentizität dieser Geschichte ist mit Vorsicht zu betrachten. Erzählt wurden sie dem Arzt und Ethnographen J. J. Walker von dem Medizinmann George Sword, der zugleich auch christlicher Diakon war.

Literatur:

Radin, Paul: The Trickster – A Study in American Mythology, with commentaries by Karl Kerenyi and C. G. Jung, New York 1956

Irokesen

Der Stammesname bedeutet »echte Natter«. Der Stamm war in früher Zeit aus dem Süden in das Land östlich der Großen Seen eingewandert. Nach einer legendären Überlieferung waren in dieser Gegend um das Jahr 1575 die Seneca, Cayuga, Onondaga, Oneida und Mohawk unter dem Propheten Deganawidah und seinem Schüler und Ratgeber Hiawatha ein Bündnis eingegangen, um den ständigen Streitereien und Kriegen zwischen den einzelnen Stämmen ein Ende zu setzen.

Deganawidah, ein Hurone, hatte die Vision eines großen Baumes gehabt, unter dessen schützenden Zweigen die Stämme in Frieden leben sollten. Interessant ist in diesem Zusammenhang eine Episode aus der Schöpfungsgeschichte der Irokesen (s. Büffelfrau und Wolfsmann), in der ein Mann im Himmel einen Baum entwurzelt und seine schwangere Frau, deren Treue er misstraut, durch das entstehende Loch hinabstößt, einer riesigen Wasserfläche entgegen. Enten fangen sie auf. Sie landet weich und wohlbehalten auf dem Panzer einer Schildkröte, aus der die Welt entsteht. Hiawatha, ein Medizinmann und Mohawk, fuhr danach mit seinem Kanu durch das Gebiet der Irokesen, um für den Bund zu werben. Anfang des 18. Jahrhunderts schloss sich der Stamm der Tuscarora als sechste Nation der Liga an.

Die politische Struktur der irokesischen Liga wurde zum Vorbild für die Verfassung der USA. In ihr entsprechen die Bundesstaaten den einzelnen irokesischen Stämmen, die Senatoren und Mitglieder des Kongresses den 50 *sachem* oder Ratsmitgliedern und die Hauptstadt Washington dem Hauptort Onondaga, wo das große Ratsfeuer der Irokesen brannte und jährlich die große Ratsversammlung abgehalten wurde, die die Bezeichnung »großer Frieden« trug.

Literatur:
Campbell, Joseph: Historical Atlas of World Mythology, Vol II: The Way of the Seeded Earth – Part 2: Mythology of the Primitive Planters: The North Americas, New York 1989
Morgan, Lewis Henry: League of Iroquois, New York 1962

Jäger der Großen Ebenen / Native Americans / Überblick: Geschichte (Neuzeit)

Das Pferd, das durch die Spanier in die Neue Welt kam – in prähistorischer Zeit gab es eine Rasse von Kleinpferden, die aber ausstarb – veränderte ab Ende des 17. Jahrhunderts das Leben der dortigen Indianer. Bis gegen 1800 hatten sich die Stämme der nördlichen Großen Ebenen – einschließlich der Cheyenne, die den Ackerbau an den Flussläufen aufgaben und der Blackfoot –, einem neuen Lebensunterhalt, der Büffeljagd von Pferderücken aus, zugewandt. Die meisten Stämme erzwangen strikte Jagdgesetze, um die Büffelherden nicht allzu stark zu dezimieren. Das Tier lieferte ihnen nicht nur Nahrung, Felle und Häute für ihre Bekleidung, sondern auch den Ausgangsstoff zur Verfertigung zahlreicher Gebrauchsgegenstände (Trinkschalen, Bootsspanten etc.). Obwohl die Kultur der büffeljagenden Prärieindianer nicht ganz ein Jahrhundert blühte, prägte der berittene Büffeljäger auf den Prärien doch für die Weißen das stereotype Bild vom Indianer. Die Katastrophe kam mit dem Eindringen der Weißen in die Jagdgründe dieser Stämme.

Jefferson, Thomas

(1743–1826) Dritter Präsident der Vereinigten Staaten. Von ihm stammt der Ausspruch: »Ich zittere um mein Volk, wenn ich die Ungerechtigkeit bedenke, deren es sich gegenüber den Ureinwohnern schuldig gemacht hat«. Diese Einstellung hinderte Jefferson aber nicht daran, sich für die Versklavung der schwarzen Amerikaner auszusprechen.

Kachina

Das Schlüsselsymbol der Hopi- und Zuñi-Zeremonien ist die *kachina*. Die *kachina* ist ein Geist, ein Mensch, eine Vorstellung von Energie in der Natur, ein Kult, eine Lebensart und eine visuelle Sprache. Die Legende erzählt, vor langer Zeit, als die Zuñi auf der Suche nach der heiligen Mitte der Welt einen Fluss überquerten, glitten einige Kinder den Müttern vom Rücken und wurden in Wasserwesen verwandelt. Sie trieben stromabwärts zum Zusammenfluss des Zuñi und des Kleinen Colorado, etwa 80 Meilen von den heutigen Zuñi-Dörfern entfernt.

Hier, unter der Wasseroberfläche des Sees der Flüsternden Wasser, wurden sie zu *kachinas* und gründeten eine *kachina-Stadt*. Bei Gebeten kamen sie zu den Menschen zurück, um vor ihnen zu tanzen, Regen und Fruchtbarkeit

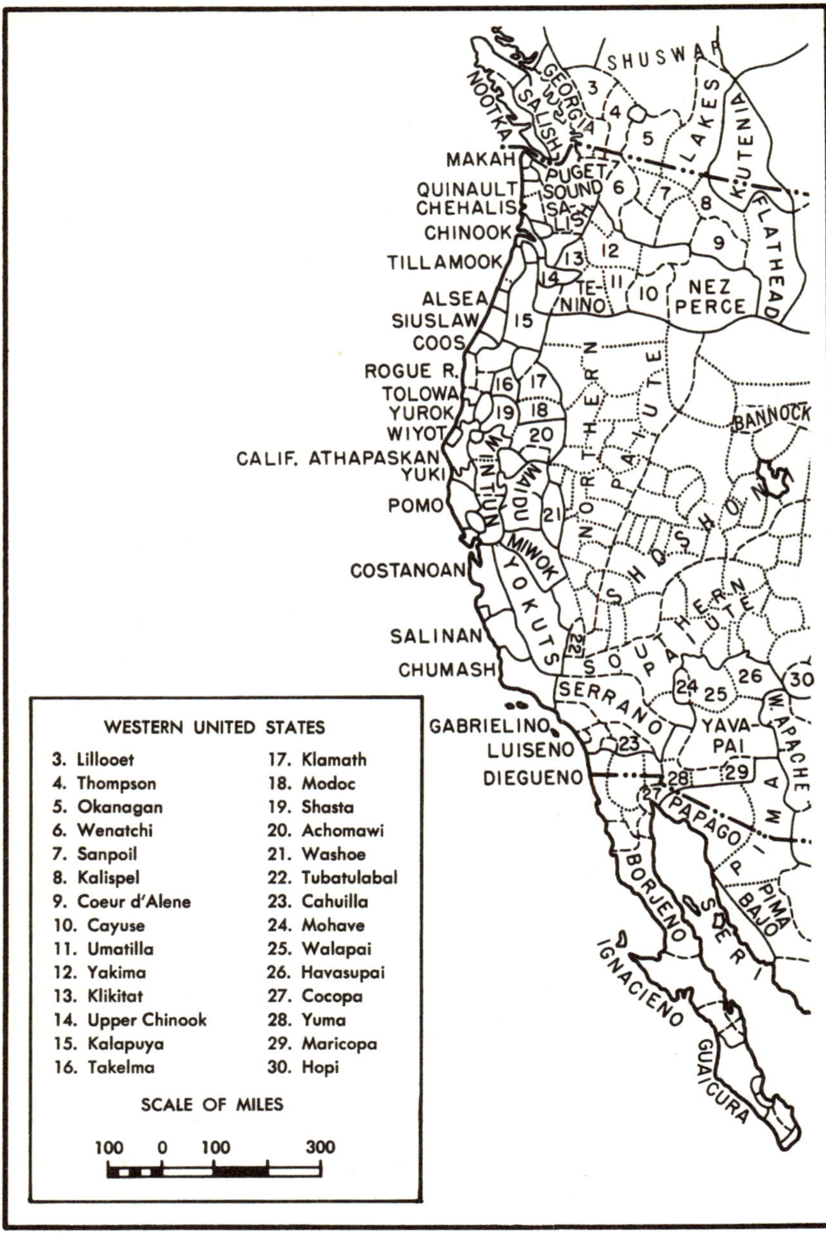

Die Indianerstämme Kaliforniens

für die Ernten zu bringen. Aber nach diesem Besuch folgten ihnen viele der Mütter. Da erklärten die *kachinas* den Menschen, sie würden hinfort nicht mehr selbst zu ihnen kommen. Statt dessen werde ihr Geist in die Masken und die Kostüme jener fahren, die sie bei den Zeremonien darstellten. Jenen Männern, die die *kachinas* hinfort repräsentierten, mussten Gebetsstöcke als Geschenke gegeben werden. Die Masken wurden mit heiligem Mehl bestrichen (genährt), sonst waren Krankheit und Dürre die Folgen.

Die *kachina*-Tänzer kommen zum *Soyal*-Fest im Dezember, also zur Wintersonnenwende, in das Dorf des Hopi, um im *kiva* die Maissaat für das beginnende Jahr zu segnen. Sieben Monate später, nach der Maisernte, kehren sie in ihre Heimat, die San Francisco-Gebirge, zurück, wo sie sich bis zum nächsten Dezember ausruhen und schlafen.

Literatur:

Kachina-Figuren der Pueblo-Indianer Nordamerikas aus der Studiensammlung Horst Antes, Katalog, Karlsruhe 1981

Day, Jonathan S.: Traditional Hopi Kachinas – A New Creation of Carvers, Flagstaff 2 000

Kalifornien / Native Americans / Übersicht / Geschichte

Von frühester Zeit bis zu dem Kontakt mit den Europäern zeichnet sich die Lage in Kalifornien durch eine große Komplexität der Stammesgruppen und Sprachen aus. Oft lebten sehr kleine Gruppen mit völlig verschiedenen Sprachen unmittelbar nebeneinander. Wahrscheinlich lässt sich das auf die wechselvolle Topographie von Gebirge, Tälern und Küstenstrichen zurückführen. Zivilisatorisch unterschieden sich die Stämme Kaliforniens nicht so stark. Außer am Colorado wurde keine Landwirtschaft betrieben, entlang des Mittel- und Südteils der Küste war eine Methode bekannt, aus Eicheln ein Mehl zu gewinnen. Anderswo brachte Fischen und die Jagd die zum Lebensunterhalt nötigen Produkte. Zwischen 1845 und 1870 (Zeit des »Goldrausches«) nahm die indianische Bevölkerung von Kalifornien um 80 Prozent ab. Sie ging von 150 000 auf 30 000 Indianer zurück. Etwa 40 % der Todesfälle ergaben sich aus systematischen Tötungen. Nur wenige Eingeborene überstanden die Aussiedlungs- und Auslöschungskampagnen um 1850. Später erließ der Kongress ein Vier-Reservations-Gesetz zur Gründung der Reservationen im Hoopa Tal, am Tule River und im Round-Tal. (Die vierte Reservation wurde nie eingerichtet.) Mitte des 20. Jahrhunderts gab es in Kalifornien sechsunddreißig kleine Reservationen *(rancherias)*, aus denen die Bundesregierung Arbeitslose und Veteranen in die Großstädte aussiedelte (Oakland, Los Angeles). Lee Davis vom Museum of American Indians, Smithonian Institute, schreibt dazu wie folgt: »Es entstanden zwei indianische Welten in Kalifornien, die des traditionellen Lebens in der Reservation und die der Zuwanderer in städtische Gebiete (in der Mehrheit nicht aus Kalifornien stammende Indianer). Diese zwei Welten konkurrierten bei der Unterstützung durch Nicht-Indianer. Die städtischen Indianer versuchten, Gelder als ›ethnische Gruppe‹ zu erhalten; die kalifornischen Stämme unterhielten Beziehungen von Regierung zu Regierung mit den USA, die ihnen Geld und Dienstleistungen einbrachten. Seit den 60er Jahren floss mit dem ›Krieg gegen die Armut‹ zunehmend Geld in die Reservationen und in städtische Entwicklungsprogramme. Die beiden Bereiche unterstützten einander. In der Stadt ausgebildete Aktivisten kehrten in die Reservation zurück und wurden Stammesführer. Städtische und ländliche Gruppen erhöhten ihr Engagement in Organisationen wie der des American Indian Movement.«

Literatur:

Cook, Sherburne E.: The Conflict Between California Indians and White Civilization, Berkeley 1976

Hoxie, Frederick E. (editor): Encyclopedia of North American Indians, Boston & New York 1996

Kroeber, A. L.: Handbook of the Indians of California, Bureau of American Ethnology, Bulletin 78, Washington 1925

Kaninchen

Eine Trickster-Gestalt der Native Americans aus dem Südosten. Da das Kaninchen als »Brother Rabbit« sowohl in der afrikanischen als auch in der Mythologie der nordamerikanischen Schwarzen eine Rolle spielt, ist umstritten, ob es in Nordamerika von den Indianern an die Schwarzen oder umgekehrt vermittelt worden ist.

Literatur:

Bierhorst, John: Die Mythologie der Indianer Nordamerikas, München 1988

Kind des Wassers

Einer der beiden Zwillinge bei den Navajo, so genannt, da er durch den Wassergott gezeugt wurde, als eine der beiden Frauen (Frau der Veränderung u. Weiße Muschelfrau), die schließlich durch das Wüten der Monster nahezu allein auf der Welt waren, sich unter einen Wasserfall stellte und das Wasser lustvoll über ihren Körper rinnen ließ.

Literatur:

Hetmann, Frederik: Mondhaus und Sonnenschloß, Stuttgart 1989

Mathews, Washington: Navajo Legends. The American Folklore Society, Boston and New York 1897

O'Bryan; Aileen: The Diné New York. Washington 1956

Kiva

Unterirdischer Versammlungsraum der Stämme im Südwesten. Er ist durch die hochaufragende Leiter kenntlich. Dort versammeln sich alle Mitglieder der Gemeinde, heute bei den Hopi beispielsweise zur Segnung der Maissaat durch die *Kaschina*-Tänzer. Es versteht sich, dass Fotoaufnahmen durch weiße Touristen unerwünscht sind und unter Umständen zu heftigen Reaktionen der Native Americans führen.

Klamath

Ein Stamm des Nordwestens in Oregon, dessen Reservation 1954 durch den US-Kongress aufgehoben wurde, wodurch er praktisch ohne Landbesitz blieb. Die Stammesangehörigen wehrten sich mit einer Reihe von Prozessen, in denen sie sich die Rechte für Jagd und Fischerei in den alten Stammesgrenzen erstritten. Dennoch zeigte das Klamath Termination-Gesetz vom 13. August 1954 schreckliche Folgen.

Zwischen 1960 und 1980 betrafen 20 Prozent der Todesfälle Stammesangehörige unter fünfundzwanzig und 52 Prozent Menschen unter vierzig. Vierzig Prozent aller Sterbefälle hatten als Todesursache Alkoholmissbrauch. Die Kindersterblichkeit bei den Klamath lag zweieinhalb Mal höher als bei der gesamten Bevölkerung von Oregon; dreimal soviele Klamath wie Nicht-Klamath führten ein Dasein unterhalb der offiziellen Armutsgrenze.

Literatur:

Bancroft-Hunt, Norman: Indianer Nordamerikas, Bindlach 1994

Kokopelli

Unter den Petroglyphen des Südwestens taucht die Gestalt eines geheimnisvollen buckligen Flötenspielers auf. Er könnte Fruchtbarkeitssymbol oder Regenpriester sein, einen wandernden Sänger, Händler oder Trickster darstellen. Über die genaue Bedeutung sind sich die Wissenschaftler immer noch nicht im Klaren.

Darstellungen der Gestalt finden sich im Gebiete der Basketmaker-Kultur der Anasazi, im Bereich der Hohokam-Kultur im südlichen Arizona (300 v. Chr. bis 1400 n. Chr.) und in der Region der Mogollon im südlichen New Mexico (100 v. Chr. bis 1350 n. Chr.).

Der Ursprung des buckligen Flötenspielers liegt im Dunkeln. Er könnte aus dem alten Mexiko oder aus Südamerika als Darstellung eines Händlers, der seine Ware in Säcken auf dem Rücken trägt, in den Norden vermittelt worden sein. Diese aus dem Süden anreisenden Händler wurden *pochtecas* genannt und gehörten einer aztekischen Kaufmannsgilde an, die von Casas Grandes (Chihuahua) in Mexiko aus durch die chihuahuanische Wüste zwischen 1200–400 v. Chr. nach Norden Handelsverbindungen unterhielt.

In der mythologischen Überlieferung der Pueblo trägt der Kokopelli in seinem Sack auf der Schulter Saatgut, Babys und Stoffe, die er den Mädchen anbietet, die er verführen will. In den Dörfern am Rio Grande findet man die Vorstellung, in dem Sack befänden sich Lieder. Als ein Symbol der Fruchtbarkeit war der Kokopelli in der Zeit der Maisaussaat und bei unfruchtbaren Frauen willkommen, während die jungen Mädchen ihn fürchteten und mieden.

In den Anden in Südamerika wandern Heiler noch heute mit einem Sack voller Mais auf dem Rücken und einer Flöte von Dorf zu Dorf.

Literatur:
Slifer, Dennis & Duffield, James: Kokopelli, Flute Player Images in Rock Art, Santa Fe 1993

Kosmisches Bewusstsein der Native American

Was unter kosmischem Bewusstsein verstanden wird, kann man am besten durch eine Episode erklären, die Werner Müller von den Prärieindianern im Zusammenhang mit einem Tier und mit einer Pflanze berichtet:

»Am Rande der Missouriwälder und an den Ufern der Prärieflüsse wächst ein Strauch, der in Nordamerika seinesgleichen nicht hat: die Erdbohne oder, wie sie mit ihrem wissenschaftlichen Namen genannt wird, *Falcata comosa*. Ihr dicht belaubtes Gezweig ähnelt der Weinrebe. Wie die Rebe benötigt auch die Erdbohne eine Stütze, um daran emporzuklettern; fehlt sie, so verfilzen sich die dünnen Zweige zu einem undurchdringlichen Gewirr von Ranken und Schlingen ... die Blüten treiben in den Boden hinein Schoten mit einer einzigen großen Bohne, und eben von dieser Bohne führt der Strauch seinen Namen.

Die Falcata-Bohne, aber eben nur die im Boden wachsende Frucht, gehört zu den Lieblingsgenüssen der Indianer. Gekocht, gestampft und mit Fleisch versetzt, erhebt sie jede Mahlzeit zu einem Festessen. Jede indianische Hausfrau sucht im Herbst so viel einzusammeln wie möglich. Nur bleibt die Ernte, unmittelbar durch den Menschen selbst, fast unmöglich, denn das dichte, kaum zerreißbare Geranke und die Verborgenheit im Boden hindert jeden nennenswerten Erfolg.

Die Indianer nützen deshalb die Arbeit eines Tieres, dem die Erdbohne ebenso schmeckt wie dem Menschen, der Wiesen- und Bohnenmaus, *Microtus pennsylvanicus*. Im Herbst trägt die Maus massenweise die Falcata in ihre unterirdischen Kammern und überdauert mit diesen Vorräten den langen frostklirrenden Winter. Das Ausheben des Baues lohnt also, und deshalb suchen die Indianer eifrig Waldränder und Flussufer ab, um an dem Fleiß der Wiesenmäuse teilzuhaben (...).

Man darf, so erklären die befragten Angehörigen der Präriestämme, der Wiesenmaus nicht alle Bohnen wegnehmen: Es sei Bosheit, das schwache wehrlose Tier seiner sämtlichen Vorräte zu berauben. Man müsse vor der Suche Herz und Gemüt vorbereiten. Niemals dürfe das Gefühl für die Anerkennung der Rechte aller lebendigen Dinge, Pflanzen und Tiere verlorengehen. Man müsse Sinn haben für die gegenseitige Abhängigkeit alles Lebendigen, für die Verpflichtung des Menschen gegenüber der ganzen Natur und allen geheimnisvollen Mächten. Wer auf diese Suche gehe, dürfe nur gute Gedanken denken und habe jedes boshafte und bittere Gefühl abzulegen. Und besonders solle er denken an seine Schuld gegenüber der Bohnenmaus, von der er solche Gunst erbitte.«

Werner Müller zitiert weiter Melvin Randolph Gilmore, der berichtet, immer wieder sei ihm versichert worden: »Die Bohnenmäuse sind sehr fleißige Leute, sie helfen sogar den Menschen. Niemals nehme ein Indianer Früchte weg ohne Gegengabe. Er lege dann an ihre Stelle Mais, Speck oder Fett, und so hätten die Mäuse doch auch einen Nutzen von dem verschwundenen Teil ihres Unterhalts.«
Werner Müller gibt für solche bewusst wahrgenommenen Verbindungen zwischen Mensch, Tier und die beide ernährende Natur noch andere Beispiele und kennzeichnet sie als eine Grundhaltung der Native Americans.

Literatur:
Gilmore, Melvin Randolph: The Ground Bean and its Uses. Indian Notes vol.2 (1925)
Hetmann, Frederik: Die Erde ist unsere Mutter, Indianische Religion und Spiritualität, Freiburg i. Br. 1998
Müller, Werner: Geliebte Erde – Naturfrömmigkeit und Naturhaß im indianischen und europäischen Nordamerika, Bonn 1982

Kosmologische Mythen

Bei der engen Verbindung der nordamerikanischen Indianer zur Natur ist es nicht erstaunlich, dass ihre Mythen stark animistische Züge haben. Animismus bedeutet Seelenglaube, die Zuordnung eines Geistes oder einer Persönlichkeit zu einem Gegenstand. Zu Gebirge, Fluss, Felsen, einer Klippe, zu Pflanzen, und Tieren. All dies, ja sogar Waffen, können zur übernatürlichen Kraft werden. Animismus wird als die Basis religiösen Denkens oder als eine zweite Entwicklungsphase religiöser Vorstellungen betrachtet. Es gibt über den ganzen amerikanischen Kontinent hin Geschichten, die vom Ursprung der Gestirne (Mond, Sonne, Sterne) usw. handeln. Sie sind in gewissem Sinn eine Unterabteilung der animistischen Mythen, und man nennt sie kosmologische Mythen.

Literatur:
Taylor, Colin: Die Mythen der Nordamerikanischen Indianer, München, 1996
Leeming, David & Page, Jack: The Mythology of Native Americans, Norman 1998
Erdoes, Richard & Ortiz, Alfonso: American Indian Myths and Legends, New York 1984

Krickeberg, Walter

(1885–1962) Ab 1924 Kustos, ab 1929 Leiter der Abteilung Südamerika im Ethnologischen Museum Berlin. Setzte sich dort als erster Amerikanist am Museum intensiv mit den Nordamerika-Sammlungen auseinander. Er veröffentlichte 1910 das Kapitel »Amerika« in Buschans »Illustrierte Völkerkunde« und 1929 einen längeren Beitrag über »Das Kunstgewerbe der Eskimos und nordamerikanischen Indianer«. Seine Abhandlung »Ältere Ethnographica« ist die erste umfassende Publikation, in der ein Teil der Berliner Nordamerika-Sammlung wissenschaftlich aufgearbeitet wurde. Die Amerika-Abteilung des Museums leitete K. bis zu seiner Pensionierung 1954. Seine Edition der »Indianermärchen aus Nordamerika« (Jena 1924) erfreut noch heute den

Leser durch ihre genauen Kommentare.

Kulturheld

Cultural hero, genauer zu übersetzen mit Kulturgüter bringender Held. Eine Gestalt (Mensch oder Tier) in Mythologie und Folklore, die als Überbringer der Kulturgüter angesehen wird. Alle guten und nützlichen Dingen kommen von ihr: Nahrung, Künste, technische Tätigkeiten. Der typische Kulturgut bringende Held stiehlt das Feuer oder befreit die Sonne oder den Sommer für sein Volk, er reguliert die Winde bringt oder schafft Mais, Eicheln, Bohnen, bestimmt den Lauf der Flüsse, lehrt die Menschen zu pflanzen und zu pflügen, zu jagen oder bestimmte Zeremonien abzuhalten, er gibt ihnen eine Medizin oder lehrt sie die Magie. In fast allen Mythologien der nordamerikanischen Indianer ist der Kulturgut bringende Held identisch mit dem Trickster, und in der Mehrzahl der Fälle ist er ein Tier (Kojote, Eichelhäher, Hase, Kaninchen). Weitaus seltener hat er menschliche Gestalt (Gluskabe bei den kanadischen Stämmen, Child-of-the-Water und Killer-of-the-Enemy bei den Apachen).

Literatur:

Bierhorst, John: Die Mythologie der Indianer Nordamerikas, München 1988
Funk & Wagnalls: Standard Dictionary of Folklore Mythology and Legends, New York 1972
Hetmann, Frederik: Mondhaus und Sonnenschloß, Stuttgart 1989

Kupferfrau

Eine mythische Gestalt der Chippewyan (»gepunktete Häute«, der größten subarktischen athapaskischen Gruppe und der Kupfer-Eskimos (Coppermine River). Eine verstoßene Frau und ihr Sohn entdecken Kupfernuggets, während sie im Gebirge leben. Im Traum vernimmt der Junge eine Stimme, die zu ihm spricht: Wenn du die blaue Flamme im Feuer siehst, das bin ich! Später sieht er tatsächlich die Flamme und holt Kupfer aus dem Feuer, als die Asche erkaltet ist.
Also eine der vielen Mythen, die erzählen, wie gewisse Gegenstände oder Praktiken in die Welt kamen.

Kurz, Rudolph Friedrich

(1818–1871) Geboren in Bern. Kurz erhielt früh eine künstlerische Ausbildung in Paris. 1847–1852 besuchte er Amerika und verbrachte die meiste Zeit an der Missouri-Grenze zwischen St. Louis und Fort Union. Er machte in dieser Zeit zahlreiche Skizzen, von denen einige in den USA blieben. Er starb in Bern, wohin er nach seinen amerikanischen Abenteuern zurückkehrte.

Kwakiutl

Gehören mit den Nootka zur Wakashan-Sprachfamilie. Der Stammesname wird manchmal übersetzt mit »Strand auf der Nordseite des Flusses«, nach anderen Quellen aber auch mit »Rache auf dem Fluss«. Sie wohnten auf der Vancouver Island und entlang der Küste von Britisch-Kolumbien. Sie haben Geheimgesellschaften, die ihre Kraft von dem Kannibalengeist des Nordens herleiten. Spektakulär, aber rein zeremoniell, sind ihre Kannibalen-*(hamatsa-)* Tänze. Heute betreiben sie Fischfang mit modernen Motorbooten und arbeiten in der Konservenindustrie und beim Holzfällen in Britisch-Kolumbien.

Literatur:
Drucker, Philip: Indians of the Northwest Coast, Garden City, New York 1963

La Farge, Oliver

Autor (1901–1963) Geboren in New York. Nach Schulabschluss: Studium in Harvard. Nahm an einer archäologischen Expedition ins nördliche Arizona zur Untersuchung von Navajo-Ruinen teil und begann sich danach für Anthropologie zu interessieren. Gewann ein Forschungs-Stipendium für Guatemala. Schrieb parallel zu seinem Forschungsbericht seinen ersten Roman »Laughing Boy«, mit dem er 1929 den Pulitzerpreis gewann. Heiratete 1929 Wanden E. Mathews in New York und zog mit seiner Frau 1933 nach Santa Fe, zwei Kinder. 1937 Scheidung von Wanden, die im Westen nicht glücklich war. Kehrte nach New York zurück und heiratet in zweiter Ehe Consuele Pendaries y Baca. Das Paar ging nach New Mexico, wo L. bis zu seinem Lebensende 1963 ansässig war.

Literatur:
Insgesamt 24 Bücher. Ein Klassiker der Indianer-Literatur ist »Laughing Boy«. Deutsche Fassung: »Der Große Nachtgesang«, Eugen Diederichs Verlag 1933, Übersetzung von Lulu von Strauß und Torney.

Langhaus

Hausform der Irokesen, in der mehrere Familien der gleichen Sippe lebten.
Sie hatten Giebel- oder Tonnendächer und waren zwischen 15 und 30 Meter lang. Der Außenrahmen wurde mit Rinde bedeckt. Vom Eingang her zog sich ein Gang durch die ganze Länge des Baus. Auf beiden Seiten befanden sich Gelasse, die von jeweils einer Familie bewohnt wurden. In sie waren jeweils mehrere Plattformen eingepasst. Auf der unteren Plattform wurde geschlafen; die zweite, höher gelegene Plattform diente als Vorratsraum. Im Hauptgang befanden sich mehrere Feuerstellen, die von jeweils einigen Familien gemeinsam benutzt wurden. In einem Langhaus wohnten zwischen 20 und 100 Menschen. Das Langhaus war auch das Symbol für die Liga der Irokesen. Ihren Staatenbund stellten sich diese Indianer als ein Langhaus vor, das sich über das ganze Land hinzog. Die Mohawk (s. auch dort) bewachten die Osttür, die Seneca die Tür im Westen.

Leggins

»Beinlinge«, eine Art Strumpfhose aus Leder, die am Gürtel befestigt wurde.

Lipan Apachen

Teilgruppe der östlichen Apachen.

Little Bighorn, Schlacht am

Am 25. Und 26. Juni 1876 verteidigten die Sioux (Lakotas) und Cheyenne ihr traditionelles Sommerjagdlager gegen den Angriff der US-Armee unter Oberstleutnant George Armstrong Custer in einer Schlacht am Greasy Grass (Little Bighorn) River. Die Anführer auf Seiten der Indianer waren Sitting Bull (Hunkpapa), Crazy Horse (Oglala) Hump (Minneconjou) und Two Moon (Cheyenne). Custer hatte die Schlacht gesucht, um mit einem Sieg über die Sioux seine Chancen bei der anstehenden Präsidentschaftswahl, bei der er kandidieren wollte, zu erhöhen.

In der Schlacht standen zweitausend Krieger gegen Custers Truppen und die Abteilung unter Major Marcus Reno und Captain Frederick Benteen. 215 Reiter von Custers Einheit fanden den Tod. Die American Natives verloren nur fünfundzwanzig Mann.

Literatur:

National Geographic Magazine: The World of the American Indian, Washington 1989

Hetmann, Frederik: Der Rote Tag, dokumentarischer Roman, Bayreuth 1975

Männerbünde

Sie finden sich bei den nördlichen Sioux, den Blackfoot, Arapaho und Gros Ventre. Man wurde nicht ohne weiteres aufgenommen, sondern musste sich einkaufen. Die Bezahlung bestand in Pferden, Gewehren und Decken. Das mutmaßliche Entstehungszentrum der Männer- und Frauenbünde im Präriegebiet liegt bei den Mandanen.

Bei den Crow und Cheyenne bestanden Militärgesellschaften. Sie waren weder an eine bestimmte Altersstufe gebunden, noch kannte man bei ihnen die Einkaufspflicht. Männerbünde hatten sowohl eine private als auch eine öffentliche Funktion. Die öffentliche Aufgabe bestand beispielsweise im Ordnungsdienst bei Zeremonien. In den Kriegerbünden sollte der kämpferische Geist der jungen Männer geweckt werden. Ein Krieger musste sich durch vorbildliches Verhalten und Großzügigkeit auszeichnen.

Geheimbünde schließlich waren vor allem auch Bünde zur Krankheitsheilung. »Wenn jemandem im Traum oder in einer Vision ein bestimmtes Tier erschienen war und sich als Schutzgeist angeboten hatte, konnte er um Aufnahme in denjenigen Bund bitten, dessen Schutzpatron das Tier war. Dabei war das visionäre Erlebnis in gewisser Weise durch ›Erbschaft‹ vorherbestimmt. Der feierlichen Aufnahme gingen Einweihungszeremonien mystischen Charakters voraus, die vermutlich ursprünglich auf Jugendweihen zurückgehen.« (Lindig)

Literatur:

Lindig, Wolfgang: Geheimbünde und Männerbünde der Prärie- und Waldindianer, 1970

Lindig, Wolfgang &. Münzel, Mark: Die Indianer, Bd. 1: Nordamerika, München 1976

Mais

Der Mais *(Zea Mays)* entwickelte sich in hunderten von Arten in so unterschiedlichen Landschaftsformen wie Sumpfländern, Hochgebirgen und Wüste. Er wurde wahrscheinlich zuerst in Mittelamerika, vielleicht auch noch weiter südlich aus einem gemeinen Wildgras, Teosint *(Euchlena mexicana)*, gezüchtet. Der älteste Mais, den Archäologen entdeckten, stammt aus dem südlichen Puebla in Mexiko und wird auf 5000 bis 3400 v. Chr. datiert, aber Pollen von wildem Mais lassen sich aus 80000 v. Chr. nachweisen. Von 3000 v. Chr. an breitete sich der kultivierte Mais in Mexiko (archäologischer Fundort: die sogenannte Fledermaushöhle im heutigen New Mexico), langsam nordwärts aus. Dieser früheste Mais ist ein Kern in einer kleinen Umhüllung. Dieselbe Art von Mais wurde u. a. in Romero's Cave, südwestlich von Tamaulipas, Mexico, gefunden. Der Vorgang der Kultivierung dauerte wahrscheinlich nur ein Jahrhundert, aber höherentwickelte Sorten zu züchten, nahm weit mehr Zeit in Anspruch. Richard MacNeish spürte der Entwicklung der frühesten Landwirtschaft im Tal von Tehuacán, Mexiko nach. Er fand dort sehr kleine Maiskolben. Seine Funde in der Coxcatlán Höhle und anderen Orten in der Nähe scheinen zu beweisen, dass es viele Generationen brauchte, um größere Fruchtstände zu züchten und Ernten zu erzielen, mit denen es möglich war, ganze Gemeinden zu ernähren.

Fagan, der die wohl neuesten Forschungsergebnisse gesichtet hat, stellt fest: »Mais ist eine anspruchsvolle Pflanze und eine, von der man nicht erwarten kann, dass man von ihr ein Nahrungsmittel erhält, wenn man sie nur beiläufig pflanzt und später zurückkehrt, um zu ernten, wie das bei vielen von den Eingeboren gesammelten Pflanzen wie Goosfoot (Klebekraut) geschah.

Mais fehlt eine der lebensnotwendigen Aminosäuren, die gebraucht wird, um in größerem Maße Proteine zu schaffen, und er stellt nur dann ein Grundnahrungsmittel dar, wenn er mit Bohnen und Squash zusammen angebaut wird. Da die meisten Gruppen des Südwestens nördlich des Rio Grande zunächst eine weitgehend mobile Lebensweise hatten, kann man annehmen, dass der Mais als zusätzliche Nahrung zu anderen Wildpflanzen diente.«

Man kennt inzwischen fünfundzwanzig Arten, die alle auf Zea Mays zurückgehen.

Zea Mays ist eigentlich eine tropische Pflanze, er dürfte in den nördlicheren Gegenden des Südwestens (der heutigen USA) als *Chapalote*, eine urzeitliche Art, aufgetaucht sein. Die Daten seiner Einführung sind unsicher. Es gibt Schätzungen, die sehr früh auf 2000 v. Chr. lauten, andere auf 800 bis 500 v. Chr. (Tucson Becken), wieder andere im San Juan-Becken auf 1000 bis 700 v. Chr.

Aus der frühen Sorte entstand durch Kreuzung mit dem Wildgras Teosint

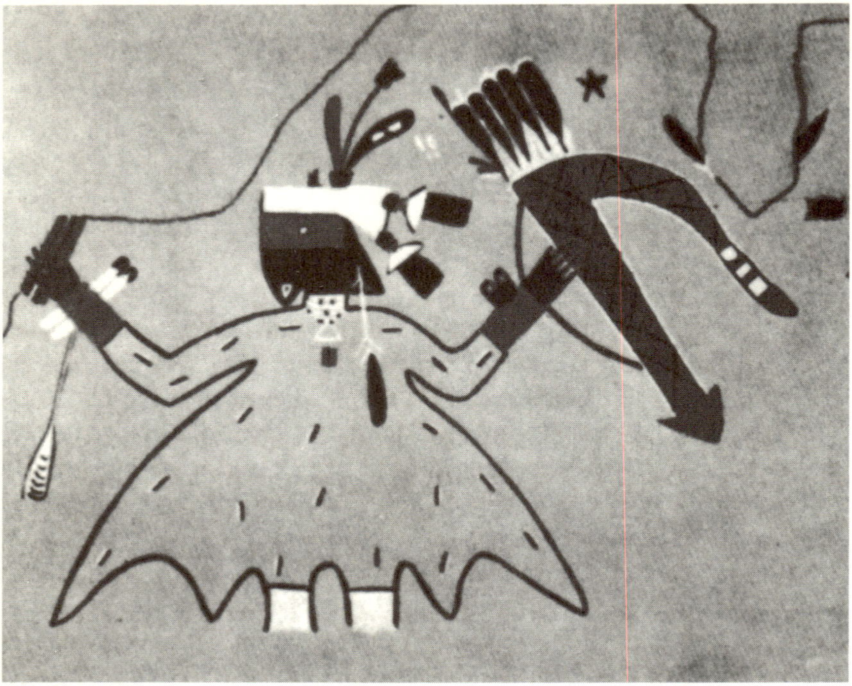

»Maismutter«

eine Hybride, die man dann in archaischen Fundstellen des Südwestens wie in der Fledermaushöhle fand.

Es war aber eine ganz andere Sorte, nämlich *Mais de Ocho,* die letztlich sich im Süden durchsetzte. Sie ist unter Trockenheitsbedingungen zu züchten und lässt sich leichter mahlen. Man nahm lange an, dass sie sich bis 700 n. Chr. aus Mexiko in den Südwesten ausgebreitet hat und um 1100 n. Ch. die östlichen Waldländer erreichte. Doch dann gruben Steadman Upham und Richard MacNeish in den Roller Skate und Tornillo-Felsschutzräumen im südlichen New Mexico und fanden dort nach Radiokarbon bestimmten Mais de Ocho aus 1025 (+/- 240 Jahre) v.Chr. bzw. 1029 (+/-130 Jahre) v. Chr.

Allgemein lässt sich sagen, dass sich die Datierungen immer noch durch neue Funde verändern und die hier und in anderen Artikeln genannten Jahreszahlen nur als Annäherungswerte zu verstehen sind, die immer mehr verfeinert werden.

Literatur:

Fagan, M. Brian: Ancient North America – The Archeology of A Continent, London 1991

Mangelsdorf, Paul: Corn – Its Origin, Evolution and Improvement, Cambridge USA 1974

Harold E. Driver: Indians of North America, Chicago & London 1961

Maismutter

Die Geschichte ist in unterschiedlichen Versionen bei den Alabama, Koasati und den Creek-Stämmen verbreitet. Sie erzählt von *Kanáti,* dem glücklichen Jäger, und der Frau, die *Selu* (Mais) genannt wird. Im Mittelpunkt der Handlung steht ein magisches weibliches Wesen, das aus seinem Körper Mais und Bohnen hervorholt, schließlich von seinen Söhnen, da sie dieser Vorgang mit Ekel erfüllt, als Hexe verbrannt wird. Aus ihrem Grab wächst Mais fertig zur Ernte auf.

Mánabozho

Der Held des sogenannten »Hasen«-Zyklus. So genannt bei den Ojibwa und den Menominee, bei den Siouxstämmen auch *Mastshíngke* (Kaninchen), manchmal aber auch *Nánabush* (Großer Hase). Erretter der Menschheit vor den Ungeheuern (Bären, Köpfe ohne Rumpf und Riesen).

Literatur:

Thompson, Stith: Tales of North American Indians, Bloomington & London 1929

Mandanen

Stamm in North Dakota. Nach ihrer Schöpfungsmythe wuchsen die Mandanen aus der Erde wie der Mais. Mais war ihr Hauptnahrungsmittel über tausend Jahre hin. Als Hüterin der Maissaat tritt die *Alte-Frau-die-nie-stirbt* bei den Zeremonien auf, die die jahreszeitlichen Veränderungen anzeigen. Der heilige Schrein des *Einsamen Mannes,* Schöpfer der Erde, steht heute in der Fort Berthold-Reservation un seit 1600 am Ufer des Heart River. Nachd spielt in den Glaubensvorstellungen des Stammes eine wichtige Rolle. Die Maler George Catlin und Karl Bodmer haben die sogenannten Okipa-Zeremonien, die den jahreszeitlichen Wechsel auf die Wiedererneuerung der Welt bezogen und bei der der Bull Dance der Wiedervermehrung des Tierbestandes diente, gemalt. Nach der Überlieferung hat der *Einsame Mann* die Zeremonien eingesetzt. Seit 1980 wurde sie wieder durchgeführt, was auch eine Wiederbelebung des kulturellen Bewusstseins des Stammes mit sich brachte. Die Dörfer der Mandanen stehen Pocken-Epidemien im 18. und 19. Jahrhundert ist es zu einem Zusammenschluss der Mandanen und Hidatsa gekommen.

In neuer Zeit haben die Mandanen erfolgreich vor Gerichten auf Herausgabe von Stammesheiligtümern (z. B. des Stammes-Medizinbündels) geklagt.

May, Karl

Wie keinem anderen Schriftsteller ist es Karl May (1842–1912) gelungen, durch seine Romanfigur »Winnetou«, in Deutschland Interesse für die Indianer zu wecken. Außer dem edlen Apachen Winnetou tauchen in Mays Romanen eine Reihe hinterlistiger und ausgesprochen böser Indianer auf. Besonders die Sioux (Oglala), die Ute, die Kiowa und die Comanchen, die Gegenspieler Winnetous, werden negativ dargestellt.

Wenn damit überkommene Klischees reproduziert werden, besteht doch kein Zweifel über Mays kritische, von der Mehrzahl in der damaligen westlichen Welt abweichende Haltung in der Indianerfrage. So schreibt er in der Erzählung »Ein Ölbrand« 1883: »Ich gestehe nämlich freimütig, selbst auf die Gefahr hin, vielerorts anzustoßen, dass ich das bisherige Verhalten der Weißen gegenüber den Roten nicht billige. Auch der Indianer ist ein Mensch und steht im Besitz der Menschenrechte; es ist eine schwere Sünde, ihm das Recht auf Existenz abzusprechen und ihm die Mittel zur Existenz nach und nach zu entziehen.« In der Konstruktion der Handlungen der in den USA spielenden Romane ist Karl May dennoch ein Kind seiner Zeit und bewegt sich bei der Darstellung der Native Americans im Bereich des lange schon vorhandenen Schwarz-Weiß-Bildes von »edler Wilder« oder »Barbaren«. Hartmut Lutz sieht in Winnetou eine Spiegelung, in der deutsche Bürger ihre Wünsche und Sehnsüchte wiedererkennen, die sie eskapistisch in ferne Räume und Zeiten verlegen. Peter Bolz bewertet Karl Mays Fiktionen als eine »Mischung aus Fluchtphantasien und bürgerlichen Wertvorstellungen« und sieht eben darin auch den Schlüssel für deren Massenwirksamkeit.

Anzumerken wäre, dass Karl May jenes Gebiet der Native Americans, in denen seine Romane handeln, nie selbst besucht hat. Lediglich den Osten der USA hat er 1908 bereist. Er fuhr mit dem Salonwagen der Eisenbahn durch das Mohawk-Tal, die Heimat der Irokesen-Nation, und war von dem Denkmal des Seneca-Häuptlings *Sa-go-ya-w-ha* stark beeindruckt. Zwar hat er vorgegeben, er habe vor seiner Heimreise nach Europa noch einen Abstecher in den Wilden Westen unternommen. Doch scheint das eine der vielen Erfindungen zu sein, mit denen Karl May seinen Lebenslauf auszuschmücken pflegte. Allerdings haben er und seine Frau auf der USA-Reise eine Reihe indianischer Kleidungsstücke und Gebrauchsgegenstände erworben. Sie und die 1925 hinzugefügte Sammlung des Artisten Patty Frank, der in der Jugenderzählung »Der Sohn des Bärenjägers« bzw. in dem Roman »Unter Geiern« fiktionalisiert eine Rolle spielt, bilden die heute in der »Villa Bärenfett« zu besichtigende völkerkundliche Sammlung. Zusammen mit der »Villa Shatterhand« stellt die »Villa Bärenfett« das Karl-May-Museum in Radebeul bei Dresden dar.

Literatur:

Bolz, Peter u. Sanner, Hans-Ulrich: Indianer Nordamerikas, die Sammlung des Ethnologischen Museums Berlin, Berlin 1999

Hetmann, Frederik: Old Shatterhand, das bin ich. Die Lebensgeschichte des Karl May, Weinheim u. Basel 2000

Neumann, Peter: Karl-May-Museum Radebeul, Völkerkundliche Ausstellung »Indianer Nordamerikas«, Radebeul 1987

Medizinbündel

Während der Vision oder im Traum erfuhr der Jugendliche, welche Gegenstände – Federn, Steinpfeife, Lederstücke, Maiskörner – er sammeln müsse, um sie in einem kleinen Beutel aus Rehhaut oder Otterfell aufzubewahren. Medizinbündel des einzelnen spielten in der Religion der Indianer der Großen Ebenen eine wichtige Rolle. Mit jedem ist eine Ursprungsmythe verbunden, doch folgen all diese Mythen einem bestimmten Muster. Bei den Stämmen der großen Ebenen wird das Bündel außerhalb des Wohngebäudes an einem Dreifuß aufgehängt. Mythe und Lied gehören dazu und können mit den Bündeln gekauft werden. Im Südwesten sind die Bündel Eigentum einer der zahlreichen Gesellschaften. In ihrer Wirkung geringer einzustufende Bündel wie Hexen- oder Regenbündel können dort auch Einzelpersonen gehören. Bei den Stämmen im Osten waren die Bündel dagegen Eigentum der Gruppe und mit deren Wohl und Wehe eng verbunden. Die Fürsorge für die Bündel war eine sich vererbende Aufgabe. Der Betreffende hatte dafür zu sorgen, dass das Bündel nicht nass wurde, menstruierende Frauen ihm nicht nahe kamen, ihm in gewissen Abständen Tabak geopfert und einmal im Jahre das Bündel erneuert wurde. Wenn die Gruppe als Ganze an einen neuen Ort umzog, wurde das Bündel an der Spitze des Zuges getragen, und der es trug, achtete darauf, dass es nicht mit Feuchtigkeit in Berührung kam. Die Wirksamkeit und Bedeutung, die die Gegenstände des Medizinbündels besaßen, wurden meist in Mythen des Stammes klargestellt.

Mesa Verde

Die vielleicht berühmteste unter den Klippensiedlungen aus der Kulturepoche der Anasazi (circa 500 bis 1300 n. Chr.). An diesem Fundort (heute Nationalpark in der nordwestlichen Ecke von Colorado), ist vor allem der sogenannte Klippenpalast imponierend – eine kleine Stadt, die von dem Deckenbogen einer gigantischen Höhle überwölbt wird. Einer der ersten Besucher hatte über den großartigen Eindruck notiert: »Seltsam und unbeschreiblich ist das Bild, das sich dem Reisenden bietet, wenn er nach einem langen und ermüdenden Ritt plötzlich an der Kante des Abbruchs anhält und vor sich den Klippenpalast wahrnimmt. Er erinnert an ein verzaubertes Schloss.«

Was sich heute als Ruine darstellt, war einst eine belebte Stadt mit 200 Häusern und 23 *kivas*, die eine kleine Plaza bildeten. Der Klippenpalast scheint das Zentrum der Mesa Verde-Gemeinde gewesen zu sein, von der man schätzt, dass in ihrer Blütezeit um 1100 n. Chr. etwa 1 000 bis 2500 Menschen lebten. Es gab dort einige offenbar für Zeremonien bestimmte Orte wie den Feuer- und den Sonnentempel. Da Mesa Verde ausgegraben wurde, ehe man im Südwesten moderne archäologische Methoden anwandte, ist über die soziale Information der Menschen, die dort lebten, relativ wenig bekannt geworden. Arthur Rohns Ausgrabungen des sogenannten *Mug*-Hauses, einer Klippenwohnung von 94 Räumen aus dem 13. Jahrhundert, ergab, dass die frühesten Bewohner des Ortes eine Reihe von Räumen und einen *kiva* bauten, zudem gab es einen Abfallhaufen und einen einfachen Hof. Später entstanden an dem Platz eine Ansammlung von vier Häusern, zwei in der Mug House-Höhle selbst, zwei in der Nähe. Gegen Ende der Zeit, in der die Stelle bewohnt war, schlossen sich die vier Haushalte zu einem kleinen Pueblo zusammen, das durch eine Mauer in zwei Teile getrennt gewesen sein könnte. Bei der Mug House-Bevölkerung ließen sich keine klar erkenntlichen sozialen Unterschiede ausmachen. Die Bevölkerung kann nicht nur aus Einwohnern dieser Siedlung, sondern auch aus Leuten, die aus kleineren Siedlungen in der Nähe kamen, bestanden haben. Das 12. und 13. Jahrhundert sah den Höhepunkt von vier Jahrhunderten einer raschen sozialen und politischen Entwicklung in der Region. Um 1300 wurden alle Siedlungen im Einzugsgebiet des San Juan einschließlich Mesa Verde aufgegeben. Die Bewohner zogen südwärts und nach Südosten in die Ländereien der historischen Hopi, Zuñi und Rio Grande-Pueblos, wo sie Siedlungsgemeinschaften bildeten, die mit circa 2500 Einwohnern kleine Städte darstellten.

Andere Ruinen in der Mesa Verde sind das Price Tree House und das Balcony House.

Frank Cushing und andere Anthropologen haben über die offenbar komplizierten Zeremonien der sesshaften Pueblo-Stämme nachgedacht. Viele dieser Zeremonien scheinen mit astronomischen Beobachtungen zusammengehangen zu haben, mit einem ortsspezifischen Horizont-Kalender. Von einem bestimmten Standort aus beobachteten Priester den Zyklus der Sonne und legten danach den landwirtschaftlichen und zeremoniellen Kalender fest.

Literatur:

Fagan, Brian M.: Ancient North America – The Archeology of a Continent, London 1991

Midewiwin oder Mide

Große Medizingesellschaft, eine Geheimgesellschaft mit vier Graden, offen für Männer und Frauen bei den Ojibwa, Ottawa, Sauk, Fox, Potawatomi, Winnebago und Kickapoo-Indianern in den zentralen Waldlandgebieten. Das Ritual wurde zuerst von übernatürlichen Wesen durchgeführt, um den Kulturhelden *Nanabozho* beim Tod seines jüngeren Bruders zu trösten. Später gab *N.* das Ritual an die Indianer weiter.

Die Medizingesellschaft trifft sich in einer besonderen Hütte. Die Mitglieder erscheinen in Festtagskleidung und führen dort einen Rundtanz auf, der von Zeit zu Zeit von Gebeten an verschiedene übernatürliche Wesen unterbrochen wird. Bei Aufnahme

in den ersten Grad der Geheimgesellschaft zahlt der Kandidat Güter, die bei seiner Familie gesammelt werden. Als Gegenleistung erhält er einen Medizinbeutel und die Anweisung, wie er mit der weißen Muschel umzugehen hat, die im Medizinbeutel enthalten ist. Die Zauberkämpfe der Mitglieder spielen sich so ab, dass man tanzt, auf den Medizinbeutel eines Mitglieds deutet und durch die Nase Luft ausbläst, wonach die Zielperson ohnmächtig umfällt. Sobald sie wieder zu sich kommt, sollte sie sich revanchieren.
Trotz der Gründungsmythe, in der *Nanabozho* angeblich erklärt hatte, man sollte das Ritual verwenden, um Nahrung für den Stamm oder Heilung von Kranken zu erbitten, also um Gutes zu tun, herrscht häufig bei den übrigen Stammesangehörigen gegenüber den Mitgliedern der Geheimgesellschaft Misstrauen und die Furcht, sie könnten Schadzauber betreiben, und zwar in einem solchem Maße, dass ein Stamm nach dem anderen den Midewiwin verbot.

Miller, Alfred Jacob

(1810–1874) Geboren in Baltimore. Studierte Malerei an der École des Beaux Arts in Paris. 1837 schloss er sich einer Jagdexpedition in den Westen an und malte eine große Anzahl von Studien zu Landschaften der westlichen Gebirge und von Indianern und Trappern. Er bereiste Schottland 1840 und beendete 1859 ein Manuskript mit dem Titel »Rough Draughts to Notes on Indian Sketches«, das sich heute im Gilcrease Institute, Tulsa, Oklahoma befindet. Er starb in Baltimore. Während seiner Lebenszeit wurde er als Maler kaum beachtet.

Mittelamerika / American Natives / Übersicht Geschichte

Diese Region war durch die Einflüsse nach Norden für die kulturelle Entwicklung auf dem nordamerikanischen Teilkontinent besonders wichtig und muss deswegen hier wenigstens telegrammstilhaft abgehandelt werden.
Mittelamerika war um 2000 v. Chr. eine Welt der Landwirtschaft, die an der Schwelle zur Zivilisiertheit stand. Ungefähr 800 Jahre später bauten die Olmeken das erste grosse Zeremonial-Zentrum an der Golfküste. Elemente ihrer Kultur – einschließlich einer komplexen Religion, eines Kalender- und Schriftsystems – breiteten sich über große Teile von Mittelamerika hin aus und schufen eine Kultur, die mehr als 2000 Jahre bestand.
Die Künste und die Wissenschaft in Mittelamerika erreichten ihre Blüte in der klassischen Periode von 300 n. Chr. Teotihuacán im zentralen Hochland von Mexiko, wurde ein städtisches Zentrum, von dem Einflüsse bis an die karibische Küste ausgingen, ehe die Stadt unerklärlicherweise um 650 n. Chr. zerstört wurde. Die Vorfahren der heutigen Maya – und vielleicht der modernen Zapoteken und Totoneken

– entwickelten eine fortgeschrittene Zivilisation, die so lange blühte, bis die herrschenden Theokratien kurz vor 900 zu zerfallen begannen.
Die kriegerischen Olteken beherrschten das zentrale Mexiko zwischen dem 10. und 12. Jahrhundert und etablierten einen Militarismus als Ideal, den viele andere indianische Völker dieser Gegend übernahmen. Die Azteken gründeten um 1325 am heutigen Platz von Mexico City ihre Hauptstadt. Zur Zeit der spanischen Eroberung 1519 erstreckte sich ihr Reich bis nach Guatemala.

Möllhausen, Balduin

(1825–1905) Geboren in Bonn. In erster Linie Reise- und Romanschriftsteller. Verlor früh seine Eltern, ging 1849 in die USA. 1850 ist er in Belleville bei St. Louis Gerichtssekretär. 1851 schließt er sich dem Herzog von Württemberg an, der in den Westen ziehen will. Zum ersten Mal kommt er in die Grassteppe jenseits des Missouri. Oglala und Kiowa greifen die Reisenden an. Den Winter verbringt er in der Wildnis am Sandy Creek, Fahrt nach New Orleans und von dort Rückkehr nach Berlin (Januar 1853).
Audienz bei König Friedrich Wilhelm IV., Heirat und Rückkehr nach Amerika im Mai 1853. Er wird in ein Expeditionskorps der US-Armee als Topograph, Zeichner und Naturaliensammler aufgenommen. Von Fort Smith geht es zum Nordteil des Llano Estacado, über den Pecos River nach Albuquerque (3. Okt. 1853). Von dort aus durch das Gebiet der Paiute und Yuma über San Francisco und die Landenge von Panama nach Washington. Wiederum kehrt Möllhausen nach Berlin zurück und wird vom preußischen König zum Kustos der Bibliotheken und Schlösser von Potsdam und Umgebung ernannt. 1857 kommt er als Assistent einer Expedition zur Vermessung und Erforschung des Colorado abermals in die USA. 1858 kehrt er dann endgültig nach Deutschland zurück. Seine erste dort inzwischen erschienene Reisebeschreibung war gut aufgenommen worden. Er betätigte sich von nun an hauptsächlich als Schriftsteller. Es entstehen unter anderem die Romane »Der Halbindianer« (1861), »Der Flüchtling« (1861), »Der Majordomo« (1863), »Das Mormonenmädchen« (1864), »Die Mandanwaise« (1865), »Der Leuchtturm am Michigan und andere Erzählungen« (1883), »Der Fährmann am Canadian« (1890) und »Der Spion« (1893). Insgesamt hat Möllhausen 45 große Werke in 157 Bänden und 80 kleinere Erzählungen in 21 Bänden veröffentlicht.
Theodor Fontane urteilte über ihn und seine Bücher: »Möllhausen ist Erzähler par sang, und weil er es ist, ist er in einem seltenen Grade populär. Er unterhält, er spannt, er befriedigt. Dabei nichts von Frivolität; seine Schriften durchweht vielmehr ein sittlicher Hauch, der wohltuend berührt und läutert.«

Literatur:
Hartmann, Horst: Catlin und Möllhausen – Zwei Interpreten der Indianer des Alten Westens, Berlin 1984

Mohawk
Die östlichste Nation in der Föderation der Irokesen. Traditionelles Wohngebiet war das Mohawk-Tal, der östliche Teil des Staates New York. Hatten von allen Stämmen des Ostens den ersten Kontakt mit Europäern. Handel mit französischen und baskischen Fischern am St.-Lorenz-Strom in der Mitte des 17. Jahrhunderts. Bei Eintreffen der Europäer lebten um die 8 000 Mohawk, eine Zahl, die auch heute wieder erreicht wird. Um 1634 von mehreren Epidemien (Masern, Grippe, Scharlach) stark dezimiert. Im 18. Jahrhundert Konversion durch Jesuiten. Danach Umzug eines Teils nach Kahnawake bei Montreal. Im Revolutionskrieg standen die Mohawk auf Seiten der Engländer und wurden schließlich aus dem Mohawk-Tal verdrängt. Eine Gruppe ging mit dem Häuptling Joseph Brant in eine Reservation für die Stämme der Sechs Nationen nahe dem Ontariosee, die übrigen flohen nach Kanada und erhielten später eine Reservation an der Nordküste des Ontariosees. Seit 1977 gibt es eine kleine Reservation *(Ganienkeh)* im Staate New York, außerdem leben Mohawk in einer Gemeinde Gipson am Lake Huron. Eine Gruppe kehrte ins Mohawk-Tal zurück. Ihre früheren traditionellen Langhäuser sind verschwunden. Einen Ruf erlangten die Mohawk als schwindelfreie Arbeiter beim Bau von Wolkenkratzern in den Großstädten der amerikanischen Ostküste.

Literatur:
Hoxie, Frederick, E. (editor): Encyclopedia of North American Indians, New York 1996
Bonvillain, Nancy: The Mohawk, New York 1992

Mohegan
Verwandt mit den Pequots, Uncas war ein berühmter Anführer um 1600. Der Stamm kämpfte gegen die englischen Kolonisten.

Momaday, N. Scott
Geb. 1934 in Lawton/Oklahoma, verlebte seine Kindheit bei den Kiowa, kam dann in Kontakt mit den Navajo und den Pueblo am Rio Grande. Prof. für Anglistik an der Universität Stanford. Erklärt selbst, er sei, außer von der indianischen Kultur, von James Joyce, Marcel Proust, Tania Blixen und Henry David Thoreau geprägt worden. Gewann den Pulitzerpreis. Wohl eine der wichtigsten Stimmen der New Indians in seiner Generation.

Literatur (Auswahl):
Momaday, N. Scott: House Made of Dawn, New York 1968
Deutsche Ausgabe unter dem Titel: »Haus aus Morgendämmerung«, München 1988.
– :A First American Views His Land, National Geographic Magazine, July 1976
– :The Way to Rainy Mountain (genaue Bibliographie unbekannt), Albuquerque 1969.
– :The Ancient Child, New York 1989

Monstertöter-Zyklus

Immer wieder tauchen in der Mythologie der Native Americans Gestalten auf, die gegen Monster zu Felde ziehen müssen. Die vielleicht eindrucksvollste Geschichte dieser Art ist die Reise der Zwillinge zum Vater (Navajo/Dinéh, s. in »Büffelfrau und Wolfsmann«), die zum einen eine Identitätssuche darstellt (wer bin ich, wer ist mein Vater?), aber nach Auflösung dieses Problems dann auch den Sinn und Zweck hat, die Waffen und die Ausrüstung zu beschaffen, um gegen die Monster, die ja auch die Zwillinge selbst und ihre Mütter bedroht haben, zu kämpfen. Es scheint sich in diesen Geschichten die Urangst einer bestimmten Menschheitsepoche abzubilden. Es könnte die Zeit sein, in der es noch die vorzeitlichen übergroßen Tiere gab, denen der Mensch mit seinen damals bekannten Waffen nicht gewachsen war, weshalb eine Überwindung mit Hilfe der göttlichen, kosmologischen Kräfte imaginiert wird.

Literatur:

O'Bryan, Aileen: Navaho Indian Myths, London 1993

Zolbrod, Paul G.: Auf dem Weg des Regenbogens – das Buch vom Ursprung der Navajo, München 1988

Hetmann, Frederik: Büffelfrau und Wolfsmann – Märchen, Mythen und Legenden der nordamerikanischen Indianer, Krummwisch 2001

Montauk

Stamm im Staate New York. Ihr letzter Häuptling starb 1875.

Müller, Werner

(1907–1990). Einer der verdienstvollsten und viel zu wenig beachteten deutschen Wissenschaftler im Bereich der Indianerkunde. Promovierte 1930 in Bonn. Habilitation 1942 in Straßburg. War bis zu seiner Emeritierung akademischer Rat an der Universität Tübingen.

Literatur (Auswahl):

Müller, Werner: Die Religionen der Waldlandindianer Nordamerikas, Berlin 1956.

– :Weltbild und Kult der Kwakiutl-Indianer, Wiesbaden 1955.

– :Glauben und Denken der Sioux. Zur Gestalt archaischer Weltbilder, Berlin 1970.

Übersetzung: »An Account of the Remarkable Occurrences in the Life and Travels of Colonel James Smith During His Captivity with the Indians in the Years 1755, '56, '57, '58 & '59. Philadelphia 1811, Eddersheim: Interessengemeinschaft für Indianerkunde 1970, Kalumet-Sonderheft 3

Mythe / Definition

Eine Geschichte, die ein Ereignis als in einem früheren Zeitalter tatsächlich geschehen darstellt und damit kosmologische und übernatürliche Traditionen der Völker, ihrer Götter, Helden, Grundzüge der Kultur und der Glaubensvorstellungen etc. zu erklären versucht. Der Zweck der Mythe, definiert Sir G. L. Gomme, sei es zu erklären. Mythen erklären Dinge in »der Wissenschaft eines vorwissenschaftlichen Zeitalters«. Die Mythe erzählt von der Schöpfung des Menschen, der Tiere, der Landmarken; Mythen erklären, warum bestimmte Tiere bestimmte Eigenschaften haben, beispielsweise warum Fledermäuse blind sind und nur nachts fliegen, wie es zu bestimmten Naturphänomenen kam, warum der Regenbogen erscheint und wie die Konstellation des Orion am Himmel entstand, wie und warum bestimmte Rituale eingerichtet wurden und warum sie fortleben. Nicht alle Ursprungsgeschichten sind Mythen. Mythen müssen einen religiösen Hintergrund haben, und ihre Hauptakteure sind Götter. Die Geschichten sollten so eine Verbindung zu einem Korpus anderer Geschichten haben, in denen der jeweilige Gott zu einem Pantheon gehört. Wo diese Interrelation nicht vorhanden ist, wo keine Götter oder Halbgötter auftreten, handelt es sich um Geschichten, die den Volksmärchen zuzuordnen sind.

Literatur:

Doty, William G.: Mythographie – The Study of Myths and Rituals, Toscaloosa & London 2 000

Nánabush

Siehe unter »Walam Olum«

Literatur:

Johnson, Patronella: Tales of Nokomis, Don Mills, Ontario 1975

Natur / Philosophie der Native Americans im Vergleich mit den Weißen

Die am schärfsten ausgeprägten Unterschiede zwischen der Philosophie der Native Americans und den Europäern sind die unterschiedlichen Auffassungen von der Rolle des Menschen im Gesamtzusammenhang des Universums. Die vorherrschende Vorstellung von Weißen ist es, den Menschen als allen anderen Formen des Lebens überlegen und übergeordnet anzusehen, und dass die Umwelt dazu da sei, so von ihm benutzt zu werden, wie es ihm passt.

Der Wert, der allen anderen Formen des Lebens zugeordnet wird, bemisst sich nach deren Brauchbarkeit für den Menschen, eine Haltung, die mit der Herrschaft über die Natur zum Wohle und Nutzen des Menschen begründet wird.

Für die Native Americans hingegen ist der Mensch traditionell Teil eines sorgfältig austarierten, sich im Gleichgewicht befindenden Universums, in dem alle Teile, alle Lebensformen und Elemente der Natur, miteinander verbunden sind und interagieren, wobei kein Teil wichtiger ist als das andere. Weiter wird angenommen, dass allein der Mensch in der Lage ist, diese Balance aufzuheben oder zu stören.

Es sei, so die Argumentation der Native Americans, die Tragödie des Menschen westlicher Kulturprägung, dass er in seiner unbeirrten Suche nach Fortschritt nie innegehalten habe, um diese grundlegende Einsicht zu erkennen, eine Einsicht, die er nun heute zu seinem Erstaunen und Entsetzen dennoch zur Kenntnis nehmen muss. Immer darauf bedacht, den angeblich zurückgebliebenen oder barbarischen Teil der Menschheit zu belehren, muss er nun einsehen, dass vielleicht auch dieser ihn etwas zu lehren habe, näm-

Cañon de Chelly in der Reservation der Navajo

lich einen anderen Umgang mit der Natur, als er ihn gewohnt ist. (s. auch »Kosmologisches Bewusstsein«.)

Navajo / Aufstiegsmythe

Die Schöpfungsgeschichte der Dinéh, ihre Schöpfung und ihr Aufstieg durch mehrere Welten, durchaus vergleichbar mit den Büchern der Bibel, ist ein Stück mündlicher Tradition, wurde aber mehrfach von Weißen nach Erzählungen von Native Americans dargestellt. Sie ist von Anthropologen als Darstellung der Evolution in einer mythologischen Sprache gedeutet worden. Die Kenntnis der einzelnen Episoden ist vor allem auch für das Verständnis der verschiedenen Zeremonien notwendig, weil in ihnen eben diese rezitiert oder in den Sandmalereien und Gesängen dargestellt werden.

Literatur:
Washington Matthews, Navaho Legends, Boston 1897
Dömpke Stephan (Herausgeber): Tod unter dem kurzen Regenbogen – das Colorado Plateau als heiliges Land – Indianische Traditionen, Energieentwicklung und Neue Physik, München 1982

Navajo / Feuertanz

Der Gebirgs-Gesang ist eine Winterzeremonie. Sie wird ausgeführt, wenn noch die Gefahr von Gewittern besteht bzw. Tod durch Schlangenbisse oder Blitzschlag drohten. Das Zeremoniell hat seinen Namen nach dem Wohnsitz der Gottheiten, die angerufen werden. Die Bezeichnung Feuer- oder Corraltanz rührt her von den Ritualen am neunten Tage.

Dann wird ein großer Corral aus immergrünen Zweigen errichtet, und die Medizinmänner geben Proben ihrer magischen Künste. Innerhalb von Minuten wächst und blüht eine Yucca-Pflanze auf, Pfeile werden geschluckt, ein mit Federn bekleideter Tänzer, der die Sonne verkörpert, steigt aus einem Korb, klettert auf einen Pfahl und kehrt schließlich in den Korb zurück.

Danach erscheinen die Feuer-Tänzer, mit weißem Lehm bemalt, in den Händen Fackeln aus Zedernrinde. Sie springen in und über das Feuer und berühren blitzschnell mit den Fackeln ihre Mittänzer. Die Zuschauer pflegen ein Stück verkohltes Zedernholz als Schutzzauber gegen das Feuer mitzunehmen.

Navajo / Heiliger Wind

Nilch'i in der Bedeutung von Luft oder Atmosphäre wird von den Navajo als eine Kraft begriffen, wie sie in der westlichen Kultur so nicht bekannt ist. Indem der Wind die gesamte Natur durchdringt, gibt er Leben, schenkt die Gabe des Denkens, der Rede und die Kraft und dient als Kommunikationsmittel zwischen allen Elementen der lebendigen Welt. »Als solcher ist er ein zentraler Begriff in der Philosophie der Navajo und ihrer Weltsicht. (…) er verbindet die Seele des Navajo mit den immanenten Kräften des Universums.« (James Kale McNeley)

Literatur:
Berard, Haile: Soul Concepts of the Navaho, Annali Lateranensi, Vo. VII, Cittá Del Vaticano 1943
Gladys A. Reichhard: Navaho Religion. A Study in Symbolism, New York 1970
McNeley, James Kale: Holy Wind in Navajo Philosophy, Tucson und London 1991

Navajo / Hexen bei den

Wenn Navajo von »Hexerei« sprechen, bezieht sich dieser Ausdruck auf das Navajo -Wort *ánt'í*. Der Erste Mann und die Erste Frau haben den Weg der Hexerei erfunden.

Der klassische Hexerei-Weg ist eine Technik, die in der Aufstiegs-Geschichte erwähnt wird. Ein Gift wird aus dem Fleisch einer Leiche hergestellt, das Fleisch von Kindern, insbesondere von Zwillingen, eignet sich dazu. Das Leichengift wird zermahlen bis es wie Pollen aussieht. Dann wirft man es durch das Rauchloch in den Hogan, plaziert es auf Nase oder Mund eines Schlafenden oder bläst es jemandem in einer größeren Menge ins Gesicht. Ohnmacht, Starre, eine blaue Zunge sind die unmittelbare Folge. Hexen werden mit dem Tod und den Toten in Zusammenhang gebracht. Sowohl Männer wie Frauen können hexen *(ádah'nt'i.)* Hexerei wird von Eltern oder Großeltern gelernt. Zum Hexer oder zur Hexe wird jemand zumeist aus Neid. Reichtum erwerben Hexen, indem sie Gräber plündern oder durch eine Praxis, die »fee-splitting« genannt wird. Eine Hexe lässt eine Person ernsthaft erkranken, ihr Partner heilt sie. Das Honorar teilen sich die beiden. Hexen sind vor allem bei Nacht unterwegs und fahren in Fellen eines Wolfes, eines Kojoten, eines Bären, eines Wüstenfuchses, einer Eule oder einer Krähe mit großer Geschwindigkeit durch die Luft. Gefangene Hexen versuchen sich durch Türkise freizukaufen. Hexen in der Gestalt von Wer-Tieren treffen sich in der Nacht, planen das Vorgehen gegen Opfer und weihen neue Mitglieder ein. Die Hexen und Hexer sitzen dann in einem Kreis, in der Mitte steht ein Korb mit Leichenfleisch. Bis auf die Masken sind die Hexen nackt.

Navajo / hózhó, die Bedeutung von

Schwer zu übersetzender Grundbegriff im Bewusstsein der Navajo. Versuche lauten auf »universelle Harmonie«, »Einklang mit der umgebenden Natur«, der auch »gut, schön, gesegnet« meinen kann. Unter Anfügung des Suffix -ji entsteht der Name des vielleicht wichtigsten Rituals des ganzen Zeremonialsystems *hózhóójí*, des »Blessingway« (Segensweg), bei dem eben jene kosmische Balance der Teilnehmer hergestellt werden soll.

Bei den Navajo werden Rituale meist durch einen Sänger *(Hataali)* ausgeführt. Singen, Rezitieren ist bei ihnen die Grundhaltung bei der Zeremonie, die im Grunde eine Art Psychotherapie darstellt.

Literatur:

Reichhard, Gladys A.: Navajo Religion – A Study in Symbolism, Princeton 1974

Navajo / K'é-Clan

Jedes Stammesmitglied gehört vier verschiedenen, miteinander nicht verwandten Clans an. Er/sie gehört zum Clan der Mutter. Er/sie wird geboren für seinen/ihren Clan oder für den Clan seines/ihres Vaters. Er/sie hat einen mütterlichen und einen väterlichen Großelternclan. Innerhalb des Mutter- und Vater-Clans besteht ein Eheverbot.

Navajo / Konflikt mit den Hopi

Wegen der grundsätzlichen Bedeutung dieser Ereignisse, die gewissermaßen ein Modell für die Konfliktsituation zwischen den (materiellen) Interessen großer Konzerne und den spirituellen Vorstellungen der Native Americans darstellen, wird hier der Konflikt zwischen den Navajo und den Hopi wegen der Reservationsgrenzen ausführlich und etwas weiter ausholend beschrieben.

Nach einem 1974 verabschiedeten Gesetz sollten rund 10 000 Navajo und hundert der 8 000 Hopi wieder einmal umgesiedelt werden. Die Aktion kostete 70 Millionen Dollar, endete im Chaos, hat aber viel Streit, Misstrauen und Leid gebracht. Ursache war letztlich die erste Welt-Energiekrise 1973. Durch die Knappheit an Erdöl waren die Kohlevorkommen im Gebiete der Black Mesa wieder wichtig geworden. Nicht unerwähnt bleiben soll, dass es auch bei den Hopi und Navajo indianische Politiker gab (»Uncle Tomahawks«), die sich von großen Konzernen und durch das Bureau of Indian Affairs instrumentalisieren ließen.

Über Jahrhunderte hin haben die Hopi und Navajo auf demselben Land gelebt. Die Hopi als sogenannte »*Trockenbauern*«. Die Navajo waren, wie schon erwähnt, im 15. Jahrhundert in das Wüsten- und Steppenland östlich der Hopidörfer gelangt. Sie waren zunächst Sammler und Jäger, später nomadisierende Schafzüchter. Eine klare Trennungslinie zwischen den beiden Stämmen gab es lange Zeit nicht.

Im Jahre 1868 aber ließ die US-Regierung eine erste Landkarte von der Navajo-Reservation anfertigen. Das kartographisch festgehaltene Reservationsgebiet war weit kleiner als die Landstriche, auf denen die Navajos mit ihren Schaf- und Ziegenherden umherzogen.

1882 verfügte der US-Präsident die Schaffung einer Reservation für die *Moqui (Hopi)*.

Die Verfügung war vor allem getroffen worden, um die Hopi vor landhungrigen mormonischen Siedlern zu schützen. Die Festlegungung der Gebietsgrenzen war dabei reichlich ungenau. Die meisten Hopi wohnten zu dieser Zeit in den Dörfern auf der Black Mesa und trieben Ackerbau. Die Navajo hatten große Herden. Weideland war immer knapp. Also grasten die Tiere auch manchmal in der Nähe der Hopidörfer.

Fünfzig Jahre nach Festlegung der Reservationsgrenzen auf dem Papier traf die US-Regierung eine neue Regelung zur Aufteilung des Graslandes. Die meisten Gebiete gingen an die Navajo, der sogenannte Distrikt 6 wurde den Hopi zugesprochen. Auch diese Regelung wurde von den Nachbarn zunächst ohne Konflikte akzeptiert. Schwierig wurde alles erst, als Probeschürfungung ergaben, dass die Black Mesa reich an Kohle- und Erdölvorkommen war. Die Stammesräte bei den Navajo und Hopi riefen die US-Gerichte an, die festlegen sollten, was von den auf den Landkarten verzeichneten Reservationsgrenzen tatsächlich zu halten sei.

Der Fall beschäftigte drei Gerichte, die 1962 zu dem Ergebnis kamen, Distrikt 6 sei Hopiland. Der Rest des strittigen Gebietes wurde zu Joint Used Area erklärt. Hopi und Navajo sollten dieses Land also gemeinsam benutzen. Wie das im Einzelnen zu geschehen habe, sagte das Gerichtsurteil nicht. Inzwischen war es den Hopi gelungen, im US-Kongress ein Gesetz einzubringen, das 1974 auch verabschiedet wurde. Es ordnete die Teilung des gemeinsam zu nutzenden Landes an. Ein 500 Kilometer langer Stacheldrahtzaun sollte gezogen werden. Eine große Zahl von Navajos und eine weitaus kleinere der Hopi sollten umgesiedelt werden.

Die wahren Streitobjekte aber lagen nicht über, sondern unter der Erde. Sie bestanden in 20 Milliarden Tonnen schwefelarmer Kohle und Edelmetallen, über deren Schürfrechte der jeweilige Stammesrat zu bestimmen hatte. Die Schürfrechte für die Kohle wurden an die Peabody Coalmining Company vergeben, diese befand sich vorwiegend im Besitz von Mormonen, die auch den Stammesrat der Hopi manipulieren konnten. Der traditionell orientierte Teil der Hopi-Bevölkerung nahm es dem Stammesrat besonders übel, dass er zudem auch eine 500 Kilometer lange Schwemm-Pipeline für Kohle gebilligt hatte, die rund 10 000 Liter Wasser in der Minute verbrauchte. Schon 1971 hatten die Hopi die US-Regierung wissen lassen:

»So große Mengen Wasser unter der Black Mesa abzupumpen, zerstört die Harmonie und bringt alles in Unordnung (…) Wasser unter der Erde hat viel mit Regenwolken zu tun, die es wie ein Magnet anzieht, so steigt dann der Grundwasserspiegel, der unsere Pflanzen ernährt. Unsere religiösen Zeremonien hängen von den spirituellen Kräften ab, die unsere Vorfahren auf der Black Mesa hinterließen. Wenn diese Plätze gestört oder zerstört werden, verlieren sie ihre Kräfte, und großes Leiden wird nicht nur die Hopi, sondern alle Menschen treffen.«

Navajo / Sandmalerei

Eine Form von spiritueller Kunst, die offenbar bei den Pueblo begann und sich dann auch zu den Navajo ausbreitete. Die dabei verwendeten Materialien sind Sand in verschiedenen Farben, Maismehl, Blumen- und Maispollen, gefärbte Wurzeln und Borke. Alle Sandmalereien sind Heilungszeremonien, die nur in Zusammenhang mit einem Sänger / Heiler durchgeführt werden. Der Patient wird dabei durch die Darstellungen heiliger Geschichten, in die er hineinversetzt wird, geheilt. Nach Ende der Zeremonie werden Bilder ausgelöscht, da sie Kräfte enthalten, die sonst den Menschen Schaden zufügen könnten.

Navajo / Squaw-Tanz

Die Bezeichnung *Squaw*-Tanz wird von Fremden meist für *Entah* oder Feindweg benutzt. Es handelt sich um eine Kriegs-Zeremonie während der Sommermonate. Außerdem wird sie für Krieger veranstaltet, die sich durch Kontakt mit toten Feinden verunreinigt haben. Heute trifft das auf den Kontakt mit Weißen zu.

Der *Entah* ist ein dreitägiges Ritual, das am Hogan des Patienten beginnt und an den folgenden Tagen zu einem anderen Ort »umzieht« Die Zeit zwischen den einzelnen Teilen des Rituals vertreibt man sich mit Wettrennen, Glücksspielen und mit Reden von anerkannten Anführern.

Am dritten Tag führen die Schwarzen Tänzer, die Clowns, den Schmutztanz auf. Sie steigen aus dem Rauchloch des Hogan, ergreifen den Patienten und werfen ihn in die Luft. Danach drücken sie ihn mit dem Gesicht in Schlamm und versuchen die bösen Geister, die die Krankheit des Patienten verursachen, dadurch aus dessen Körper zu verjagen, dass sie über diesen hinlaufen. Nach dem Ritual werden die Zuschauer gejagt, wenn sie gefangen werden, verhilft man ihnen auch zu einem Schlammbad.

Der *Squaw*-Tanz in der dritten Nacht bietet für Mädchen, die einen Freier suchen, Gelegenheit ihn zu finden. Die Mädchen werden von ihren Müttern ermuntert, einen jungen Mann einzuladen, der mit ihnen den Rundtanz mitmacht. Nach mehreren Runden muss der Mann eine symbolische Zahlung für diese Gunst leisten.

Navajo / Stammesgeschichte

Sie selbst nennen sich *Dinéh* (das Volk, die Menschen). Heute auf einer Reservation (64 000 qkm, etwa die Größe Bayerns) in Arizona und New Mexico ansässiger Stamm in den USA, der aus dem Nordwesten in diese Gegend einwanderte. Die Pueblo nannten sie *apachu* (feindliche Fremde). Über die Vermischung von Tewa und der spanischen Bezeichnung wurde daraus »Apache de Nahahu« und daraus wiederum Navajo (Navaho). Von den Spaniern, in deren Dokumenten sie 1626 von dem Mönch Zuarte Salmeron zum ersten Mal erwähnt wurden, übernahmen die Navajo die Schafzucht, die eine Änderung der sozialen Schichtung im Stamm zur Folge hatte. In keiner der nordamerikanischen Indianerkulturen hat eine hirtenmäßige Lebensweise eine solche Bedeutung erlangt wie bei den Navajo.

Nach der großen Pueblo-Revolte gegen die spanischen Eroberer und Missionare 1680 suchten zahlreiche Pueblo Zuflucht bei den Navajo. Damals vollzog sich deren »Puebloisierung«. Die Macht und Aggressivität der nun auch berittenen und zunehmend kriegerischen Navajo während des 18. und Anfang des 19. Jahrhunderts wurde 1864 auf tückische Weise von den USA gebrochen, die etwa 8 000 Frauen, Kinder und Alte aus dem Stammland (Canyon de Chelly, sprich schei) unter Vorspiegelung falscher Tatsachen fortlockten und in Bosque Redondo im Tal des Pecos Rivers bei Fort Sumner im östlichen New Mexico interniert hielten. Etwa zweitausend Stammesangehörige starben in dieser bis heute traumatisch nachwirkenden »Strafzeit«. Die in 60 Clans verwandtschaftlich organisierten Navajo ergriffen danach erneut von ihrem angestammten Territorium Besitz. Ihr Lebenszentrum war zunächst wieder der Canyon de Chelly. Sie schufen mit intensiver Schafzucht und Wechselweidenwirtschaft, später auch in Kombination mit Ackerbau, die materielle Grundlage für die heute bevölkerungsstärkste indianische Volksgruppe in den USA.

Immer wieder kam es zu Konflikten mit den Weißen.

Da war zunächst Ende des 19. und Anfang des 20. Jahrhunderts das angloamerikanische Schulsystem, bei dem Navajo-Kinder bis nach Kalifornien und Georgia verschickt wurden und die nachwachsende Generation der traditionellen Kultur entfremdet und in den Mainstream des weißen Amerika eingebunden werden sollte. Dann wurden die Ausmaße der Reservation von den Weißen immer wieder willkürlich verkleinert, was bei einer wachsenden Bevölkerung zu wirtschaftlicher Not führte. Während und kurz nach dem II. Weltkrieg kam es zu einer Welle von Krebserkrankungen als Folge der Betätigung der Männer beim Uranabbau. Man hatte die dabei beschäftigen Navajo nicht oder zumindest nicht hinreichend vor der Wirkung von Radioaktivität gewarnt.

Literatur:

Between Sacred Mountains – Navajo Stories and Lessons from the Land, Tucson, 1982
Hetmann, Frederik: Die Spur der Navahos – Leben und Geschichte eines indianischen Volkes, Recklinghausen 1969
Wilson, Garth A.: Conversational Navajo Dictionary – English to Navajo, Blanding, Utah 1989

Navajo / Yeibichai Tanz

Der Nachtgesang oder der Nachtweg, bei den Navjo selbst *Yeibichai* genannt, ist die wichtigste Zeremonie während des Winters, die nur abgehalten werden kann, wenn die Schlangen schlafen und keine Gefahr durch Blitze mehr besteht. Er wird angewandt, um Patienten von nervösen Leiden oder Wahnvorstellungen zu heilen. Es ist ein gefährliches Ritual, und durch Fehler bei der Durchführung kann es zu Gesichtslähmungen und Verlust des Augenlichts oder des Hörvermögens kommen.

Der Name *Yeibichai* rührt her von den *Yei*, den maskierten Darstellern der heiligen Wesen, während der letzten zwei Nächte der Zeremonie.

In der achten Nacht nehmen die Yei für die Jungen und Mädchen eine Einweihungszeremonie vor. Es wird ihnen zunächst das Haar gewaschen, und dann wird ihr Körper mit weißem Lehm eingerieben. Die Jungen werden mit heiligem Mehl bestreut und dann von den Maskierten mit Yucca-Stengeln symbolisch geschlagen. Die Mädchen werden an Füßen, Händen und Schultern mit Maismehl berührt.

Darauf legen die *Yei* ihre Masken ab, und die Kinder sehen, dass sie gewöhnliche menschliche Wesen sind. *Hasteseyalty*, der Sprechende Gott des Ostens, setzt nacheinander jedem der Jungen seine Maske auf. *Hasttse-baad*, die weibliche *Yei*, stülpt die ihre jedem der Mädchen über, damit die Kinder die Welt einmal durch die Augen der Yei sehen.

Ein Navajo sollte an dieser Zeremonie wenigstens viermal während seines Lebens teilnehmen.

Literatur:

Reichhard, Gladys A.: Navaho Religion, A Study in Symbolism, Princeton 1990

Nez Percé / Numiipu

Ansässig im nördlich-zentralen Idaho, im nordöstlichen Oregon und südöstlichen Washington. Seit 1855 in einer 7 Millionen acre großen Reservation, die nach Goldfunden 1860 verkleinert wurde, was letztlich zu dem Nez Percé-Krieg 1877 und zur Flucht eines Stammesteils unter Chief Joseph, der die neue Regelung ablehnte, über das Gebirge in Richtung kanadische Grenze

Frauen der Nootka

führte. Hunger und Erschöpfung zwangen Chief Joseph schließlich zur Kapitulation. Er selbst und die treuesten seiner Anhänger durften nicht nach Idaho zurückkehren. Sie mussten sich in der Colville Reservation im mittleren Bundesstaat Washington ansiedeln, wo ihre Nachkommen noch heute leben. Der Rest der Nez Percé musste sich mit einer stark reduzierten Reservation begnügen. Diese wurde dann 1889 in einzelne Landstücke (homesteads) aufgeteilt und 1893 noch einmal verkleinert. Seuchen und Hunger reduzierten die Bevölkerung. Dennoch gab der Stamm nie auf. Seit 1948 besteht ein Nez Percé Tribal Executive Committee. Heute zählt der Stamm noch 33 000 Stammesangehörige und kämpft vor den Gerichten um die Wiederherstellung und Einhaltung der alten Vertragsrechte.

Nootka

Eigentlich *Nuu-cha-nult,* der Stamm lebt auf einer Insel vor der Westküste Kanadas, früh als Pelzhändler wichtig.

Nordosten / Native Americans / Übersicht / Geschichte vor 1 000 v. Chr.

In der Archaischen Periode (8 000–1 000 v. Chr.) die Zeit, die dem Aussterben der Mastodons und den Großtieren der Eiszeit folgte, lebte die wachsende Bevölkerung des Ostens vom Sammeln wilder Pflanzen, von der Jagd auf kleinere Tiere und vom Fischfang an den

von Wald bewachsenen Ufern der Flüsse. Es kam zu einem langsamen Übergang zur Sesshaftigkeit.
Mit der Zeit entwickelten sich von Region zu Region unterschiedliche Kulturen, wie man aus einer wachsenden Vielzahl unterschiedlicher Äxte, polierter Steingewichte, Speerschleudern und anderen Werkzeugen ersehen konnte. Solche Artifakte und die sorgfältige Auswahl von Grabplätzen deuten auf zunehmendes handwerkliches Können, auf sich entwickelnde Kunst und auf ein Interesse an religiösen Vorstellungen hin, die im Nordosten um 1 000 v. Chr. zu voller Blüte gelangten.

Nordwesten / mythologische Wesen, menschenähnlich

In der Mythologie des Nordwestens stellen sich deren Wesenheiten häufig als Masken dar. Man begegnet Gestalten, die auf den ersten Blick als Menschen erscheinen, bei denen bei näherem Hinsehen tierische Merkmale erkennbar werden. Es sind Tiermenschen.
Tsonoqua ist die Wilde Frau der Wälder und ihr männliches Gegenstück ist *Tsonoqua Bookwus*. Schließlich kennen diese Stämme *Nulmal*, eine Art Polizist beim Schamanentanz, der oft auch als *Hámatsa*- oder Kannibalentanz bezeichnet wird und schließlich die Gestalt des *Waldottermannes*.

Literatur:

Donnervogel und Raubwal – Indianische Kunst der Nordwestküste Nordamerikas, Hamburg 1979

Nordwestküste und Plateau / Native Americans / Übersicht / Frühzeit

Neuere archäologische Funde zeigen, dass die frühesten Bevölkerungsbewegungen an der Nordwestküste um 10 000 v. Chr. stattfanden. Innerhalb von fünf- bis sechstausend Jahren spielte sich eine Veränderung von der Jagd zu maritim orientierten Dorfgemeinschaften ab.
Tiermotive im Kunststil der Küstenbewohner entwickelten sich während des ersten Jahrtausend v. Chr. Ausgezeichnete Handwerksarbeiten in Holz in Form von Skulpturen finden sich bis in historische Zeit.
Zwischen 1500 und 1 000 v. Chr. nahm der Kontakt zwischen den Indianern auf dem sogenannten Plateau und der Nordwestküste zu. Das relativ stabile und konservative Leben auf dem Plateau setzte sich bis in historische Zeit fort und änderte sich erst mit der Übernahme des Pferdes durch die Stämme der großen Ebenen.

Nordwestküste / Native Americans / Übersicht / Geschichte der Neuzeit

Reichliche Fänge aus der See und eine verfeinerte Technologie der Fisch- und Fangwerkzeuge und der Vorratshaltung trugen zu wachsendem Wohlstand der an der Nordwestküste lebenden Stämme bei. Als sie im 18. Jahrhundert mit den Europäern zusammentrafen, hatte sich schon ein festes System sozialer

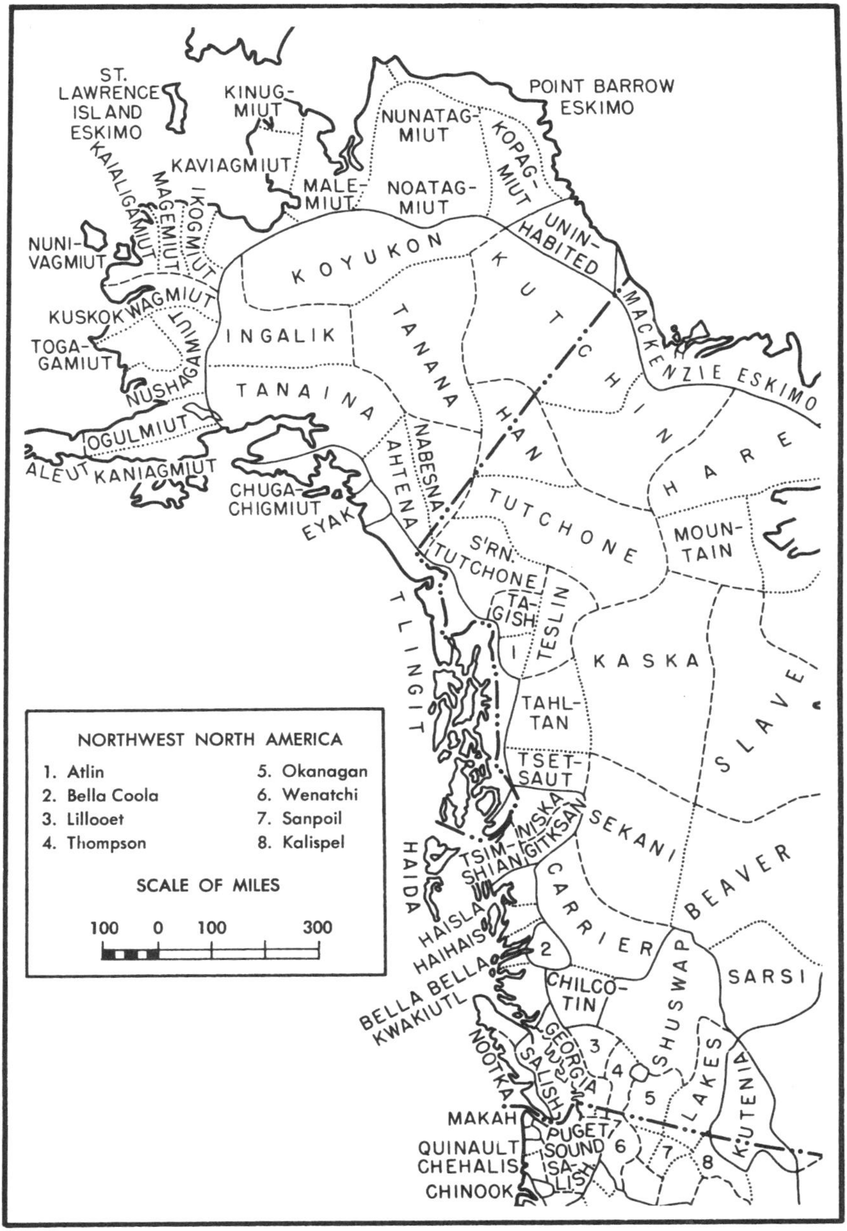

Die Stämme des Nordwestens

Klassen und eine große Zahl komplizierter Zeremonien herausgebildet.
Vor allem die Tlingit und Kwakiutl waren für ihre Holzarbeiten berühmt. Nutzgegenstände und Gerätschaften für die Feste wurden mit geschnitzen Mustern reich verziert. Die Walfang betreibenden Stämme, zum Beispiel die Nootka, stellten aus Zederstämmen Boote her, die ozeantüchtig waren.
Mit dem Eintreffen der Weißen verschwanden viele der alten Zeremonien und Künste. Heute versuchen die Stämme, sie wiederzubeleben.

Ojibwa

Siehe Chippeway

Literatur:

Broker, Ignatia: Night Flying Woman, An Ojibwa Narrative, St. Paul 1983
Johnston, Basil: Großer Weißer Falke – Der Lebenskreis eines Ojibwa, Köln 1987

Omaha

Gehören zu der großen Sprachfamilie der Sioux, lebten in geräumigen Erdhäusern im Gebiet der heutigen Stadt Omaha in Nebraska am Missouri und sind den Ackerbau treibenden Völkern des mittleren Westens zuzuordnen. Die Frauen bauten auf den Feldern Mais, Bohnen, Kürbis und Sonnenblumen an. Der Stamm hatte nicht nur unter einer immer rigoroser durchgeführten Landenteignung zu leiden, 1802 wurde er von einer Blatternepidemie heimgesucht, die nur die Bevölkerung eines einzigen Dorfes überlebte. Heute wohnen 2000 Omaha zusammen mit den Winnebago in der Winnebago Agency in Nebraska.

Literatur:

Hoxie, Frederick E.: Encyclopedia of North American Indians, Boston &. New York

Omaha / Die LaFlesche Familie

Kaum eine andere Familie in den USA liefert so aufschlussreiches Material über die Beziehung von Indianern und Weißen und die Kultur eines Stammes (Omaha) wie diese Sippe. Die Familienverhältnisse sind durch interkulturelle Verbindungen und Vorstellungen etwas kompliziert.
Joseph LaFlesche (1822–1888), kam aus einer Familie von Franzosen und Omaha. Er lebte auf der Omaha Reservation in der Nähe von Bellevue in Nebraska und hatte acht Kinder von drei Frauen. 1843 heiratete er Mary Gale (1848–1860), die Tochter eines Iowa-Häuptlings und einer Omaha. Sie wurde in den Stamm der Omaha aufgenommen, Joseph von dem Häuptling Big Elk als dessen »ältester Sohn« adoptiert.
Joseph kam zu der Ansicht, der Stamm könne nur durch Anpassung an die nach Nebraska vordringende Kultur der Weißen überleben, er trat zu christlichem Glauben (Presbyterianer) über. Diese Optionen kosteten ihn seine Stellung als Häuptling.
Aus der großen Schar seiner Kinder sind in Hinblick auf unser Thema vor allem zwei wichtig, nämlich Susette (1854–1903), die Tochter von Mary Ga-

le, und Francis (1855 oder 1862–1932), der Sohn Josephs mit Tainne, seiner zweiten Frau.
Alle Kinder wurde in der Kultur der Omaha wie auch in der des weißen Mannes erzogen.
1874 nahm Francis als Junge an seiner ersten traditionellen Büffeljagd teil, zwei Jahre später wurde die Jagd auf Büffel von den Beamten des weißen Mannes verboten. Susette wurde Lehrerin. Als Indianerin erhielt sie nur die Hälfte des Gehalts ihrer weißen Kolleginnen und Kollegen. 1878 besuchten sie zusammen mit ihrem Vater Stämme im Indianer-Territorium. Die Lebensumstände der Indianer dort (Ponca, die bei den Quapaw lebten), empörten sie derart, dass sie begann, sich in Zeitungsartikeln für die Poncas einzusetzen. Ein Prozess, bei dem der Stamm von seinem Häuptling »Standing Bear« vertreten wurde, führte zu einer wichtigen Grundsatzentscheidung in Sachen Bürgerrechten, der nämlich, dass ein Indianer eine Person im Sinn des Gesetzes der USA ist. Später heiratete Susette den Journalisten Thomas Tibbles, der sich für die Sache der Indianer engagiert hatte.
Nach ihrer Eheschließung veröffentlichte sie, von ihrem Mann dazu ermutigt, eine ganze Anzahl von Büchern über die ihr bekannten Stämme und reiste auch einmal mit Tibbles nach Europa, um dort auf die bedrängte Lage der Indianer hinzuweisen. Sie starb im Mai 1903 in der Omaha-Reservation. Ihr Bruder Francis LaFlesche war als Ethnologe für das Bureau of Indian Affairs tätig und veröffentlichte zusammen mit Alice Cunningham Fletcher, einer Freundin seiner Schwester Susette, die ihn zu ihrem Sohn erklärte, die grundlegende Arbeit über die Omaha »The Omaha Tribe«, die als 27. Jahresbericht des Bureau of American Ethnology 1911 erschien. 1912 wurde Francis Präsident der American Anthropological Association und erhielt 1926 den Ehrendoktor der Universität von Nebraska.

Literatur:
Green, Norma Kidd: Iron Eye's Family: The Children of Joseph LaFlesche, Lincoln, Nebraska 1969
Wilson, Dorothy Clarke: Bright Eyes: The Story of Susette La Flesche, an Omaha Indian, New York 1957
Franks, Kenny A.: LaFlesche Family, Oklahoma Heritage Association
In: Encyclopedia of North American Indians, edited by Frederick E. Hoxie

Onondaga

Das Volk der Hügel, eine der Gründernationen der Irokesen-Föderation. Wohngebiet nahe dem Onondagasee im heutigen Staate New York, aber auch im Tal des Mohawk, in den Adirondack-Bergen und im heutigen Pennsylvania. Der Niedergang begann nach der Amerikanischen Revolution. Durch fragwürdige Verträge wurden die Onondaga, die sich als Nation betrachteten, auf ein kleines Territorium nahe dem heutigen Syracuse im Staate New York zurückgedrängt. 1940 wollte das B.I.A.

Schmuckstücke

eine repräsentative Volksvertretung einsetzen. Die Onondaga wiesen diesen Versuch ab und beharrten auf der Beibehaltung ihres alten traditionellen Systems einer Stammesleitung durch Häuptlinge und Clanmütter. Seitdem haben sich die Onondaga um die Anerkennung ihrer Unabhängigkeit als Nation bemüht und die Rückgabe ihres alten Territoriums eingeklagt. Mit welchem Erfolg bleibt fraglich.

Orpheus

Das Motiv kommt in allen Regionen Nordamerikas mit Ausnahme des hohen Nordens vor und zwar mit der Handlung, dass ein Mann seine Frau durch den Tod verliert, sie im Reich der Toten wiederfindet und sie zu den Lebenden zurückholen will. Auf dem Rückweg verstößt er gegen ein ausgesprochenes Verbot und verliert sie für immer. Man nimmt an, dass die Geschichte einen Erklärungsversuch des permanenten Todes darstellt. Eine ungeklärte Frage ist, ob das Orpheus-Motiv sich vermittelt ausgebreitet hat oder an vielen Stellen der Welt unabhängig von anderen Gegenden entstanden ist.

Literatur:

Funk & Wagnalls: Standard Dictionary of Folklore Mythology and Legend, New York 1972

Osten / Native Americans / Übersicht / Geschichte: Frühzeit

Die Errungenschaft, große Grabhügel zu errichten, bei denen viele in Körben transportierte Ladungen über die mit Holzstämmen eingefassten Gräber einer Elite aufgeschüttet wurden, dürfte bei den Waldbewohnern des Ohio Tales um 1 000 v. Chr. entwickelt worden sein. Für die Adena-Kultur, ist Keramik, auf deren Oberfläche Schnüre oder Gewebe abgepresst werden, signifikant. In manchen Gegenden scheint es schon zur Kultivierung von Pflanzen gekommen zu sein. Die Beschäftigung der Adena-Kultur mit dem Tod und ihre Kunst stilisierter Tierformen setzte sich fort und steigerte sich noch in der Hopewell-Kultur, die langsam mit der Adena-Kultur im Ohio-Tal überlappte und sie um 300 v. Chr. verdrängte.

Zusätzlich zu den Grabhügeln, die typisch für die Hopewell-Kultur sind, finden sich nun ausgedehnte geometrische Erdwerke, Überreste kremierter Toter und eine erstaunliche Menge von Grabbeigaben. Obsidian, Schichten von Glimmer. Kupfer, Perlen und andere Materialen, die in den Hopewell-Gräbern auftauchten, deuten auf Handelsbeziehungen bis zum Atlantik, zu den Großen Seen und bis zum Golf von Mexiko hin.

Obwohl die Hopewell-Kultur um 700 n. Chr. verschwand, blieben doch die grundlegenden Muster von Jagd und Ackerbau im gesamten Nordosten bis zum Eintreffen der Europäer acht Jahrhunderte später erhalten.

Osten / Native Americans / Übersicht / Geschichte: Neuzeit

Bei den Algonkin sprechenden Waldlandstämmen des nördlichen Ostens blieb es bei kleinen Gemeinden, die von Jagd und Fischfang lebten und im geringem Umfang Mais auf Rodungen anbauten.

Die Huronen, Seneca und andere irokesische Stämme bildeten eine Insel in dem großen Algonkin-Sprachgebiet. So entstand im 15. und 16. Jahrhundert die Konföderation der sechs Stämme Seneca, Cayuga, Oneida, Onondaga und Mohawk, der sich Anfang des 18. Jahrhunderts auch noch die Tuscarora anschlossen.

Die kriegerischen sechs Stämme überlebten die Versuche der Franzosen, ihre Macht zu brechen. Aus Kriegen mit den Nachbarn gingen sie gestärkt hervor. Während der gesamten Periode der Kolonisierung fungierte die Liga der Irokesen als Puffer zwischen den von Engländern und Franzosen besetzten Gebiete. Interne Meinungsverschiedenheiten über das Verhältnis zur Amerikanischen Revolution ließen die Allianz schließlich zerbrechen. Versuche, sie später wieder aufleben zu lassen, scheiterten.

Paiute

Die nördlichen Paiute sind ein Uto-Aztekisch sprechendes Volk, das sich im großen Becken um 100 nach Chr. von Kalifornien her ausbreitete. Heute in Reservationen, leiten die Paiute deren jeweiligen Namen von der Landschaft (Honey Lake Paiute) oder von den Städten der Weißen, die in der Nähe liegen, ab (Reno, Sparks Indian Colony).

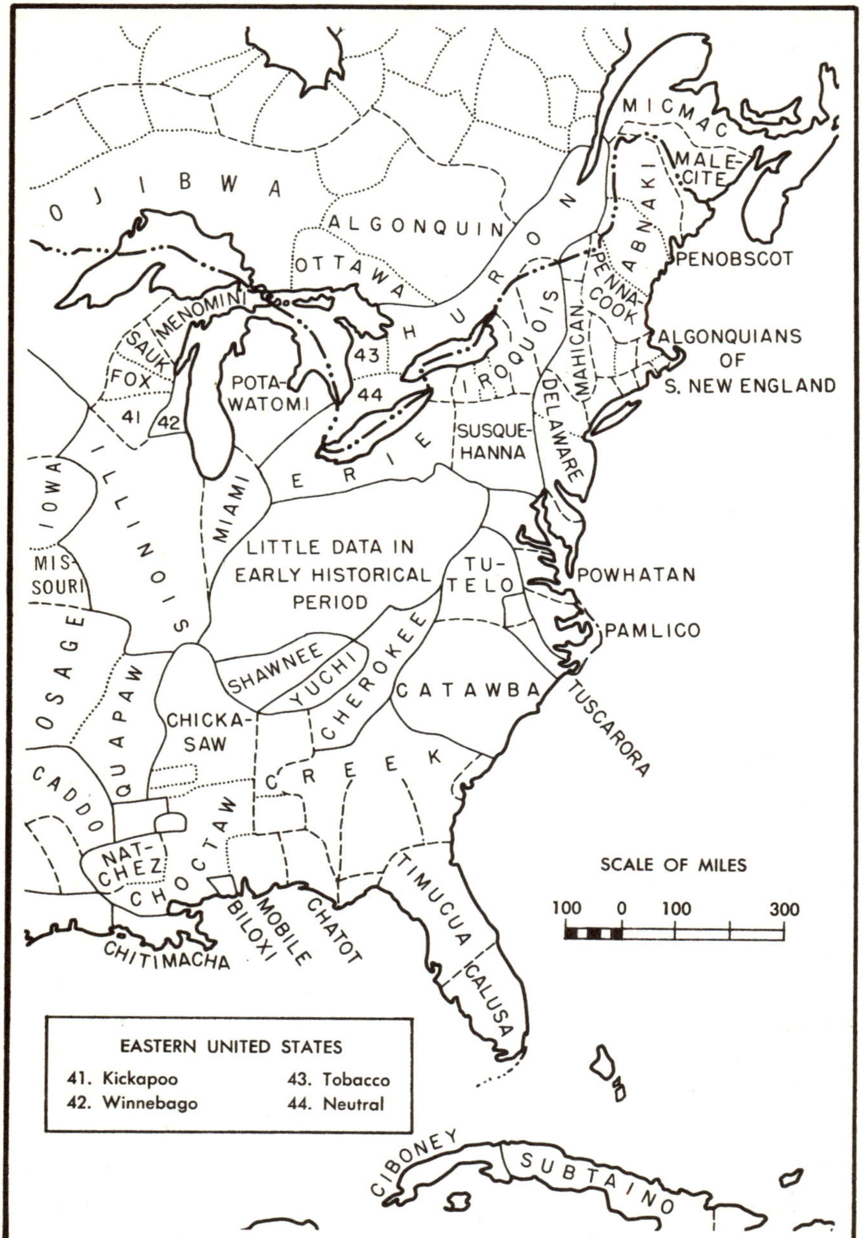

Nationen und Stämme im Osten

Literatur:
Hoxie, Frederick E.: Encyclopedia of North American Indians, Boston & New York 1996.

Paleo-Indianer

Siehe unter »Erste Menschen«.

Papago / Heilungsriten

Die meisten Krankheiten der Menschen werden angeblich durch Tiere verursacht, die nicht respektiert oder verletzt werden. Die Medizinmänner stellen die Diagnose, der Patient geht zu einem Sänger, der Kraft und Fetische besitzt und damit heilen kann.
Klapperschlangen können Magenschmerzen verursachen, wunde Füße können durch Kröten entstehen. Die Schildkröten zu beleidigen, kann zu einer Lähmung des Beines führen; Rehe, die beleidigt werden, schicken Rheumatismus. Jede Krankheit verlangt zu ihrer Heilung nach einer Reihe von Liedern. Falls die Krankheit auf ein Tier zurückgeht, das erst mit den Spaniern ins Land kam, kann auch das Beten eines Rosenkranzes verordnet werden.

Papago / Nachwelt

Die Bestattung der Toten findet unmittelbar nach dem Ableben statt, denn die Geister der Toten sind sehr gefürchtet. Früher wurden die Toten in Vertiefungen im Fels beigesetzt, die mit Baumstämmen und Steinen verschlossen wurden. Nahrung und Besitz des Toten kamen mit ins Grab, um seinen Geist auf seiner viertägigen Reise in die Unterwelt, »irgendwo im Osten«, zu begleiten. Die Nachwelt wurde als ein Ort angesehen, an dem es immer hinreichend regnete und es stets genügend zu essen gab. Heute werden jährlich Opfergaben in Form von Nahrungsmitteln und Getränken an die Grabstätten gestellt. Allerseelen, ein Feiertag, der von den Mexikanern übernommen wurde, kam den eigenen Vorstellungen der Papago nahe.

Papago / Tohono O'Odham

Leben im südlichen Arizona und im nördlichen Teil des Bundesstaates Sonora (Mexiko). Sie sagen, dass der ältere Bruder, *I'itoi,* sie in dieses Land aus der Unterwelt geführt hat.
Um die Ursprüngsmythe der Papago zu erzählen, brauchte ein erfahrener Geschichtenerzähler vier Nächte, nicht zuletzt um den beträchtlichen Varianten in den vier Dialekten der Papago gerecht zu werden. Zusammenfassend lässt sich der Inhalt so wiedergeben:
Im Anfang war nur Dunkelheit, in der der Erdenschöpfer und der Bussard herumtrieben.
Der Erdenschöpfer rieb sich die Haut, und was dann in seiner Hand blieb, wurde der Greasewood Strauch. Aus einem Ball, den er aus dem Gummi dieses Strauches formte, wurde die Welt. Als zur Erde sich der Himmel gesellte, kam *I'itoi,* ein weiteres übernatürliches Wesen, hinzu, und der *Kojote,* der als

Götterbote fungierte, erschien. Die *Spinnenfrau* nähte Himmel und Erde zusammen. Die Greifvögel formten die Gebirge und Wasserläufe mit ihren Schwingen, und der Erdenschöpfer erfand die Sterne, die Sonne und den Mond.

Nach dem ersten Versuch, Menschen zu machen, gab es nur unvollkommene Wesen, die durch eine Sintflut untergingen. *I'itoí* und der Kojote verabredeten, wer von ihnen danach als erster wieder erscheine, dürfe sich Älterer Bruder nennen. *I'itioi* gewann.

Er formte zwei neue menschliche Wesen aus Lehm und geriet darüber mit dem Erdenschöpfer in Streit, der unter die Erde verschwand.

I'itoi blieb bei seiner Schöpfung, die der Stammesgesellschaft der *Hohokam* (siehe auch unter *Anasazi*) entsprach. Er lehrte die Menschen in der Wüste zu leben und gab ihnen Zeremonien, um Regen fallen zu lassen. Zwischen den Menschen und ihm kam es zum Streit, und Menschen beschlossen, *I'itoi* zu töten. Viermal erstand er mit Hilfe der Winde wieder auf, dann ging auch er unter die Erde und holte von den Leuten, die sich dort aufhielten, Hilfe. Das waren die *Pima* und *Papago*. Unter *I'itois* Beistand wurden die Hohokam vertrieben, und die Pima und Papago lernten, sich in der Wüste zu behaupten. Die Grenzen der vier Gruppen des Stammes wurden mit Maiskörnern bezeichnet.

Papago / Zeremonien

Obwohl die Papago längst zu verschiedenen christlichen Sekten übergetreten sind, werden bei ihnen auch immer noch die alten Zeremonien veranstaltet. Sie sind eine Mischung aus Jagd- und landwirtschaftlichen Ritualen. Die wichtigste Aufgabe dabei ist, den lebenserhaltenden Regen zu beschwören. Wettrennen zwischen Dorfgemeinschaften, Salzpilgerfahrten an den Golf, Tänze, Heilungsrituale und Feierlichkeiten an örtlichen Schreinen – all dies dient auch dazu, Regen zu bringen.

Literatur:

Underhill, Ruth M.: Papago Religion, Berkeley, 1938

Parker / Quanah / Comanchen

(1845–1911) Während eines Überfall der Comanchen auf Fort Parker, in der Nähe des heutigen Groesbeck, Texas, wurde die neunjährige Cynthia Ann Parker geraubt. Sie wuchs unter den Comanchen auf, heiratete später den berühmten Kriegshäuptling *Peta Noconi* und gebar ihm drei Kinder. Der älteste Sohn war Quanah. Er überlebte als einziges Kind. Als Quanah noch klein war, wurde die Mutter von Texas Rangers »befreit« und kehrte mit ihrem Baby »Prärie Flower« zu ihren Verwandten zurück. Ihr Kind starb. Sie wollte wieder zu den Indianern. Das wurde ihr nicht erlaubt, schließlich litt sie unter Magersucht und starb an Fieber.

Quanah aber ehrte das Andenken seiner Mutter, indem er seinem Namen

ihren Mädchennamen Parker hinzufügte.
Er stieg zum Anführer der Quahade Band der Comanchen auf und führte die Stämme der Cheyenne, Arapaho, Comanchen, Kiowa und Apachen bei einem letzten Aufbäumen gegen das Vordringen der Weißen in der Schlacht bei Adobe Wall. Als Stratege berühmt, war ihm doch klar, dass sein Stamm »die Straße des weißen Mannes« werde gehen müssen. 1875 kapitulierte er in Fort Sill. Damals zählte der Stamm der Comanchen noch tausend Menschen. Mit diplomatischem Geschick vertrat Quanah die Interessen seines Stammes während mehrerer Aufenthalte in Washington. Er wurde ein erfolgreicher Rancher und zeichnete Aktien der Acme und Pacific Railway. Er förderte das Bildungswesen in seinem Stamm und erstritt den Comanchen eine jährliche Zahlung von 232 000 $ für die Nutzung von Stammesland durch die Weißen. Er widersetzte sich lange – wenn auch letztlich erfolglos – der Öffnung der Reservation für weiße Siedler. Als einflussreicher religiöser Führer und Medizinmann war er entscheidend an der Gründung der Native American Church (Peyote Kult) beteiligt. Er starb am 23. Februar 1911. Heute ist der Stamm der Comanchen wieder auf neuntausend Stammesangehörige angewachsen.

Literatur:
Hackan, William T.: Quanah Parker, Comanche Chief, Norman, Oklahoma 1993

Passamaquoddy

Zuammen mit den Penobscot Nachfahren der Indianer, die in der frühen Zeit den heutigen Bundesstaat Maine und das westliche New Brunswick (Kanada) bewohnten. Ende der sechziger Jahre klagten beide Stämme gegen die Verletzung ihrer Rechte. Sie bezogen sich auf das »Indian Nonintercourse-Gesetz« aus dem Jahre 1790 und erhielten schließlich 81,5 Million $ zugesprochen, die ihnen Landkäufe und wirtschaftliche Entwicklungsprojekte ermöglichten. Viele Stämme des Ostens sind dem Beispiel der Passamaquoddy und Penobscot unterdessen gefolgt.

Literatur:
Hoxie, Frederick E. (editor): Encyclopedia of North American Indians, Boston und New York 1996

Pawnee / Mythologie und Zeremonien

Die Pawnee glaubten, dass *Ti-Ra'-wa* sie geschaffen habe, aber es hatte schon vorher Menschen auf der Erde gegeben. Das waren Riesen gewesen. Auch die Tiere waren zu dieser Zeit sehr groß. Die Riesenmenschen waren so gute Läufer, dass sie einen fliehenden Büffel einholen konnten. Aber diese Riesen ehrten *Ti-Ra'-wa* nicht hinreichend. Wenn Donner oder Regen kam, ballten sie die Fäuste und riefen Schimpfworte gegen den Himmel. Beim Rauchen blies man den Rauch entweder gegen den Himmel und sagte *Ati'-US Ti-Ra'-wa* oder gegen die Erde, wo sich das

Heilige Wesen auch aufhält. Tote werden bei *Ti-Ra'-wa* im Himmel weiterleben. Wer aber Diebstahl begeht oder andere Verbrechen, wer böse ist, der stirbt, kommt unter die Erde und wird nicht wieder lebendig. Einen Grund für solche Vorstellungen, den Pawnee selbst angegeben haben, ist der Traum. Im Traum sieht man, wie das Leben im Reich von *Ti-Ra'-wa* aussehen wird. Im Traum begegnet man schließlich auch den Toten.

An all das glaubten die Riesen nicht. Sie meinten, stark wie sie waren, könne ihnen nichts geschehen. Schließlich zürnte *Ti-Ra'-wa*. Er ließ das Wasser steigen, und alle diese Riesen ertranken. Die großen Knochen, die man auf der Prärie findet, stammen von diesen Riesen. Nach der Vernichtung der Riesen schuf das Höchste Wesen Mann und Frau.

Die Pawnee glauben unbedingt an ein Leben nach dem Tode. Die Geister der Toten leben, nachdem der Leib zerfallen ist, weiter.

Ein Häuptling der Geheimen Pfeife erzählte:

»Ich bin schon einmal tot gewesen. Ich fand meinen Weg zu einem Indianerdorf und ging sofort zur Hütte meiner Freunde und Verwandten. Ich sah sie und erkannte sie wieder. Ich sah auch Verwandte, denen ich im Leben nie begegnet war. Ich betrat eine Hütte, bekam aber keinen Platz angeboten. Da dachte ich, ich sei nicht willkommen. Ich verließ das Dorf und war wieder am Leben. Am Morgen war ich gestorben, am Nachmittag war ich schon wieder lebendig. Das ist der Grund, weshalb ich noch lebe und alt werde. Ich war ihnen noch nicht willkommen. Sie empfingen mich nicht. Nach alldem bin ich davon überzeugt, dass es ein Leben nach dem Tode gibt.«

Manchmal erscheinen Geister, und die Leute sehen sie, häufiger aber hören sie nur deren Stimmen. Geister sollen die kleinen Wirbelwinde sein, die im Sommer über den Boden huschen.

Pawnee / Stammesgeschichte

Die Pawnee sind vom Südwesten zu ihrer jetzigen Heimat in der Mitte der Großen Ebenen gezogen. Francisco Váquez de Coronado stieß 1541 zu den Dörfern der Wichita am Arkansas River vor und traf dort einen Häuptling der Pawnee an, die damals sich nördlich des Kansas River aufhielten. Das späte 17. Jahrhundert sieht sie auf Flussterrassen auf einem fünfzig Meilen langen Streifen am Loup und Platte River. Sie lebten damals vorwiegend in Erdhütten, bauten Mais, Bohnen und Squash an und waren Büffeljäger.

Ende des 17. Jahrhunderts kam das Pferd zu ihnen, und sie nannten es »Mannstier«.

Noch 1804 erklärten sie, sie wollten gute Freunde der Spanier bleiben. Aber 1806 besuchte eine Delegation des Stammes den US-Präsident Jefferson in Washington. Um 1818 gingen sie nach einer Reihe von Gesprächen und Verhandlungen in Reservationen in Nebraska (1857)

und ins Indianer-Territorium (1875). Um der Einsperrung dort zu entgehen, wurden sie Scouts in der US-Armee in den Kriegen gegen ihre alten Feinde, die Sioux und Cheyenne.
Durch eine Schulpolitik, die die Kinder von ihren Eltern trennte, begann die Pawnee-Sprache auszusterben. Hinzukam, dass durch das Christentum alte Traditionen verschwanden. Heute gibt es noch etwa 2500 Pawnee, davon leben circa vierhundert auf dem Pawnee-Gebiet in Oklahoma.

Pawnee / Zeremonie zur Zeit der Frühlingsgewitter

Wie andere Stämme der Großen Ebene auch, hatten die Pawnee eine spezielle Zeremonie in der Zeit der ersten Frühlingsgewitter. Der Donner wurde als ein heiliges Wesen, *Ti-Ra'-wa* genannt, verehrt. Bei dieser Zeremonie wurden die individuellen Medizinbündel (siehe dort) geöffnet und dem höheren Wesen Tiere und Skalpe geopfert. Das erste Tier, das bei der Jagd erlegt wurde, brachte man ins Lager und schaffte es zur Medizinhütte. Dort vollzogen die Priester des Stammes geheime Rituale, dann wurde das Fleisch geteilt und an das Südostende des Dorfes gebracht. Die Holzstöße, auf die man das Fleisch legte, brannten. Der ganze Stamm paradierte vorbei und versuchte, etwas von dem Rauch auf sich zu lenken. Dabei sprach man ein Gebet: »*Ti-Ra'-wa*, Herrscher, schau auf deine Kinder und segne sie, erhalte sie, sei mit ihnen gnädig, und sorge für sie.« Auch die Kranken wurden zu den Feuern gebracht und der Rauch des verbrennenden Opferfleisches auf sie gelenkt. Unter den jungen Männern war es üblich, Wettrennen zu veranstalten, die bei den Feuern endeten. Unter anderem glaubten die Pawnee, dass durch das Fleischopfer die Heimsuchung durch Zyklone vermieden werde.
Im April gab es eine besondere Zeremonie, um das Wachsen des Mais zu fördern. Ehe sie nicht ausgeführt war, richtete niemand sein Feld für die Aussaat her.
Ausführliche Berichte über die Lebensweise der Pawnee, ihre Mythen und Zeremonien enthält das Buch von George Bird Grinnell, »Pawnee Hero Stories and Folk Tales«, New York 1889.
Grinnell, über lange Jahre Präsident des National Park Council und aktiv in der New York Zoological Society, berichtet im Vorwort zu diesem Buch von einem Gespräch mit dem Adler-Häuptling, zu dem er über den Zweck seines Besuches sagte:
»Vater, wir sind hergekommen, um die Leute zu befragen, wie die Dinge in alten Zeiten gewesen sind, wir wollen ihre Geschichten und ihre Geschichte aufschreiben und ein Buch daraus machen.«
Worauf der Häuptling eine Weile nachdachte und dann antwortete:
»Es ist gut, und es wird Zeit. Schon sind viele der alten Dinge in Vergessenheit

geraten, und von denen, die die Geheimnisse kannten, sind viele schon tot ...«

Die beste wissenschaftliche – freilich sehr umfangreiche – Monographie über den Stamm ist Weltfish, Gene: »The Lost Universe – The Way of Life of the Pawnee, New York 1971.

Pawnee-Skidi / Opferung von Gefangenen

Dass es Zeremonien gab, die alles andere als romantisch waren, nach modernen Begriffen sogar unmenschlich, soll nicht verschwiegen werden. Auch diese eher dunkle Seite gehört zum Bild der Indianer.

Nicht alle Bands (Gruppen) der Pawnee hatten identische Vorstellungen. Die Skidi band kannte früher Menschenopfer, Gefangene aus den Kriegen. Dadurch glaubte man, böse Einflüsse aus der Sternenwelt abzuhalten.

Ein alter Skidi beschreibt die Prozedur gegenüber George Bird Grinnell, der gegen 1880 die Pawnee Agency im Indianer-Territorium besuchte, wie folgt: »Wenn die Skidi von einem erfolgreichen Kriegszug zurückkamen, wurde festgelegt, wer von den Gefangenen geopfert werden sollte. Die übrigen Gefangenen wurden vom Stamm adoptiert, aber einer, der groß und stark war, wurde fortgesperrt und gemästet. Er wusste nichts von seinem Schicksal bis zum Tag, an dem das Opfer erfolgte. Für vier Nächte vor diesem Tag tanzten die Leute, am vierten Tag feierten sie. Alle Frauen sagten, wenn sie vom Essen aufstanden, zu dem Gefangenen: Jetzt bin ich fertig und hoffe, *Ti-Ra'-wa* wird Mitleid haben mit mir. Wenn ich meine Saat in den Boden stecke, soll sie aufwachsen. Und möge er bewirken, dass ich von allem genug habe.

Am Ende der vier Tage begaben sich dann zwei Männer an die Enden des Dorfes und riefen aus, alle sollten sich fertigmachen für die Opferung.

Am nächsten Morgen wurde der Gefangene nackt oben an einen der beiden Pfosten aus Esche und Hackberry gebunden, die man inzwischen errichtet hatte. Alle standen dabei und warteten; die Männer hielten Pfeile und Bogen in den Händen, die Frauen hatten Stöcke und Lanzen. Unter dem Opfer wurde nun ein großes Feuer angezündet. Zuvor aber schon hatte der Krieger, der den Gefangenen gemacht hatte, ihn mit Pfeilen, die eine Feuersteinspitze hatten, beschossen. Das Blut des Opfers tropfte in die Flammen. Ein Krieger, der zur Opferstätte eine Büffelzunge und ein Herz mitgebracht hatte, warf beides nun ins Feuer. Dann wurde das Opfer viermal mit einer brennenden Fackel berührt und dann mit Pfeilen beschossen. Vier Männer kletterten an dem zweiten Pfahl hinauf, öffneten mit einem Messer die Brust des Opfers. Sie beschmierten sich mit dessen Blut und rannten dann so rasch sie konnten zum Fluss und wuschen sich. Nun schlugen Frauen und Kinder mit Stangen und Stöcken auf das Opfer ein. Die Stöcke

wurden danach auf einen Haufen geworfen. Dort blieben sie liegen.
Der Mann, der den Gefangenen getötet hatte, fastete und trauerte vier Tage und bat *Ti-Ra'-wa*, ihm zu verzeihen, denn er war sich wohl bewusst, dass er einem Menschen das Leben genommen hatte. Nach der Opferung brachen die Frauen in Freudengeschrei über das, was geschehen war, aus. Sie trugen die Maismutter bei sich und versetzten dem Opfer einen Schlag mit Stecken. Sie bliesen in Nachahmung von Gewehrschüssen, Staub aus dicken Stengeln von Sonnenblumen gegen das Opfer, ehe sie ins Dorf zurückkehrten. Dann begaben sie sich zu einer geheimen Hütte und erzählten einander, sie seien auf einem Kriegszug gewesen, und wie sie es dem Feind gezeigt hätten. Die männlichen Krieger imitierend, änderten sie auch ihre Namen.«

Peltier, Leonard, der Fall des ...
Geboren im September 1944 in Grand Forks, North Dakota. 1957 Hauptschulabschluss an der indianischen Schule in Flanderau. 1958 kommt er zweimal mit dem Gesetz in Konflikt und wird wegen Diebstahls zu zwei Wochen Gefängnis verurteilt. Danach beschließt er »Krieger für die Sache seines Volkes« zu werden. 1972 tritt er dem A. I. M. bei und arbeitet in deren Büro in Milwaukee. Im Herbst 1972 nimmt er am »Marsch der gebrochenen Verträge« nach Washington teil und wird als »Unruhestifter« registriert. Nach Milwaukee zurückgekehrt, stellt man ihn unter Mordanklage. (Er wird 1978 in diesem Fall freigesprochen.) Zunächst bleibt er fünf Monate in Untersuchungshaft. Durch den »Freedom of Information Act«, ein Gesetz über das Recht auf Einsicht in die Akten der Regierung nach einer gewissen Frist von Jahren, stellt sich später heraus, dass das FBI die örtliche Polizei angewiesen hatte, Anführer der A. I. M. unter »jedmöglichem Vorwand« festzunehmen. 1973 hielt sich Peltier in einer Ortschaft der Oglala in der Pine Ridge-Reservation auf, wo damals in der Nachfolge der Belagerung von Wounded Knee (siehe auch unter »Wounded Knee 2«) bürgerkriegsähnliche Zustände herrschten. Zwei FBI-Agenten, Jack Coler und Ron Williams, die angeblich auf der Suche nach einem Paar gestohlener Cowboy-Stiefel unterwegs waren, versuchten, nachdem zuvor auf dem Gebiet der Reservation schon einige Übergriffe durch das FBI vorgekommen waren, auf ein Grundstück einzudringen, auf dem unter anderem Jim Eagle, Bob Robideau, Dino Butler, alles Mitglieder der A. I. M., ein »Verteidigungslager« eingerichtet hatten. Die beiden FBI-Agenten wurden erschossen in ihrem Auto aufgefunden. Die im Lager anwesenden Native Americans flohen, wurden aber alle gefasst und vor Gericht gestellt. Eagle wurde wegen Mangels an Beweisen freigesprochen, desgleichen Robideau und Butler. Peltier, der sich zu den Cree-Indianern nach Kanada geflüchtet und

beantragt hatte, als politischer Flüchtling anerkannt zu werden, wurde in die USA ausgeliefert und in zwei geführten Prozessen, die stark von Vorurteilen geprägt waren, zu zweimal lebenslanger Haft verurteilt. Wer die komplizierte Geschichte dieser beiden Prozesse unvoreingenommen studiert, kommt zu dem Eindruck, dass hier eindeutig eine politische Rachejustiz waltete. Es konnte aus Prestigegründen von der US-Regierung nicht hingenommen werden, dass zwei Beamte des FBI erschossen wurden, ohne dass hierfür ein Täter eine unerbittlich praktizierte Strafe erhielt, und zwar selbst dann nicht, wenn der Verurteilte, wie inzwischen nahezu zweifelsfrei feststeht, gar nicht der Täter war. Der Vergleich mit dem Fall der beiden Anarchisten italienischer Abstammung Sacco und Vanzetti, die in den zwanziger Jahren hingerichtet und erst viele Jahre nach ihrem Tod freigesprochen wurden, liegt nahe. Obwohl inzwischen mit hoher Wahrscheinlichkeit die Namen jener Männer bekannt sind, die die beiden FBI-Agenten töteten, obwohl feststeht, dass die tödlichen Geschosse nicht aus Peltiers Waffe abgefeuert wurden und wichtige Zeugen in ihrer Aussage manipuliert worden sind, ist jede Revision des Urteils bzw. Peltiers Begnadigung bis heute abgelehnt worden. Mehr noch, nachgewiesen ist, dass im Gefängnis ein Mithäfltling den Auftrag erhielt, ihn zu ermorden.

Man kann sagen, dass dieser Fall einer der skandalösesten Manipulationen des Rechts in der zweiten Hälfte des 20. Jahrhunderts in den USA darstellt. Zudem ist er beispielhaft für das, was Native Americans zu erwarten haben, wenn sie sich wirksam gegen das Vorgehen der US-Regierung zu wehren versuchen. Er wirft zudem auch ein bezeichnendes Licht auf die Verhältnisse in den Reservationen heute, wo wirtschaftliche Interessen häufig mit Hilfe von »Uncle Tomahawks«, also den Weißen willfährigen Indianern, durchgesetzt werden.

Literatur:

Matthiessen, Peter: In the Spirit of Crazy Horse

Peltier, Leonard: Mein Leben ist mein Sonnentanz, Frankfurt/Main 1999

Pequot

Stamm der Algonkin-Wakashan-Gruppe in Connecticut, Neu-England. Ab 1630 Handel mit den Engländern. 1637 kam es mit diesen zu einer kriegerischen Auseinandersetzung, die zur Zerstörung des Hauptdorfes und zum Tod von vierhundert Stammesangehörigen führte. Noch schlimmer waren die Einbußen durch Epidemien. 1639 betrug die Bevölkerung nur noch die Hälfte der ursprünglichen viertausend. Nach dem Krieg wurden viele Pequot in die Sklaverei zu anderen Stämmen verkauft. 1683 erhielt die Teilgruppe der Paucatuck eine Reservation am Ostufer des Long Pond. Bis 1860 waren von dem Stamm nur noch fünfzig Personen übrig, die sich mühsam von Landwirtschaft, Verkauf von Beeren und Körbeherstellung durchs Leben schlugen. Damals ging die Stammesleitung an die Frauen über. Bis in die siebziger Jahre führten zwei Frauen den Teilstamm. Dann übernahm Richard Hayward die Stammesleitung, und es gelang ihm, 1993 die Anerkennung der Mashantucky Pequot durchzusetzen. Der Stamm begann mit Geld aus Vergütungen für Ländereien ein wirtschaftliches Entwicklungsprogramm, das erfolgreich verlief. 1994 war die Stammesbevölkerung bei den Mashantucky Pequot auf 300 gestiegen. Der Teilstamm der Paucatuck Pequot wurde von der Bundesregierung bisher nicht anerkannt.

Petroglyphen

Die Vielzahl der Petroglyphen oder Felszeichnung, die sich im Südwesten finden, dürfte von frühen Bewohnern dieser Gegend hergestellt worden sein, die nach einem Wort der Navajos Anasazi (siehe auch dort), nach einer Bezeichnung der Hopi »*Hisatsinom*«, das alte Volk, genannt wurden. Eine mehr allgemeine Bezeichnung spricht von »prähistorischen Pueblos« und beschreibt so besser die weit verstreute Bevölkerung, die zu unterschiedlichen Zeiten das Colorado Plateau bewohnte. Felskunst beginnt in einer Periode, die die Archäologen als Basketmaker II bezeichnen und die auf 500 bis 700 nach Chr. mit Vorläufern um die Zeitenwende angesetzt wird. Den Höhepunkt scheint die Felskunst zwischen 900 und 1400 erreicht zu haben. Nach 1400, als das Gebiet zwischen Puerco und Little Colorado von den zuvor dort lebenden Gruppen geräumt wird, bricht sie ab.

Petroglyphen / Funktion und Ästhetik

In gewisser Hinsicht ist es leichter zu sagen, was Petroglyphen nicht sind. Es gibt keine Hinweise dafür, dass sie von Außerirdischen aus dem Weltraum, von Angehörigen eines verlorenen Stammes Israel oder von in der Frühzeit aus Europa herübergekommenen Seeleuten hergestellt worden sind. (Alles Spekulationen, die in der Literatur irgendwann einmal auftauchten.) Demgegenüber gibt es hinreichende Beweise, dass sie von den Abkömmlingen der prähistorischen Native Americans geschaffen worden sind. Die Vielfalt der Sprachen, religiösen Vorstellungen und sozialen Ordnungen der nordamerikanischen Indianerstämme schließt eine einzige universelle Bedeutung der Symbole der Felskunst aus. Die Petroglyphen sind auch keine Form von Schrift, denn Schrift basiert auf dem gesprochenen Wort, und Schriftzeichen übermitteln entweder besondere Worte, Silben oder Laute. Nichts davon lässt sich bei der Felskunst auch nur vermuten.

Von allen Spekulationen und Überlegungen, die über den Sinn und Zweck angestellt worden sind, klingen jene, die sie in einem religiösen Zusammenhang sehen, am überzeugendsten. Sie scheinen den Versuch darzustellen, mit den heiligen oder übernatürlichen

Wesen in Verbindung zu treten. Das Wohlergehen des Individuums oder der Gruppe, Erfolg bei der Jagd, hinreichend Regen, um zufriedenstellende Ernten zu erzielen, all diese vitalen Bedürfnisse wurden von Heiligen Wesen oder Göttern geregelt und das macht Rituale und Gebete notwendig.

Dafür spricht auch, dass bei manchen Petroglyphen spätere Generationen »Auslöschungen« bzw. Überzeichnungen vornahmen. Ganz allgemein lässt sich trotz allen Rätselratens über einzelne Abbildungen sagen, dass es sich um eine Art Sympathiezauber gehandelt haben wird.

Freilich aber dürfte es auch höchst weltliche Anlässe gegeben haben. Clan-Symbole könnten Grenzen und Treffpunkte für Versammlungen bezeichnen. Die Nachbarschaft von Felszeichnungen zu Quellen, Furten und Trails deutet darauf hin, dass sie auch Orientierungszeichen waren. Keine hinreichenden Beweise gibt es, dass sie frühe Landkarten darstellen, wohl aber finden sich in der Nähe von Adlerhorsten Vogeldarstellungen und Hinweise auf Wechsel bestimmter Tierarten.

Petroglyphen / Technik

Petroglyphen wurden durch Klopfen, Einschneiden, Abheben oder Kratzen der Felsoberfläche hergestellt. Klopfen scheint die meistbenutzte Technik gewesen zu sein. Es bedeutet hier die Benutzung eines meißelähnlichen Geräts aus härterem Stein.

Die frühen Künstler des Südwestens bevorzugten als Fläche Sandstein, der mit einer Glasur überzogen war (Wüstenglasur, manchmal auch Patina genannt). Wenn man diese Schicht aus Magnesiumoxyd durchschneidet, kommt der hellere Stein darunter zu Tage. Mit der Zeit werden die Petroglyphen selbst mit dieser Patinaschicht überzogen. Dunklere Petroglyphen deuten auf größeres Alter hin.

Hinweise auf das Alter der jeweiligen Felszeichnung ergeben sich durch die Abgleichung mit datierbaren archäologischen Fundorten wie Lagern, Werkstätten für Werkzeuge oder Gebieten der Nahrungssuche.

Peyote

Der zeremonielle Gebrauch des Peyote-Kaktus *(Lophophora williamsii)* geht bis in die vorkolumbianische Zeit zurück. Der Kaktus enthält neun alkaloide Substanzen, von denen vor allem das Meskalin halluzinatorisch wirkt.

Seit dem 19. Jahrhundert ein Kult, der bei den Lipan-Apachen, Comanchen und Kiowa verbreitet ist. Die Anhänger organisierten sich in der *Native American Church,* in der Peyote ein Sakrament darstellt. Die Gemeinde zählt in der Gegenwart etwa 200 000 Mitglieder. Nach dem Gesetz zur Religionsfreiheit für die Native Americans aus dem Jahr 1978 ist ihnen die Benutzung von Peyote für religiöse Zwecke gestattet.

Literatur:
Gerber, Peter: Die Peyote Religion – Nordamerikanische Indianer auf der Suche nach einer Identität, Zürich 1980

Pferd, das / in der Neuen Welt

Die Wildpferde waren in Nordamerika bis circa 7 000 v. Chr. ausgestorben. Das Pferd, abstammend von arabischen Rassen, wurde erst von den Spaniern im 16. Jahrhundert in die Neue Welt gebracht. Zunächst war es den Indianern beim Abschlagen einer Hand verboten, ein Pferd ihrer spanischen Herren zu besteigen. Dennoch kamen die indianischen Stämme im Südwesten bald, nämlich circa seit 1630, in den Besitz von Tieren. Es waren vor allem die südlichen Ute, die Comanchen und die östlichen Apachen, die den Pferderaub im großen Stil betrieben und die gestohlenen Tiere an weitentfernte Stämme im Tausch hingaben. Für die Prärieindianer veränderte sich mit dem Besitz der Pferde ihre gesamte Lebensart. Die Büffeljagd wurde nun leichter, auch der Umzug eines Dorfes ging nun so vonstatten, dass man – statt Hunden oder Frauen – Pferde vor die Schleppschlitten spannte.

Pit River-Indianer

Stamm im Nordosten Kaliforniens. Sie lebten als Jäger und Sammler von Wildfrüchten in kleinen Gruppen, in denen sie die Savannen, die Berge und Flusstäler durchzogen. Als in den zwanziger Jahren Jaime de Angulo (siehe auch dort) bei ihnen Feldforschung betrieb, waren von den ursprünglich (bei der ersten Begegnung mit den Weißen) auf dreitausend Menschen geschätzten Stammesmitgliedern nur noch tausend am Leben. Die *Pit River* oder *Achumawi* prozessieren nun schon seit Jahrzehnten um ihr überkommenes Stammesland, das ihnen durch die Weißen enteignet wurde.

Plateau / Native Americans / Übersicht / Geschichte nach 1 000

Eine Gegend, in der Landschaftsformen der Halbwüste, dichte Wälder und schneebedeckte Gebirge vorkommen. Hier hielten sich in prähistorischer Zeit weit voneinander entfernt lebende Gruppen auf. Die Native Americans praktizierten in ihren locker organisierten Dörfern Demokratie und lebten in Friedfertigkeit mit ihren Nachbarn. Ausgeprägt waren bei den Stammesangehörigen lange Perioden des freiwilligen Aufenthalts in der Einsamkeit, also des Fastens und der Visionssuche.

Am Ende des 18. Jahrhunderts hatten die Nez Percé – »durchstochene Nasen« – und andere Stämme des östlichen Plateaus die Lebensart ihrer Nachbarn angenommen. Sie waren Büffeljäger zu Pferde geworden. Nach einem verheerenden Krieg kapitulierten 1877 die Nez Percé vor den Truppen der US-Regierung. Ihre Nachfahren leben heute in einer Reservation im Bundesstaat Idaho.

Pocahontas

Geboren circa 1596, gestorben 1617, legendäre algonkinische *(Powhatan)* Prinzessin und Friedensstifterin im frühen 17. Jahrhundert.

Die Gestalt eines jungen Mädchens, das einen tapferen englischen Kapitän vor dem sicheren Tod bei ihrem Stamm rettete, war dazu angetan, eine Vielzahl von Romanautoren, Stückeschreibern und Historikern erfundene Episoden den eher spärlichen Nachrichten über sie hinzufügen zu lassen. Im Grunde beruht die gesamte Pocahontas-»Industrie« auf einer sehr kurzen – und, was die Genauigkeit der dargestellten Ereignisse angeht, zudem inzwischen auch noch umstrittenen – Passage in Smith' »General History of Virginia, England and the Summer Islands«, erschienen 1624. Der Vorfall liegt zu diesem Zeitpunkt siebzehn Jahre zurück. Smith erzählt, er sei im Dezember 1607 als Gefangener nach Powhatan, der Hauptstadt von Werowocomoco am York River, gebracht worden. Dort habe er hingerichtet werden sollen, und Pocahontas habe sich, unter dem Risiko selbst den Schädel eingeschlagen zu bekommen, dazwischen geworfen.

Dann scheint er – er war lebendig für die Indianer mehr wert als tot – von dem Häuptling Powhatan durch dessen Tochter als »Sohn« adoptiert worden zu sein. Die Absicht des Häuptlings dabei war wohl, auf diese Weise Kontrolle über die englischen Kolonisten zu gewinnen.

Gewiss hat P. nach Smith' Rückkehr nach Jamestown viel für die guten Beziehungen zwischen beiden Lagern getan, aber auch sie konnte nicht den Ausbruch eines Krieges zwischen den Kolonisten und ihrem Stamm (1610–1614) verhindern. Sie scheint sich im Frühjahr 1612 bei den Kolonisten aufgehalten zu haben. Dort wurde sie dann im Frühjahr 1613 von den Engländern mit Hilfe eines anderen indianischen Stammes als Geisel genommen und während des nächsten Jahres als solche in Jamestown gehalten. Sie trat zum anglikanischen Glauben über und wurde auf den Namen Lady Rebecca getauft. Als solche kam sie nach der Heirat mit ihrem Mann, dem Kolonisten Rolfe, und ihrem kleinen Sohn im Juni 1615 nach England. Sie starb, ehe sie die Heimreise antreten konnte, am 13. März 1617. Ihr Sohn Thomas kehrte 1640 als gereifter Mann nach Virginia zurück. Inzwischen hatte zwischen den Kolonisten und den Eingeborenen ein weiterer blutiger Konflikt stattgefunden. Auf dem dabei den Powhatan-Stamm weggenommen Land baute Rolfe Tabak an und profitierte von der inzwischen in England aufgekommenen Mode, »um die Nymphe zu werben«, d. h. Tabak zu rauchen.

Literatur:

Lampe, Peter: Pocahontas – die Indianer-Prinzessin am Englischen Hof, München 1995

Woodward, Grace Stelle: Pocahontas, Norman, Oklahoma 1969

Poesie der Native Americans

In einem eindrucksvollen Aufsatz hat Werner Müller die Poesie der Native Americans gerühmt und darauf hingewiesen, dass ihre Verse ohne Kenntnis der religiösen Hintergründe unverständlich bleiben müssen. Ein Beispiel:

»Die Pawnee in Nebraska, ein feldbauendes Volk in den Tälern des Loup, Platte und Republican, verehren als höchsten Gott *Ti-Ra'-wa*, den ›Himmel‹. Er wohnt im Zenit. Rings um ihn herum sitzen im Kreis die *Ti-Ra'-wahut*, die unter *Ti-Ra'-wa* Stehenden. Unter den *Ti-Ra'-wahut* liegt *Katasche*, der Wohnort der Träume. Von hier steigen die Träume zu den Menschen hinunter, sobald es ihnen die *Ti-Ra'-wahut* auftragen, hierher kehren die Träume zurück, wenn sie die Menschen besucht haben; hier harren sie auf erneute Befehle. Man muss diese Vorstellung kennen, um den folgenden Stanzen einen Sinn abzugewinnen:

Heilige Träume!
Kommt her, wir bitten, kommt zu uns
Und bringt Freude mit,
Kommt, o kommt – heilige Träume, Freudenbringer.
(...)
Heilige Träume!
Jetzt ist ihr Auftrag beendet, sie gleiten nach draußen.
Aber sie lassen Freude zurück,
Auch wenn sie davongehen – heilige Träume,
Sie lassen Freude zurück.
Heilige Träume!
Sie steigen zum Himmel auf, erreichen ihren Wohnort,
Und ruhen dort oben.
Sie erreichen ihren Wohnort – heilige Träume,
Sie lassen sich wieder zur Ruhe nieder, dort oben.«

(Alice C. Fletcher: The Hako: A Pawnee Ceremony, 22. Annual Report of the Bureau of American Ethnology 1900–1901, Washington 1904, S. 319.)

Oft auch sprechen Verse von der selbstverständlichen Beziehung zwischen Menschen und den anderen Geschöpfen, mit denen sie die Erde teilen, oder preisen die Mutter Erde als Grundlage der menschlichen Existenz. »Die Überzeugung zu einer Weltfamilie zu leben«, schreibt Müller an anderer Stelle, »von allen Wesen gehört und verstanden zu werden, durchzieht auch die schamanistische Praxis des hohen Nordens, vor allem die schamanistischen Lieder:

»Ich sitze und schlage die Trommel, und rufe durch ihre Stimme die Tiere von den Bergen. Auch die großen Stürme lauschen meiner Trommel.

Ich sitze und schlage meine Trommel und Sturm und Donner antworten dieser Stimme. Der große Wirbelwind hört auf mit seinem Rasen, um dem Laut meiner Trommel zu lauschen.

Ich sitze und schlage meine Trommel, und der Geist der Nachtluft kommt und lauscht dem Ton meiner Trommel. Auch

der große Windvogel hält seine Flügel still, um ihrer Stimme zu lauschen. Ich sitze und schlage meine Trommel, und der Wassergeist kommt zur Oberfläche und lauscht ihrer Stimme. Auch der Waldgeist hört auf zu hacken und lauscht ihrem Ton. Ich sitze und schlage meine Trommel, und der schwarze Mann aus dem Wasser steigt empor, um ihrem Ton zu lauschen. Blitz, Donner, Stürme, Winde, Waldgeist, Wirbelwind, Wassergeist und Geist-der-Nachtluft sind versammelt und lauschen dem Traum meiner Trommel.«
(Prince: Passamaquoddy Literature Annals of the New York Academy of Sciences 13, 1900–1910, S. 385 f.)

Literatur:
Müller, Werner: Neue Sonne – Neues Licht, Aufsätze zu Geschichte, Kultur und Sprache der Indianer Nordamerikas, herausgegeben und eingeleitet von Rudolf Gehlen und Bernd Wolf, Berlin 1981

Ponca

Nach mehreren Wanderungen ließen sie sich nahe Lake Andes in South Dakota nieder, später dann am Niobrara River in Nebraska (1804). Sie gehören zu Sprachfamilie der Sioux und nennen sich selbst *Dhegiha.*

Sie wurden 1870 ins Indianerterritorium in Oklahoma verschickt. Die Hälfte des Stammes starb damals an Hunger und Krankheiten, gegen die sie nicht immunisiert waren. Ein paar Ponca blieben in Nebraska und schlossen sich anderen Stämmen an. (Siehe auch »Omaha, LaFlesche-Familie«)

Potlatch

Bei den Stämmen der Nordwestküste (Pazifik) führte der Fang der Meerestiere auf See und die Jagd zu beträchtlichem Wohlstand, sodass man sich nahezu den ganzen Winter über zeremoniellen und sozialen Beschäftigungen widmen konnte. Bei diesen Stämmen entstand eine Oberschicht, die bestimmte Rechte besaß und deren Würden erblich waren. Beides musste aber immer wieder neu feierlich bestätigt werden. Dazu diente der Potlatch, der hauptsächlich in einer Geschenkeverteilung bestand. In einem Ahnenraum wurde dargelegt, wie in mythischer Zeit der Stammvater der Familie von einem Tier (Adler, Biber, Bär) unterwiesen worden war, und wie sich Privilegien und Rechte somit von einer übernatürlichen Macht herleiteten. Die Position des Gastgebers erwies sich an der Zahl der Gäste, die er einladen konnte, und an dem Wert der Geschenke, die die Gäste erhielten.

Powhatan

Stamm im Osten (Virginia), hatte bei der ersten Begegnung mit den Weißen (Spaniern 1570, dann Engländern um 1607) etwa 9 000 Stammesangehörige. Eigentlich Name einer indianischen Stadt nahe den Wasserfällen des James Rivers. Besteht heute noch und ist im Virginia Council of Indians vertreten.

Pueblos / Adlertänze

Der Adler spielt eine wichtige Rolle in der Mythologie der Pueblo. Da man den mächtigen Vogel häufig am Himmel aus dem Blick verliert, glaubt man an seine nahe Verwandtschaft mit der Sonne. Seine Kraft wird oft bei Heilungsriten beschworen, und sein Federkleid ist ein wesentlicher Teil der maskierten und unmaskierten Tänzer. Die Flaumfedern stellen den Atem des Lebens dar. Sie werden von allen Stämmen als Gebetsfedern verwendet.

Der Adlertanz ist eine Zeremonie, die ebenfalls im Dorf stattfindet, ausgeführt von jungen Männern, die den Flug des Adlers nachahmen und die Affinität des Menschen zu den Heiligen Wesen des Himmels mit dem Adler als Vermittler darstellen. Die Tänzer tragen oft verzierte Schilde auf dem Rücken. Einige erklären, dadurch solle der Adler als der Häuptling der Vögel bezeichnet werden, andere betrachten diese Schilde als Feuchtigkeitstabletts, als Hinweis auf die Fähigkeit des Adlers Regen zu bringen.

Pueblos / Aufstiegsmythe

Die Schöpfungsmythe variiert in Einzelheiten bei den sieben Keresan sprechenden Dörfern. Die hier wiedergegebene Version entspricht den Erzählungen, wie man sie in Santa Anna und Santa Domingo hört.

Nach ihrer Schöpfung lebten die Menschen zunächst in der tiefsten Unterwelt. Auf der Suche nach Licht stiegen sie allmählich durch vier Welten, die alle von verschiedener Farbe, nämlich weiß, rot, blau und gelb waren, aufwärts. Mit Hilfe verschiedener Pflanzen und Tiere gelang ihnen der Durchbruch in die gegenwärtige Welt. Es war der Dachs, der auf einem Adlernest auf der Spitze einer Fichte saß, dem es gelang, das Loch, das der Specht gebrochen hatte, so zu erweitern, dass die Menschen hindurch konnten.

Mit Hilfe von *latik*, der Mutter des All, stiegen sie am *shipap*, dem Mittelpunkt der Welt aus. Die Welt war damals noch ein Sumpf, und der Sonnenmann, der Vater der Zwillingsgötter, machte sie bewohnbar.

Shipap war ein zu heiliger Ort, um sich ständig dort aufzuhalten. Nur *latik* blieb dort. Ehe die Menschenwesen von dort aufbrachen, gab sie ihnen ihr Herz, den Mais, und unterwies die *caciques*, in welcher Weise sie die Menschen zu ihren Pflichten anhalten sollten. Sie hießen die Menschen auch, nach ihrem Tode zum *shipap* zurückzukehren.

Die Menschen wanderten umher und ließen sich endlich am Weißen Haus nieder. Hier wohnten sie, und die Götter unterwiesen sie in den Fähigkeiten, die man besitzen muss, wenn man in dieser Welt leben will. Die *kachinas* erschienen unter ihnen und baten mit ihren Tänzen um Regen, die *koshare* und *kwirena* kamen und halfen mit, dass die Ernten wuchsen.

Obwohl es sich am Weißen Haus gut leben ließ, gingen doch einige Gruppen

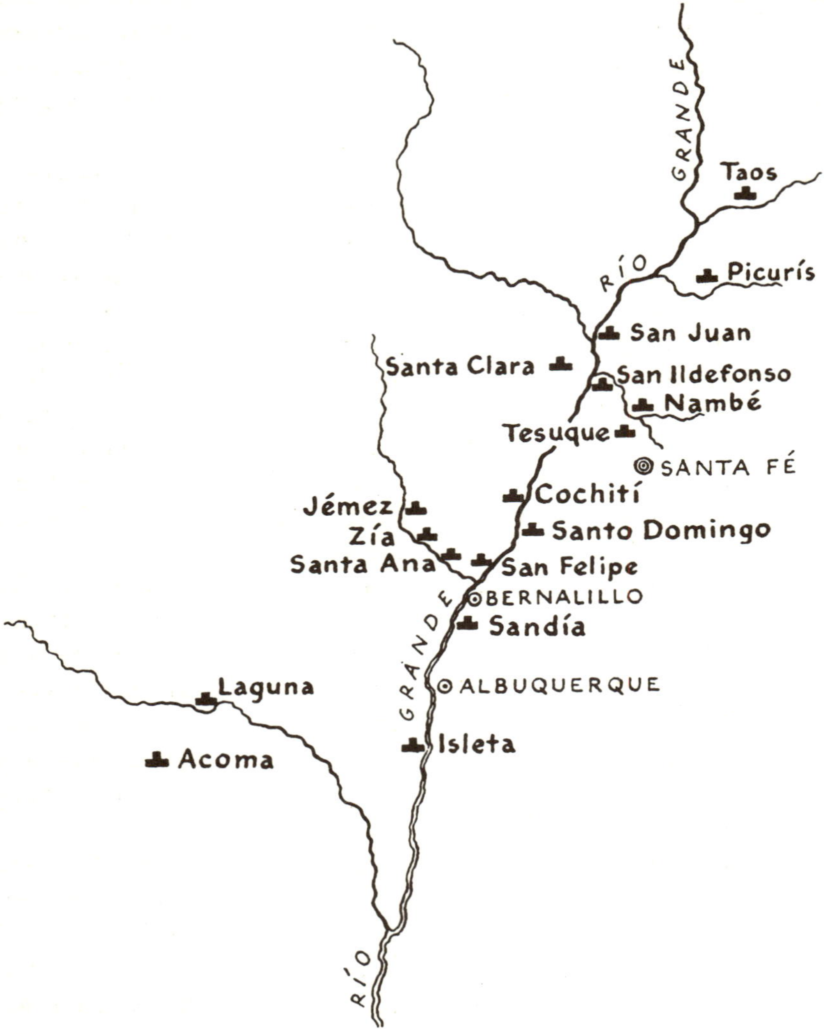

Pueblos des Rio-Grande-Tals

fort und suchten sich andere Wohnorte. Damit wurden sie ein neuer Stamm. Die Keresan zogen auch fort und zwar nach Süden, bis sie ihr heutiges Wohngebiet erreicht hatten. Heute leben die maskierten Götter nicht mehr unter den Menschen. Deswegen ist es für diese notwendig geworden, bei den Tänzen, die zum Wohlergehen der Dörfer durchgeführt werden, selbst die heiligen Wesen darzustellen.

Literatur:

Tyler, Hamilton A.: Pueblo Gods and Myth, Norman & London 1964

Pueblos / Jagd-Zeremonien

Die Jagd war früher die wichtigste Quelle für den Lebensunterhalt. Rehe waren das am häufigsten erlegte Wild, daneben aber auch Antilopen, Elche, Gebirgsziegen. Die Bewohner der Rio Grande Pueblos wagten sich manchmal sogar bis auf die Großen Ebenen, um auch Büffel zu jagen, eine gefährliche Reise, nicht zuletzt deswegen, weil man von feindlichen Stämmen angegriffen werden konnte, die ihr Jagdrevier gegen Eindringlinge eifersüchtig bewachten.

Wenn ein Mann erfolgreich auf der Jagd sein wollte, brauchte er nicht nur praktische Fähigkeiten, er war auch – nach Vorstellung der Indianer – auf die Mithilfe der Tiere angewiesen, die er jagte. Und darauf zielten die Jagd-Rituale vor allem ab. Dies war keine Angelegenheit, bei der man sich an ein höheres Wesen wandte, sondern ein Dialog von gleich zu gleich, bei der der Mensch voller Verständnis für die Rolle, die er in diesem Geschehen spielte, von den Tieren Hilfe und Verzeihung erbat. Wie die behuften Säugetiere von Pflanzen zum Überleben abhängig sind, so der Mensch vom Fleisch dieser Tiere zum eigenen Lebenserhalt.

Die Jagdtänzer ehrten nicht nur die Tiere, sie versicherten diesen auch, dass sie sich fortpflanzen würden, sie erbaten deren Zustimmung, dass der Jäger von ihnen das nehmen dürfe, was er als Nahrung und Kleidung brauchte.

Auch noch heute ist die Jagd mit zahlreichen verschiedenen Riten verbunden. Fetische, die Raubtiere, Experten bei der Jagd in der Tierwelt, abbilden, werden eingesetzt. (Siehe auch »Fetisch«).

Wenn ein Jäger erfolgreich ist, wird er zunächst seiner Jagdbeute das Herz herausschneiden und es symbolisch an seinen Fetisch verfüttern. Tabak, Maismehl und Gebetsfedern werden dargebracht, um den Geist des toten Tieres zu besänftigen.

Nach der Rückkehr ins Dorf wird das Wildbret im Heim des Jägers in eine Zeremonialdecke eingehüllt. Es wird im Haus wie ein menschlicher Besucher begrüßt. Geschähe all dies nicht, würde man die Tiere und die Heiligen Wesen, die für ihre Existenz zuständig sind, beleidigen.

Achtung wird dem Tier selbst dann noch erwiesen, wenn sein Fleisch verzehrt worden ist. So werden die Schädel von Rehen und Elchen mit Lehm bestrichen, und Gebetsfedern werden an das Geweih gehängt, ehe man beides auf der Höhe des Hausdaches ausstellt.

Während der Tiertänze werden so geschmückte Häuser von den Tänzern besucht. Die Knochen dieser Tiere werden nie den Hunden vorgeworfen, sondern mit Maismehl bestreut und zeremoniell dem Fluss übergeben.

Pueblos / Maistanz

Mais hat immer die Lebensgrundlage der Pueblos dargestellt. Um das empfindliche Gleichgewicht in einen Land aufrechtzuerhalten, in dem, obwohl wenig Regen fällt, Landwirtschaft betrieben wird, ist das Zusammenspiel aller Kräfte, der natürlichen und der übernatürlichen, nötig. Es ist deshalb verständlich, dass sich die meisten Zeremonien um die Kultivierung und die Erhaltung des Mais drehen.

Der Maistanz wird gewöhnlich während der Frühlings- und Sommermonate aufgeführt. Obwohl er eigentlich dem Gedeihen des Mais dient, kann er auch angesetzt werden, um die Amtseinsetzung eines Bürgermeisters oder um den katholischen Dorfheiligen zu ehren.

Alle Dörfer am Rio Grande kennen den Maistanz. Die vielleicht eindrucksvollste Zeremonie ist aber die im Dorf Santa Domingo am vierten August, dem Namenstag des Dorfheiligen.

Die Überblendung von nichtchristlichen und christlichen Glaubensvorstellungen ist typisch für die Pueblos und ergibt sich aus ihrer Geschichte. Während der spanischen Herrschaft wurden die Glaubensvorstellungen der Native Americans unterdrückt, lebten aber im Untergrund weiter fort.

Zeitig am Morgen des vierten August gehen die Indianer zur Messe in die Kirche, die außerhalb des Dorfes liegt. An diesem Tag werden Taufen und Hochzeiten vollzogen. Die Figur des Heiligen Dominikus wird von der Kirche durch die Dorfstraßen getragen. Dazu werden die Trommeln geschlagen und Gewehre abgefeuert. Schließlich wird der Heilige auf dem Tanzplatz des Dorfes in einem Unterstand aus Pappelzweigen abgestellt. Bei dem Heiligen stehen die Honoratioren des Dorfes, während die Tänzer ihm dort ihre Aufwartung machen. Der Rest des Tages gehört der eigentlichen indianischen Zeremonie.

Die Dorfbevölkerung ist in zwei Hälften – nach dem soziologischen Fachausdruck in *moieties* – aufgeteilt: die Squash- oder Winter Leute und die Türkis- oder Sommerleute. Jede dieser Abteilungen ist während einer Jahreshälfte für die öffentlichen Angelegenheiten verantwortlich. Die Tänzer der beiden *moieties* treten während des Tages abwechselnd auf.

Jedes *kiva*, das der *Squash-* und das der *Türkis-moiety*, stellt seine eigenen Koshare, seinen Chor, seine Trommler, Standartenträger und Maistänzer, gewöhnlich insgesamt über 200 Personen. Die Körper der männlichen *Squash-moiety-Tänzer* sind mit gelbem Ocker bestrichen, die der Türkis-Gruppe mit blau-grauem Lehm.

Als erste Figuren treten die *koshare* der *Türkis-moiety* auf. Ihre Körper sind mit horizontal verlaufenden schwarzen und weißen Streifen, und sie tragen zerfetzte schwarze Kniehosen. Um die Gelenke und an den Moccassins haben sie Streifen aus Kaninchenfell, ihr Haar ist zu Hörnern aufgebunden und mit den

Adobe-Häuser bei den Stämmen des Südwestens

Hülsen der Maiskolben geschmückt. Die *kurena* des *Squash-kiva* sind ähnlich gekleidet, außer, dass ihre Körper vertikal halb mit weißen und schwarzen Streifen bemalt und halb mit Ocker bemalt sind. Die Tänzer der beiden Gruppen tragen Rasseln aus Rehhufen an der Hüfte.

Da sie die unsichtbaren Geister der Toten verkörpern, liegt es in der Macht der *koshare* und *kurena*, Regenwolken zu bringen. Verwandt mit dem Sonnenmann, ist ihre Heimat der Osten. Während des Tanzes schützen sie das Dorf und seine Bewohner vor seinen Feinden. Sie leisten auch den Tänzern gute Dienste, indem sie eventuell notwendige Reparaturen an deren Kostümen während der Tänze vornehmen.

Als Clowns führen sie mit übertriebenen Gesten Pantomimen auf. Zwischen den Tänzen gibt es komisch-obszöne Einlagen.

Der Chor besteht aus fünfzig oder mehr Männern und dem Trommler. Sie sind in Hemden in hellen Farben gekleidet und tragen Hosen, die an den Knöcheln eingeschnitten sind. Jeder von ihnen trägt Zweige eines immergrünen Baumes – ein Symbol für das Wachstum und das immerwährende Leben. Obwohl die Gesänge traditionellen Rhythmen folgen, werden sie jedes Jahr neu komponiert. Die Bewegungen des

Schlangentänzer der Pueblostämme

Chores und die Worte beschreiben die Bewegung der Wolken, das Fallen von Regen und das Wachsen der Pflanzen.
Die Hauptprozession der Maistänzer wird angeführt von einem Mann, der das Sonnensymbol trägt. Es besteht aus einer Fichtenstange – Erinnerung an jenen Baum, mit dem die Menschen aus der Unterwelt in diese Welt aufgestiegen sind. Von ihm hängt ein Tanzrock, der mit Adlerfedern und einem Fuchspelz verziert ist, herab. Am Ende der Stange ist ein bemaltes Behältnis mit der heiligen Saat befestigt, außerdem ein Bündel Papageienfedern. Unter diesem Banner treten die Tänzer auf.
Das Sonnensymbol über den Maistänzern weist hin auf Segnung und Reinigung und die Bitte an die *shiwana*, die Regenwolkenleute, den Feldern die nötigen Niederschläge zukommenzulassen.
Die männlichen Mais-Tänzer tragen weiße Baumwollröcke, geschmückt mit Symbolen von Wolken und Regen. Dies war früher die übliche Kleidung der Männer in den Pueblos. Vom Gürtel hängt auf dem Rücken ein Fuchsfell, eine Erinnerung an die gemeinsame Vergangenheit mit den Tieren, in einer Zeit, als Menschen wie Tiere Schwänze hatten. Hinter dem rechten Knie ist eine Rassel aus Schildpatt befestigt. In der rechten Hand trägt der Tänzer eine Rassel, die das Geräusch von fallendem Regen nachahmt. Ein Skunkfell wird als Schutz vor Übeln über den Mokassins getragen. Über der linken Schulter hängt ein Band mit Muscheln aus dem Pazifik. Auf dem Kopf sitzt ein Strauß Papageienfedern; das Federkleid dieses Vogels soll Regen aus dem Süden anlocken. Persönlicher Schmuck und Zweige von immergrünen Bäumen vervollständigen das Kostüm.
Die weiblichen Tänzer tragen die schwarze Manta, an der Hüfte gebunden mit einem roten und grünen Gürtel. In den meisten Pueblos tanzen sie barfuß. Das Haar ist offen und soll an die kurzen Regenschauer erinnern, die im Sommer manchmal auf dem Land niedergehen. Auf dem Kopf tragen sie *tablitas*, hölzerne Bretter, die terrassenförmig gelagerte Wolkenmuster andeuten und von Sonnen- oder Sternenzeichen durchbrochen werden.
Man hört oft, dass Besucher die Tänze und die sie begleitende Musik als monoton bezeichnen. Das mag sein, wenn man die Sprache nicht versteht, aber dem aufmerksamen Zuhörer sollten die komplizierten Rhythmen und Tanzschritte auffallen. Jeder, der den Takt selbst nachvollzieht, wird bald von den häufigen und völlig unerwarteten Wechseln überrascht sein.
Während des Tages tanzen die *moieties* abwechselnd; beide Gruppen mit ihren Chören aber kommen gemeinsam zum abendlichen Finale zusammen.

Pueblos / Reifentanz

Der Ursprung des Reifentanzes ist unbekannt, aber es gibt einige Hinweise, dass er symbolisch den Ausstieg der

Menschen aus der Unterwelt nachvollzieht. Heute dient er weitgehend zu akrobatischen Aufführungen. Die Tänzer tragen gewöhnlich Kostüme in der Art der Indianer der Großen Ebenen.

Literatur:
Bruggman, Maximilian & Acatos, Sylvio: Die Pueblos, prähistorische Indianerkulturen des Südwestens, Zürich 1989

Pueblos / Schöpfung und Kosmos

Die Frau, die denkt, das heißt, jene Frau, die die Welt schuf, indem sie sich diese vorstellte, ist auch für sie verantwortlich. Möglicherweise ist sie auch mit Großmutter Spinne oder der Spinnenfrau identisch, einem anderen heiligen Wesen, dem diese Rolle zugeschrieben wird. Solche Vorstellungen sind manchmal nicht ganz eindeutig und haben sich auch mit der Zeit verwischt.
Jedenfalls ist für die Keresan die Erde das Zentrum des Universums mit allen Planeten und so eingerichtet, dass man hier leben kann. Der Träger des Sonnengestirns ist der Vater; dem Himmel sind die Erde und die Menschen anvertraut. Von der Erde selbst wird als von »unserer Mutter« gesprochen. Zugleich aber spricht man auch vom Mais als von der Mutter, weil er ja einst das Herz von *iatik* war, das sie den Menschen schenkte.

Pueblos / Stammesgeschichte

Eine Gruppe von Stämmen in New Mexico in der Nähe von Santa Fe. Bekannt durch die Herstellung besonders formschöner Keramik, wohnen in Kastenhäusern. *Kachinas* stellen bei ihnen – anders als bei den Hopi, bei denen sie kommen, um die Maissaat zu segnen – manchmal Unholde dar, die unartigen Kindern Schrecken einjagen sollen. Östliche Pueblos am Rio Grande und Nebenflüssen. Westliche Pueblos: Hopi, Hopi-Tewa, Zuñi, Acoma und Laguna. Bewässerungsfeldbau.

Pueblos / Tiertänze

Tiertänze in den Pueblos des Rio Grande sind gewöhnlich Winter-Zeremonien. Die Zahl der Tänzer kann variieren. Sie können aus einigen Büffelmännern und einer Büffelfrau, die die Mutter aller Tiere darstellt, bestehen oder aber aus einer größeren Gruppe, die Elche, Büffel, Antilopen und Gebirgsschafe verkörpern, dazu kommt ein Jagd-Häuptling, Jäger, Trommler und Chor, der der eigentlichen Zeremonie vorangeht. Kleine Feuer brennen auf der Plaza und auf den Hausdächern, um die Tiere ins Dorf zu locken. In der Morgendämmerung ruft der Jagdhäuptling die Tiere aus den Gebirgen herbei und führt sie über Pfade, die mit heiligem Mehl bestreut sind, auf die Plaza, wo sie tanzen. Die Darsteller tragen oft zwei Stecken, mit denen sie die Bewegung der Vorderbeine der Tiere nachahmen.
In den Keresan-Dörfern sprintet eine junge Frau in die Berge, wo sie die Tiertänzer einfängt und sie ins Dorf führt. Der Dorfplatz ist mit Kiefernzweigen

geschmückt, und in dieser Andeutung eines Waldes tanzen die Tiere. Am Ende erschießen die Jäger die Tiere mit Strohpfeilen, tragen sie in ihre Häuser und erweisen ihnen dort die üblichen Ehren. Das Ritual soll zu Erfolg bei der realen Jagd verhelfen.

Pueblos / Totenreich

Bei seiner Geburt empfängt jeder Mensch eine Seele und erhält einen Schutzgeist von *Lariko* oder *Larik*, der Mutter des Kosmos. Nach dem Tod, verlassen Seele und Schutzgeist den Körper des Toten, bleiben aber vier Tage im Haus des Verstorbenen, ehe sie sich zum *shipap*, dem Eingang zur Unterwelt, auf den Weg machen. Der Schutzgeist trägt einen Gebetsstock, ohne den die Seele nicht in den shipap eingelassen würde. Entsprechend ihrer guten oder schlechten Taten wird nun die Seele in eine der Unterwelten eingewiesen. Jene, die in die oberste der Unterwelten gesandt werden, werden die *shiwana*, die Regenmacher, und kehren in die Dörfer in Gestalt der Wolken zurück.
Der Tod wird als ein natürliches und vor allem notwendiges Phänomen dargestellt, denn, »wenn alle ständig am Leben blieben, wäre bald kein Platz mehr auf der Welt.«

Puget-Sund-Stämme

Diese Stämme des Nordwestens leiteten ihre Kultur her von einem mystischen Wesen, das der Große Verwandler genannt wurde. Als er auftauchte, kippte die Welt, die zuvor war, wie ein kenterndes Kanu um, und es erschien die heutige Welt mit ihren Wäldern, geschützten Buchten und den Gewässern, in denen Schellfische und Lachse lebten. Menschen versammelten sich in Hütten aus Zedernholz am Rand der Flüsse. Mächtige Geister durchstreiften die neue Welt. Durch Übung und Selbstreinigung gelang es den Menschen, die Hilfe der Geister zu erlangen.

Literatur:
Collin, June M.: Valley of the Spirits: Upper Skagit Indians of Western Washington, Seattle 1974
Elmendorf, William W.: Twana Narratives: Native Historical Accounts of a Coast Salish Culture, Seattle & Vancouver 1993

Rabenzyklus

Ein Zyklus mythologisch-märchenhafter Geschichten, in deren Mittelpunkt als Held der Rabe steht. Die wichtigste Version dieser Geschichte aus dem Nordwesten ist die des Tsimshian Henry W. Tate, die er 1914 zweisprachig veröffentlichte. Die weitläufige Handlung enthält unter anderem die Motive der Wiedergeburt und des Diebstahls des Tageslichtes, sie begründet die menschliche Sterblichkeit, berichtet von der Eroberung des Feuers, dem Ursprung von Ebbe und Flut. Der Rabe ist Trickster und Kulturheld. Im Lauf der Handlung, nachdem er den Froschleuten aus dem Haus des Himmelshäuptlings eine Kiste gebracht hatte, die das Licht enthielt, nannten ihn die Leute *Chémsen*.

Literatur:
Thompson, Stith: Tales if the North American Indians, Bloomington & London 1929
Krickeberg, W. (Herausgeber): Indianermärchen aus Nordamerika, Jena 1924

Radin, Paul

(1883–1959) war ein Anthropologe, der sich mit der Religion der Native Americans, vor allem mit der der Winnebago in Wisconsin, befasste. Er kam schließlich zu der Ansicht, dass Monotheismus unter Naturvölkern weit seltener sei als ursprünglich angenommen.
Die große »Monographie über den Trickster« stammt von ihm.

Literatur:
Radin, Paul: Crashing Thunder – The Autobiography of an American Indian, New York 1926
– :Gott und Mensch in der Primitiven Welt, Darmstadt 1965
– :The Winnebago Tribe, Lincoln, Nebraska 1970
– :The Trickster, New York 1972

Religion der Indianer

Höchst verschiedenartige Vorstellungen tauchen auf, die sich kaum auf einen gemeinsamen Nenner bringen lassen. Ruth Underhill, die ihr Buch mit einer Folge religiöser Szenen beginnt, schreibt: »Es sollte klar sein ... dass die religiösen Vorstellungen der Indianer nicht in den populären Formeln des weißen Mannes von einem Großen Geist und einem Glücklichen Jagdgrund zusammengefasst werden können.« Früher gab es viele kleine Gruppen ohne einen autokratischem Häuptling, für die die Vorstellung von einer herrschenden Gottheit, einem großen Geist, bedeutungslos gewesen sei. Sie wandten sich um Hilfe und Beistand an ihre Lebensgefährten auf der Erde, an die Tiere, die Pflanzen, ja selbst die Felsen. »Andere Gruppen sprachen von einem Wesen in einer oberen Welt, aber die Vorstellungen von dieser Gottheit reichen von einer Großen Heiligen Flamme des Lebens bis zum kalifornischen Kondor. Während die Glücklichen Jagdgründe ein Konzept waren, das auf Jägervölker beschränkt blieb, gab es andere Stämme, die nie etwas davon gehört hatten. Einige Stämme stellten sich die Nachwelt als ein düsteres Dorf vor, in dem die Toten Heimweh nach ihren Verwandten im Diesseits hatten. Glückliche Tote meinten die Eskimos in Alaska im Nordlicht zu erkennen, sie waren gerade dabei, ihre Version von Fußball zu spielen.«
Als durchgehender Gedanke der indianischen Religion bei allen Unterschieden scheint die Erneuerung der Partnerschaft zwischen dem Menschen und dem Übernatürlichen in der Zeremonie gewesen zu sein.
»Zeremonien strukturierten das Muster des Lebens. Sie boten den Häuptlingen die Gelegenheit, ihr Volk kennenzulernen, sie waren Anlässe, den veränderten Bewusstseinszustand, der beim Fasten eintritt, zu erleben; sie gaben dem einsamen Jäger Mut, sie stärkten den Lebenswillen durch die Aussicht auf eine gute Ernte, durch Heilung der Krankheiten, sie begleiteten den Über-

tritt des Menschen von einem Lebensalter ins nächste.
Zur Religion der Indianer gehörten Zauberer und Hexerei im Sinn von Schadenzauber und dessen Abwendung.
Ruth Underhill weist auf Radin hin, der die zwei verschiedenen Ebenen des religiösen Verständnisses bei Menschen dadurch kennzeichnete, dass er von den wenigen Sehern und Denkern sprach, die fragten und meditierten und so die Grundsätze einer Religion und ihre Offenbarungen entwarfen. Ihnen standen die Nichtdenkenden gegenüber, denen es hinreichte, die einmal festgesetzten Regeln zu befolgen und ihre Arbeit zu verrichten. Letztere sind in etwa in der Lage eines Patienten, der von Spezialist zu Spezialist läuft, ohne groß die Therapien zu verstehen, die jeweils angewandt werden.

Literatur:
Hetmann, Frederik: Die Erde ist unsere Mutter – Indianische Religion und Spiritualität, Freiburg i. Br. 1998
Deloria, Vine jr.: God ist Red – A Native View of Religion, Golden, Colorado 1993
Radin, Paul: Gott und Mensch in der Primitiven Welt, Darmstadt 1965
Underhill, Ruth M.: Red Man's Religion, Chicago & London, 1965.

Reservation

Nach der Definition des B.I.A. ein Stück Land, reserviert zur Benutzung durch Indianer. Die Bezeichnung stammt aus früheren Zeiten, als die Stämme bei Landverkauf gewisse Teile zur eigenen Benutzung reservierten.

Ritual (Definition allgemein)

Die Durchführung zeremonieller Akte, die sich durch die Tradition oder durch priesterliche Verordnung ergeben. Ritual ist eine spezifische Art der Verhaltensweise, die in allen Gesellschaften bekannt ist. Man kann deshalb sagen, dass die Betrachtung von Ritualen eine Möglichkeit darstellt, menschliche Wesen zu definieren oder zu beschreiben. (Encyclopaedia Britannica) Weiter ist hinzuweisen auf die Beziehung von Ritual und Sprache. Sprache ist ein System von Symbolen, das auf willkürlichen Regeln beruht. Das Ritual kann als System symbolischer Akte, die auch auf willkürlichen Regeln beruhen, betrachtet werden. Der Ursprung des Rituals scheint in totemistischen Kulten (Clan mit Symboltier) zu liegen.
Roy Rappaport weist in seinem Buch »Ecologie, Bedeutung und Religion« auf die Ebene der Kommunikation als die beim Ritual und der Zeremonie vorrangige hin:
»... was auch immer sonst sich bei gewissen menschlichen Ritualen abspielen mag, in allen Ritualen (...) vergewissern sich Menschen ihrer selbst und übertragen Informationen über ihren gegenwärtige physischen, psychischen und manchmal auch über ihren sozialen Status auf die anderen Teilnehmer ...«
Während der Begriff »Ritual« mehr auf die Eigenart oder das Sein dieses Vorgangs zielt, weist »Zeremonie« auf den äußeren Ablauf bzw. die Art und Weise

hin, in der sich das Ritual ausdrückt, auch auf das, was es bezweckt.

Rituale der Indianer Nordamerikas

Die Native Americans kennen rituelle Dramen als mimische Darstellung einer Handlung, um durch diese die übernatürlichen Kräfte und Mächte zu beeinflussen. Häufig sind solche Rituale und ihre Zeremonien an eine Mythe gebunden, die während der Zeremonie rezitiert oder gesungen wird. (Vor allem bei den Stämmen der Nordwestküste) Man unterscheidet: Heilungszeremonien (Südwesten, beispielsweise der Segensweg bei den Navajo; überhaupt ist der Südwesten eine Kultur der Zeremonien, Tänze und Gesänge); Initiationsrituale, mit einem Fachausdruck rite de passage, die die Aufgabe haben, die Einzuweihenden auf die sich in einen neuen Abschnitt des Lebens vollziehenden Veränderungen vorzubereiten; Landrituale, um sich die Bedeutung und das Aussehen der heimatlichen Landschaft zu vergegenwärtigen, beispielsweise Umschreitung heiliger Gebirge oder Felsen bei den Zuñi, die ihr gesamtes Land durchtanzenden Wintu in Kalifornien, Zeremonien zum Vertreiben böser Geister; Reinigungszeremonien der Stämme des Südwestens bei Rückkehr von Kriegen, später für Soldaten, die am I. und II. Weltkrieg, am Korea- und Vietnamkrieg teilgenommen hatten; Welterneuerungszeremonien, Sonnentanz der Präriestämme, Kalifornien; Zeremonien, in denen man sich auf die gemeinsamen Wurzeln in der Stammesgeschichte besinnt; Zeremonien im Zusammenhang mit dem Kulturhelden, die Zeremonie der Heiligen Pfeile zu Ehren von »Süße Medizin« bei den Cheyenne, (siehe auch dort).

Rollender Kopf

Volksmärchen der Stämme des Mittelwestens. Eine Frau, die mit einem Mann zwei Söhne hat, schleicht sich in den Wald, um sich von einer Schlange sexuell befriedigen zu lassen. Der Mann tötet die Schlange und zwingt die Frau, ihr Blut zu trinken, dann schlägt er der Frau den Kopf ab und entflieht in den Himmel. Der Kopf der Frau verfolgt die beiden Söhne. In einer Folge von Episoden wird der eine Bruder von den Wasserschlangen getötet, der andere rächt ihn und tötet den Häuptling der Schlangen. Die Schlangen lösen daraufhin eine Sintflut aus. Der Held der Geschichte mit Namen *Wisaketjak* kann sich retten. Er schickt schließlich einen Taucher aus, um Schlamm zu holen, und schafft eine neue Welt.

Sachem

Wörtlich »Amt, Titel«. Im besonderen Titel und Ämter in der Liga der Irokesen (siehe dort). Bezeichnung für die Vertreter der Stämme im Ratsgremium dieser Konföderation.

Salado und klassische Hohokam

Kulturperiode im südlichen Arizona,

deren Beginn etwa um 1200 n. Chr. angesetzt wird. Andere Kulturen, vor allem Errungenschaften der Anasazi, begannen nun das Hohokam-Volk in Arizona zu beeinflussen. Um 1300 erscheint eine neue Kultur, die der Salado, in dieser Gegend, sie hatte ihren Ursprung am Kleinen Colorado und breitete sich allmählich nach Süden in das Reich der Hohokam hin aus.
Die Neuankömmlinge wurden freundlich aufgenommen. Obwohl es schätzungsweise dreimal so viele Hohokam wie Salado gab, lebten die beiden Bevölkerungsgruppen für nahezu 200 Jahre friedlich zusammen und ergänzten sich. Die Salado scheinen keine Kenntnisse im Bewässerungskanalbau gehabt zu haben, waren aber tüchtige Arbeiter, die unter Anleitung der Ingenieure der Hohokam tätig wurden.
Der größte Unterschied in den Sitten der beiden Gruppen bestand in der Beisetzung ihrer Toten. Die Salado benutzten die öffentlichen Plätze ihrer Gemeinden auch als Friedhöfe. Die Hohokam kremierten ihre Toten.
Um 1400 verließen die Salado die Region um den Gila River und zogen nach Osten, wahrscheinlich wurden sie von den nun einwandernden Apachen (bzw. Navajo) vertrieben. Was aus den Hohokam wurde, ist ungeklärt. Möglicherweise entwickelte sich aus ihnen der Stamm der Pima, denn als die Spanier 1530 in das Gebiet der Hohokam kamen, trafen sie dort die Pima an.

Salish
Indianergruppe in Kalifornien, benannt nach dem Salinas River, der durch das Gebiet um Monterey/San Luis Obispo fließt. Der indianische Stammesname war Hokan. Der Stamm ist heute nahezu ausgestorben.

Sandmalerei
Teil der Heilungszeremonie bei den Stämmen des Südwestens. Der Heiler streut mit farbigem Sand ein Bild, das symbolisch eine heilige Geschichte darstellt. Der Kranke wird auf das Bild gesetzt. Er soll dadurch und durch die Rezitation der entsprechenden Geschichte in einen Zustand der Harmonie versetzt werden.

Sandoz, Mari
(1896–1966) Tochter von Jules Ami und Mary Sandoz, die im nordwestlichen Nebraska in der Landschaft der Sandhills am Niobrara River eine Homestead erwarben. Ihr Vater, Jules, ein Original der Grenze, war ein Freund der Sioux und Cheyenne. Sie hat ihn in einem ihrer bekanntesten Bücher, der Biographie »Old Jules«, als Siedler, Teilnehmer am Krieg zwischen Rinderzüchtern und Getreidefarmern und als Gärtner porträtiert. Das Leben der Prärieindianer in dieser entlegenen Gegend war Teil ihrer Kindheitserfahrungen, was sich später in Büchern wie »Plains Indians«, »Buffalo Hunters« (Great Plains Serie) und »The Horse Catcher«, »Cheyenne Autumn« (1953) und »Crazy Horse,

Sandmalerei

the Strange Man of the Oglala« (1958), deutsch »Feuerroß« (Zürich 1963) und »These Were the Sioux« (1961) niederschlug. Als abenteuerlustiges Mädchen lernte sie beispielsweise den Siouxhäuptling »Bad Arm« kennen, der an der Schlacht gegen Custer beteiligt gewesen war. Nach ihrem Studium an der University of Nebraska war sie Lehrerin an einer ländlichen Schule; später dann Director of Research der Nebraska State Historical Society. 1950 erhielt sie den Ehrendoktor für Literatur.

Sayday (Geschichten der Kiowa)

Saynday ist eine Trickstergestalt der Kiowa im südwestlichen Oklahoma. Im

Südwesten erscheint sie als alter Mann oder Kojote, im Großen Becken heißt sie Komkoms, an den Großen Seen Gitchimanito. Manche der Geschichten – wie dies häufig bei Trickster-Geschichten der Fall ist – sind schiere Pornographie. Von den Indianern werden sie als komisch und humorvoll aufgefasst. Aber es gibt da auch die grimmige Geschichte vom Saynday, der die als Person auftretende Krankheit »Windpocken« trifft, die gekleidet ist wie ein weißer Mann, mit einem hohen Hut und Handschuhen. Saynday kauft bei ihm die Kiowa von der Krankheit frei und schickt sie einem anderen Stamm auf den Hals, nur um sich dann selbst zu infizieren. Tatsächlich gab es 1870 eine große Pockenepidemie bei den Kiowa. In einer anderen Episode gelingt es dem Roten Saynday den Weißen Saynday auf listige Weise um seinen gesamten Besitz (Kleider, Pferd, Waffen) zu bringen, nachdem der Weiße Saynday zunächst nicht glauben wollte, dass der Rote Saynday ein Meister des Streichspielens ist, und wettet, ihn werde er nicht hereinlegen. Die Saynday-Geschichten werden ausschließlich in der Winterhälfte des Jahres erzählt.

Schamanen, indianische

Das Wort Schamane kommt aus dem Tungusischen *shaman* und aus dem Sanskrit *strmana*, asketisch. Die Haupteigenschaft eines Schamanen besteht darin, sich in Trance zu versetzen. In diesem Zustand bricht er zu einer Jenseitsreise auf. In der anderen Welt gewinnt er Schutzgeister, vereinnahmt die Kräfte eines Tieres oder gewinnt einen magischen Gegenstand. Mit diesen Eigenschaften oder Mitteln ist er nun in der Lage, Heilungen auszuführen. Der Schamane kann Heiler, Weissager und Seelenführer sein.

Schamanische Praktiken trifft man in Nordamerika bei den Eskimos, in den USA an der nördlichen Pazifikküste, unter den Nationen des Großen Plateaus, in Kalifornien, auf den Großen Ebenen und im östlichen Waldland an, jedoch nicht im Südwesten.

Die Schamanen der Eskimos *(Angagok)* sind zumeist die Personen, die nicht nur für ihre Heilmethoden, sondern auch durch ihre von Trommeln und Tänzen begleiteten Auftritte berühmt sind, bei denen sie ihre unglaubliche körperliche Gewandtheit unter Beweis stellen.

Über den »Stirb-und-werde-Aspekt bei Ausbildung des *Angmasalik* -Schamanen auf Ostgrönland lesen wir bei Werner Müller (Neue Sonne – Neues Licht, 224): »Hier muss der Novize mit einem kleinen Stein einen größeren Felsen umfahren, und zwar sonnenläufig. Die einförmige kreiselnde Bewegung, das unaufhörliche Knirschen der aneinandergeriebenen Flächen versetzen den Novizen schließlich in einen Trancezustand. In seiner Geistesabwesenheit sieht er aus einem See einen Bär emporsteigen; das Tier verschlingt ihn und gibt dann die Knochen wieder von sich. Alsbald bekleidet sich das Skelett mit Fleisch und der ›Tote‹ erwacht zu neuem Leben.«

Schöpfungsmythen

Versucht man die Mythen der Native Americans thematisch zu ordnen, so wäre eine wichtige Gruppe die der Schöpfungsmythen. Zwei grundlegende Muster lassen sich dabei im Osten und Südwesten ausmachen. Im Osten fällt eine schwangere Frau vom Himmel und wird von Vögeln aufgefangen, ein Wassertier taucht auf den Meeresboden um Schlamm herauszuholen, den es auf den Panzer einer Schildkröte speit. Hier geht die Schöpfungsbewegung von oben nach unten.

Im Südwesten ist es bei dem Aufstieg durch verschiedene Welten immer ein Von-unten-nach-oben.

Meist spielen ausgesandte Tiere (ein riesiger Vogel, der Rabe, der Otter, die Bisamratte) als Beauftragte eines Höchsten Wesens oder Helfer eines Kulturhelden eine Rolle.

Überraschend ist der Vorgang bei den Algonkin dargestellt: Tiere springen in einen großen See und verschwinden, dies sieht der große Gott *Michabi*. Er folgt ihnen, will sie retten, aber dann ereignet sich eine Sintflut, und danach ist eine neue Welt zu erschaffen.

Weit verbreitet ist das Motiv, dass das männliche und das weibliche Schöpfungspaar aus dem Schaum des Meeres entsteht. Man nimmt bei dieser Version, die man bei den Apachen findet, an, dass sie eine Erinnerung an einen früheren Aufenthalt des Stammes an der Beringsee, vierhundert Jahre vor der Auswanderung des Stammes in den Südwesten, darstellt. Ebenfalls weit verbreitet ist die Vorstellung, dass alle Schöpfung aus dem Wasser hervorgeht (Choctaw), aber auch aus der Erde kommend werden die ersten Menschen vorgestellt. So bei den Mandanen und in Variationen auch bei den Stämmen der Nordwestküste. Bei den Shasta (Kalifornien) bohrt *Chareya* oder der Alte Mann von oben ein Loch in den Himmel, klettert auf die Erde und erschafft dort Bäume und Tiere.

Bei den Abenaki, einem Stamm aus den Wäldern des Nordostens, ist es die Sonne, die zuerst das Universum befruchtet und auf der Erde Leben aufblühen lässt. Bei den *Chippewa* bringt eine riesiger Vogel ein Ei auf die Erde, aus dem die ersten Menschen entschlüpfen. Gewiss lassen sich gerade aus den Schöpfungsmythen in manchen Fällen Hinweise über die Zustände der Frühzeit entnehmen, aber man sollte auch bedenken, dass sie vor allem das Ergebnis der wunderbaren und ausschweifenden Phantasie des Menschen sind, der für den Anfang der Welt und des eigenen Geschlechts eine Erklärung braucht.

Schoschonen

Ursprünglich scheinen die Schoschonen östlich der Rocky Mountains gelebt zu haben. Ihre Heimat war dort, wo sich Prärie und Wüste in Oklahoma, Colorado, Wyoming und im westlichen Kansas berühren. Als die erste Kunde von ihnen kommt, besitzen sie schon Pferde. Verächtlich wurden sie auch *Snakes* (Schlangen) oder Pferde-Indianer genannt und waren bei den benachbarten Stämmen gefürchtet. Snakes hießen sie schon als Lewis und Clark den oberen Missouri erforschten. Mooney, der als zuverlässiger Beobachter der indianischen Bevölkerung gilt, erlebte sie in Wyoming, Colorado und Idaho und schätzte ihre Zahl auf um die zehntausend. In Wyoming wurden sie später Wind River-Schoschonen genannt. Als Feinde der Dakota, Cheyenne und Arapaho unterstützten sie häufig die Weißen im Kampf gegen diese Stämme. Die heutige Wind River-Reservation liegt im westlichen Zentral-Wyoming. Die Fort Hall-Indianerreservation der Schoschonen-Bannnock-Stämme findet man im südöstlichen Idaho.

Schreyvogel, Charles

(1861–1912) Sohn deutscher Einwanderer, geboren in New York City, studierte in München und reiste 1893 aus gesundheitlichen Gründen zum ersten Mal in den Westen der USA. Er begeisterte sich für das Leben der Militärs an der nun befriedeten Frontier. Mit seinem ersten Bild, einem Western-Sujet, »My Bunkie!«, gewann er – ganz dem Geschmack der Zeit huldigend – 1900 einen Preis bei einer Ausstellung der National Academy. Bezeichnend ist auch, dass Sch. eng mit der Witwe Armstrong Custers befreundet war, sich für dessen Rehabilitierung in Militärkreisen nach der Katastrophe am Little Bighorn einsetzte und nach der Witwe Custers seine Tochter benannte. Sch. hat neben der Ute-Reservation im südwestlichen Colorado, auf der er auch mit Apachen und Navajo zusammentraf, die Blackfoot-Reservation in Montana sowie die Sioux- Reservationen in North und South Dakota besucht. Seine Gemälde spiegeln die Bewunderung dieser Zeit für die Indianer im Sinn eines exotischen Relikts. Schreyvogels letzte Reise nach Montana datiert auf das Jahr 1904. Während er sich als Ölmaler vor allem für Schieß- und Reiterszenen begeistern konnte – er ließ unter anderem auf dem Dach seines Hauses in New York einen Veteranen mit gezogenem Colt posieren – spiegeln seine Fotos, beispielsweise das Bild von der Rindfleischverteilung der US-Regierung an die Hunkpapa 1908 oder die Fotos vom Lagerleben der Crow 1890 das Elend und die Verzweiflung der Indianer um die Jahrhundertwende. Eine lebensgroße Bronze Schreyvogels vom Ponka-Häuptling »White Eagle« (1899) steht heute in der Cowboy Hall of Fame and Western Heritage Center in Oklahoma, die auch die Wildwestsammlung John Waynes zeigt. Schreyvogels eigene bedeutende Sammlung von ursprünglich 325 Objekten, Kleidern, Waffen, Gebrauchsgegenständen, die er zum großen Teil von Indianern oder Bewunderern seiner Malkunst geschenkt bekommen hatte, sowie eine Serie von

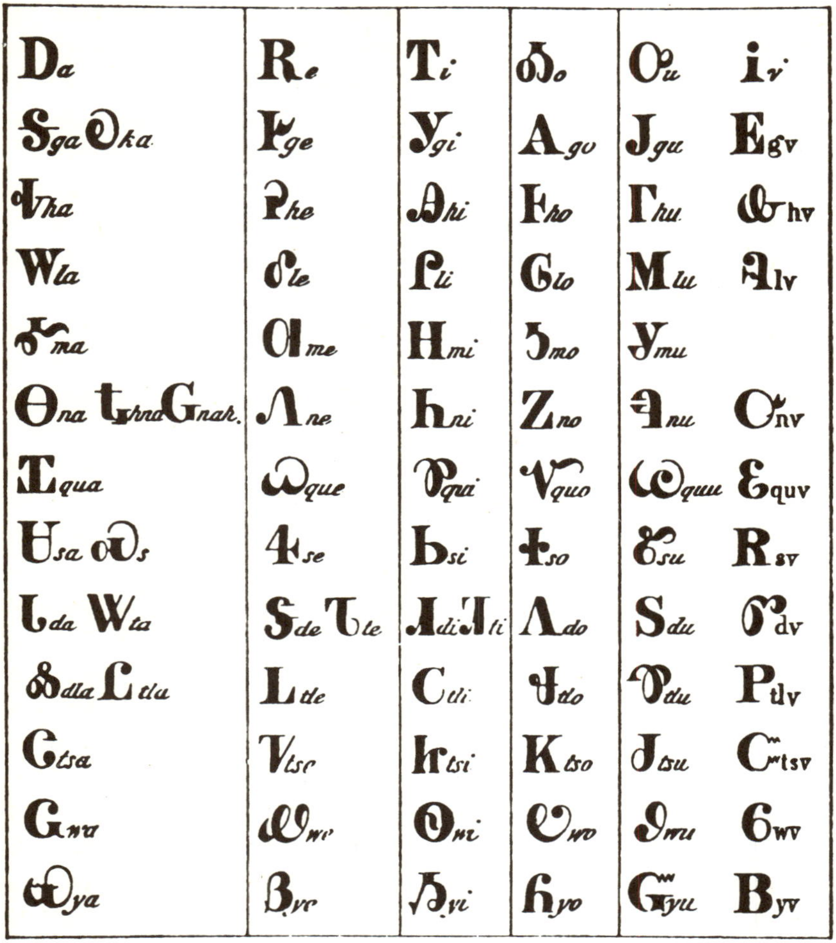

Alphabet der Sequoyah bei den Cherokee

46 Fotos von Bildern verkaufte seine Witwe 1912 für 55 000 Mark an das Linden-Museum in Stuttgart.
Die beträchtliche Kaufsumme verrät die Wertschätzung, die indianisches Kulturgut in Europa in diesen Jahren genoss, was wiederum mit der Gründung der Völkerkundemuseen in Europa und mit den Indianerauftritten bei Zirkustruppen im Zusammenhang stehen mag.

Schrift

Im Allgemeinen bleibt der Kulturbereich der nordamerikanischen Ureinwohner ohne Schrift, was häufig als ein

Zeichen für kulturellen Mangel interpretiert wird.
Wer aber die Gedächtnisleistung beispielsweise bei den »Winteraufzählungen« (Sioux) bedenkt, wird dieses Urteil nicht teilen können. Bilderschriften auf den Zeltbahnen ihrer Tipis kannten die Plains-Indianer sehr wohl. Auch gab es bei den Prärieindianern Handzeichen, aus denen sich Sätze bilden ließen.

Schwitzhütte / Inipi

Ein Reinigungsritual, das anderen großen Riten vorgeschaltet ist. Die Elemente Erde, Luft, Feuer und Wasser sollen zu einer physischen und psychischen Reinigung zusammenwirken.
Die kleine Hütte mit dem gewölbten Dach besteht aus einem Gerippe aus gebogenen Zweigen jungen Weiden, über die Büffelhäute gespannt werden, die die Hütte dicht nach außen abschließen und Dunkelheit herstellen. In der Mitte der Hütte befindet sich eine kleine Vertiefung, in der Steine liegen, die vorher an einem Feuer, das östlich außerhalb der Hütte brannte, erhitzt wurden. Über sie wird eine Essenz aus Salbei gegossen, Salbei ist auch auf dem Boden der Hütte ausgestreut. Wie Black Elk berichtet hat, stellt die Hütte symbolisch das Universum dar. Das Feuer in der Mitte ist die Kraft des Großen Geistes, die Weidenzweige erinnern an die Fähigkeit der Mutter Erde, Pflanzen wachsen zu lassen. Die Steine verweisen ebenfalls auf die Erde, aber auch auf das immer gegenwärtige Wesen von Wakan Tanka (siehe auch dort). Während der vier Abschnitte des Schwitzens werden Gebete rezitiert, heilige Lieder gesungen und die Heilige Pfeife geht viermal im Kreis der Teilnehmer um. Vier ist, abgeleitet von den vier Himmelsrichtungen, die heilige Zahl der Indianer. Am Ende des vierten Abschnitts wird die Tür geöffnet, damit das Licht herein kann. Die Vorstellung ist hier, man soll nicht nur mit den beiden Augen wahrnehmen, sondern mit dem anderen Auge, dem des Herzens. In der Hütte, dem Haus der Dunkelheit, bleiben alle Unreinheiten zurück. Der Teilnehmer ist nun gewissermaßen rundum erneuert und betritt symbolisch die Welt des Lichts und der Weisheit.

Seminolen

Der Name bedeutet »außerhalb der Städte« oder »Ausreißer«. Die Seminolen Floridas kamen zu diesem Namen, weil sie sich von ihren Vorfahren im nördlichen Georgia und Alabama trennten und um 1700 in den Süden auswanderten. Dort lebten sie als Bauern, aber auch als Jäger und Sammler. Anfang des 19. Jahrhunderts nahmen sie entlaufene schwarze Sklaven bei sich auf. Das führte zu Strafaktionen unter General Andrew Jackson 1817/1818. Als Jackson Präsident der USA wurde, befahl er die Umsiedlung der Seminolen ins eben geschaffene Indianerterritorium.
Jener Teil des Stammes, der sich weigerte, führte zwischen 1835 und 1842

einen Guerillakrieg gegen die US-Armee, der den USA 5 000 Millionen Dollar kostete. Als der Kriegshäuptling Osceola durch Verrat festgenommen wurde und dann in der Gefangenschaft an Malaria starb, setzte ein neuer Kriegshäuptling, Coacoochee, von 1855 und 1858 den Widerstand fort. Wieder gelang es der Armee nicht, die Seminolen zu unterwerfen. Lediglich einzelne Familien konnten dazu überredet werden, sich ins Indianerterritorium umsiedeln zu lassen.

Ein regelrechter Friedensvertrag zwischen der US-Regierung und den Seminolen kam nie zustande. Viele halten sich noch heute ganz bewusst von den Weißen fern. 1964 verklagten die Seminolen die US-Regierung auf Schadensersatz für die Gebiete, die ihnen weggenommen worden waren.

Heute beträgt die Zahl der in Oklahoma lebenden Seminolen zwischen zehn- und elftausend, einschließlich etwa elfhundert schwarzhäutiger Stammesangehöriger.

In Florida bildete sich 1957 der Seminole Tribe of Florida mit ungefähr heute zwölfhundert Seminolen und Miccosukees, die eine Reservation am Tamiani Trail errichteten.

Seneca

Der Stammesname bedeutet »Ort der Steine«. Einer der Stämme, die die Sechs-Nationen-Liga der Irokesen bildeten. Leben heute im Nordosten des Staates New York in mehreren Reservationen. In den fünfziger Jahren wurde ihnen, trotz der schon mit George Washington geschlossenen Verträge, zum Bau des Kinzua-Staudamms viel Land weggenommen.

Sequoyah

Sein englischer Name war George Guess, er lebte von 1770 bis 1843. Er war zunächst Bauer, Silberschmied, Zeichner und Hans-Dampf-in-allen-Gassen. Die Frauen liebten ihn, die Männer feierten mit ihm heftige Trinkgelage. Sein Versuch, für die Cherokee eine Schrift zu entwicklen, wurde zunächst als Zauberei angesehen. Nach dem Verlust seiner Werkstatt unternahm er später einen zweiten Versuch. Diesmal reduzierte er den Sprachklang des Cherokee auf 86, später auf 85 Lauteinheiten. Seine erste Schülerin war seine Tochter Ahyokeh. 1822 wanderte er nach Arkansas aus. 1827 wurde die Schrift in Typen übertragen. Er begann ein Programm zur Übersetzung der Bibel und das Erscheinen einer kurzlebigen Stammeszeitung, des »Cherokee Phoenix. »Sequoyah war inzwischen Advokat geworden und ermahnte die Cherokee, ihre inneren Streitigkeiten aufzugeben. 1843 blieb er bei einer Reise ins nördliche Mexiko, die die Rückführung einiger Stammesangehörigen zum Ziel hatte, in einer Höhle zurück, während Mitreisende versuchten, Hilfe zu holen. Er wurde nie mehr gesehen, blieb verschollen.

Shasta

Eine Gruppe kleinerer Stämme im nördlichen Kalifornien am Klamath River und im Mount Shasta-Tal. Die Invasion der Goldgräber in dieser Gegend besiegelte zwischen 1855 und 1860 das Schicksal des Stammes. Heute nahezu ausgestorben.

Shawnee

Volk der Algonkin-Sprachfamilie. Wanderte weit, leistete dem Vormarsch der Weißen im Ohio-Tal heftigen Widerstand, wurde 1869 Teil der Cherokee-Nation. Der Name bedeutet »Südländer« und hängt mit ihrem Aufenthaltsort im Savannah-Tal in South Carolina zusammen. Die Shawnee wurden um 1680 von den Irokesen aus dem Ohio und Cumberland-Tal vertrieben. Teile des Stammes (Pekowi und Kispoko) entzogen sich 1738 dem Konflikt mit den USA durch Flucht nach Westen auf spanisches Gebiet ins Perry County, Missouri. Die in Ohio verbliebenen Teile leisteten Widerstand gegen Kolonisten aus Kentucky und Virginia. 1791 Landverluste im südlichen und zentralen Ohio. Das Auftreten des Propheten Tenskwatawa, des Bruders von Tecumseh (siehe dort) führte 1805 auch zu einem gewissen wirtschaftlichen Aufschwung (Handel). Im übrigen betätigten sich nun die Shawnee im Frühjahr und Sommer als Pflanzer und gingen im Winter auf die Jagd.
Schließlich wurden sie 1817 aus Ohio vertrieben und gezwungen, eine Reservation in Oklahoma, die anderen (mit der Mehrzahl) der Stammesangehörigen in Kansas, aufzusuchen. Nach einer besonders wechselvollen, von Umzügen und erzwungenen Umsiedlungen bestimmten Geschichte leben heute etwa 6 000 Shawnee in Oklahoma; eine kleine Gruppe, die nach Kanada gezogen war, kehrte ins Ohio-Tal zurück.

Literatur:

Howard, James H.: Shawnee! The Ceremonialism of a Native American Tribe and its Culture Background, Athens, Ohio 1981

Sioux / Oglala, Lakota, Dakota / Stammesbezeichnung

Die Bezeichnung Sioux ist eine Verstümmelung des Französischen und des Ojibwa-Wortes *nadouessioux* und soll »kleine Schlangen« bedeuten. Heute benutzen die Sioux die Bezeichnungen Dakota, Nakota und Lakota, wenn sie von ihrem Volk, der Nation der Sioux, reden. Es sind dies Bezeichnungen für unterschiedliche Dialekte, Regions- und Wirtschaftsverbände.
Vor Eintreffen des Weißen Mannes bestanden die Sioux aus den Sieben Rats-Feuern. Zu den Dakota gehörten die Mdewakantonwan (die Leute des Geistersees, die Wahpekute (die Schützen unter den Blättern) und die Sisitonwan (Leute des Sumpfes). Die Dakota lebten damals von Fischfang, von Wildreis und von Kräutern.
Südwestlich von ihnen saßen die Nakotas mit den Ihanktonwan (die am Ende kampierten) und die Ihanktonwanna

Red Cloud (Sioux)

(die Kleinen, die am Ende kampierten). Die (Köche der Steine) schlossen sich dieser Gruppe später an. Sie bewachten und verwalteten die Steinbrüche für die Steinpfeifen. Die Lakota zerfielen in sieben Gruppen, zu denen unter anderem die Minneconjou, die Blackfoot, die Hunkpapa und die Oglala gehörten. Sie stellten im engeren Sinn der Bezeichnung die Stämme der

Prärieindianer dar. Ihre Lebensgrundlage waren Büffelfleisch, Wildfrüchte und Gemüse. Sie galten als die Wächter des heiligen Bezirks der Black Hills, aus denen die Sioux nach ihrer Überlieferung im Anfang hervorgingen; sie hießen Oceti Sakowin, »das Herz von allem«. Viele Landmarken dort haben für sie religiöse Bedeutung. Durch die Spanier kamen die Sioux zu Pferden, die sie sunkawakan (heilige Hunde) nannten. Durch das Pferd veränderte sich ihre Lebensweise. Als nächstes kam es zu einem Zusammentreffen mit französischen Trappern, von denen sie Gewehre erhielten. Von da an verlief die Geschichte der Sioux nach einem für viele Gegenden und Stämme gültigen Schema. Es gab Verträge (1851 und 1868 in Fort Laramie), nach denen den Sioux-Stämmen immerhin dann noch die westliche Hälfte des heutigen Staates South Dakota als »Große Sioux-Reservation« blieb.

Ein schwerer Konflikt entstand, als in den Black Hills, in den »Heiligen Bergen« der Sioux, Gold gefunden wurde und dieses Gebiet aus der großen Reservation herausgenommen werden sollte. Vor allem die von Crazy Horse und Sitting Bull befehligten Gruppen widersetzten sich der vertragsbrüchigen US-Regierung, was schließlich zu der Konfrontation mit der Armee des weißen Mannes am Little Bighorn führte. In Verträgen, die im Jahre 1889 geschlossen wurden, kam es noch einmal zur einer Verkleinerung der »Großen Sioux-Reservation«. Bei der Volkszählung des Jahres 1990 gab es 103 255 Stammesmitglieder der Oceti Sakowin oder Sioux, die in Reservationen in South Dakota, North Dakota, Minnesota, Nebraska und Montana leben. Die oben ausgewiesene Zahl der Stammesangehörigen schließt jene Sioux, die in Kanada leben, nicht mit ein.

Die Heimat des wichtigen Stammes der Oglala – einer Teilgruppe der Sioux Nation – ist seit 1909 die Pine Ridge-Reservation (11 277 qkm) im Süden von South Dakota, durch die der White River fließt. Der Hauptort, Pine Ridge, liegt an der Stelle, an der sich früher die »Agency« befand. Im Nordwesten der Reservation, in den Badlands, ist Ackerbau nur in beschränktem Maße möglich, weitgehend ist das Land zur Viehzucht geeignet. Im Osten schließt sich an die Pine River-Reservation, die von den Brûlé bewohnte Rosebud Reservation an.

Sioux / Rituale

(Sie können hier nur genannt und kurz, eben lexikalisch charakterisiert werden. Für genauere Informationen verweise ich auf die unten aufgelistete Literatur.)

Das Bewahren der Seele, ein Ritual für einen Toten, dessen Besitz dabei fortgegeben wird.

Inipi, die Schwitzhaus-Zeremonie: Ein Ritual der Reinigung, in der man Mutter Erde begegnet.

Hanblecheyapi, Die Visionssuche, bei der es darum geht, einen Schutzgeist zu erlangen.
Winwanyag wachipi: Die Sonnentanz-Zeremonie: Ziel, unter anderem auch Visionssuche, Verehrung von *Wakan Tanka*, soziales Ereignis.
Hunka: Verwandtschaftmachen, zwischen zwei Menschen eine Verbindung, eine besonders enge Freundschaft stiften.
Ishnata awichalowan oder das Mädchen wird zur Bisonfrau: Ritual bei der ersten Periode bei einem Mädchen. Initiationsritus für die Frauen.
Tap Wankanl Yap, das Werfen des Balles: Ein Ritual, das daran erinnern soll, dass *Wakan Tanka* überall ist.

Literatur

Bray, K. M.: Oglala Sioux Political History (1804–1877) American Indian Studies Serie 2, London 1982
Erdoes, Richard & Lame Deer: Tahca Ushte, Medizinmann der Sioux, München 1979
Hartman, Horst: Die Plains und Prärieindianer Nordamerikas, Veröffentlichung des Museums für Völkerkunde, Hamburg in den Bänden 3–4, 6–9, 10–12, Hamburg 1973–1982
Hoxie, Frederick E. (editor): Encyclopedia of North American Indians, Boston & New York 1996
Harrod, Howard L.: Renewing the World – Plains Indian Religion and Morality, Tucson & London 1987
Hassrick, Royd B.: Das Buch der Sioux, Köln 1964
Mildner, Ursula: Das Andere Gesicht: Zur Phänomenologie eines Zwiespalts. In: Indianer – Mythos und Wirklichkeit der Lakota, Ratingen 1992
Müller, Werner: Glauben und Denken der Sioux – zur Gestalt archaischer Weltbilder, Berlin 1970
Hetmann, Frederik: Märchen der Prärieindianer (Sioux, Cheyenne, Pawnee, Blackfeet), Frankfurt /M. 1982

Sioux / Sonnentanz / Wiwanyag Wachipi

Jährlich im Frühjahr oder Frühsommer bei den Präriestämmen durchgeführt. War über Jahre von der US-Regierung verboten. Die Zeremonie dauert drei bis vier Tage mit heiligen Liedern und Begleitung, die Teilnehmer sind mittels eines Pflockes in der Haut der Brust und Schnüren an einem Mittelpfosten (Weltachse) befestigt, um den herum sie sich tanzend bewegen.

Sitting Bull

Er wurde 1834 in Willow Creek als Sohn eines Unterhäuptlings am Grand River, South Dakota geboren. Er soll ein Hunkpapa gewesen sein, obgleich er 1868 als Oglala bezeichnet wird. In seiner Jugend führte er den Namen Jumping Badger (»Springender Dachs«). Nachdem er sich in den Kämpfen gegen die Crow ausgezeichnet hatte, erhielt er den Namen seines Vaters Four Horns (»Vier Hörner«), den er später in Sitting Bull umwandelte. Er wird als gedrungen und mit einem großen Kopf beschrieben, er hatte braunes Haar, was bei den Indianern selten vorkommt. Seine Hautfarbe war ziemlich hell. Sein Gesicht war von Pockennarben gezeichnet. Er wurde Anführer eines Sioux-Kriegerbundes, der »Starken Herzen«.
1875 wurde er zusammen mit Red Cloud und Spotted Tail nach Washington ein-

geladen, wo sie der damalige Präsident Grant dazu aufforderte, einen neuen Vertrag zu unterschreiben, der den Weißen den Zutritt zu den heiligen Black Hills gestattete, in denen kürzlich Gold gefunden worden war. Die drei Häuptlinge weigerten sich. Darauf wurde 1876 eine neue Kampagne gegen die Sioux beschlossen. Das führte zu der katastrophalen Niederlage der US-Armee am *Little Bighorn* River. Der Festnahme durch die Armee entzog sich Sitting Bull zunächst durch die Flucht nach Kanada, wo ihn ein Vetter aufnahm. Als die Büffel schwanden und Hunger drohte, ergab sich Sitting Bull 1881 bei Fort Buford.

Nach zwei Jahren Kriegsgefangenschaft ließ Sitting Bull sich dann in der Standing Rock-Reservation im heutigen South Dakota nieder. Er wurde ein erfolgreicher Bauer und Viehzüchter, schickte seine Kinder auf die Regierungsschule und reiste 1885 mit Buffalo Bills Wild-West-Show.

In seinen letzten Lebensjahren wandte er sich gegen neue Verträge mit der Regierung, in denen 1888 und 1889 die Hälfte der Sioux-Reservation zur Besiedlung für die Weißen geöffnet und die andere Hälfte in sechs Reservationen aufgeteilt wurde.

Als dies zur Wiederbelebung der Geistertänzer-Bewegung führte, wurde er zum entschiedenen Führer dieser Gruppe auf der Standing Rock-Reservation. Der Agent James McLaughlin ließ ihn daraufhin aus der Reservation weisen. Am 15. Dezember 1890 stürmte die indianische Polizei seine Hütte am Garden River und nahm ihn in Gewahrsam. Seine Anhänger widersetzten sich. Sitting Bull fiel in einem Feuergefecht mit der Polizei. Durch Kugeln von Indianern in der Uniform des Weißen Mannes fand er den Tod.

Literatur:

Utley, Robert M.: The Lance and the Shield: The Life and Times of Sitting Bull, New York 1993

Skalp, skalpieren

Das Skalpieren des Feindes geht auf die ältere Sitte, nämlich auf die der Kopftrophäe zurück. Man glaubte, dass im Kopf des Menschen magische Kräfte konzentriert seien, die sich andere durch die Erbeutung und Aufbewahrung von Köpfen nutzbar machen könnten. Dies ist eine Vorstellung, die man bei den Griechen, den Galliern und im Alten Testament im Ersten Buch Samuel antrifft.

Dass die Kopftrophäe in Nordamerika bekannt war, beweisen zahlreiche Berichte. Eine der ältesten Nachrichten darüber stammt von einem gewissen Marc Lescarbot aus dem Jahre 1612 über die Penobscot-Indianer im heutigen Kanada.

Skalp ist das englische Wort für Kopfhaut. Skalpieren bedeutet, jemandem die Kopfhaut abziehen.

Ein Skalp wird nach Aussagen von Augenzeugen erbeutet, »indem man das Kopfhaar eines im Gefecht erschlagenen Feindes mit der linken Hand über

Skalptanz

dem Scheitel fest zusammenfasste, mit dem Messer rundherum einen Einschnitt machte und dadurch ein Stück Kopfhaut von der Größe eines Handtellers ablöste«. Angeblich wird damit jener Bereich des Feindes fortgenommen, in dem die Selbstachtung des Menschen ihren Sitz hat.

Eva Lips schreibt in »Das Indianerbuch«: »Die Sitte des Skalpierens ist ohne Kenntnis der religiösen Vorstellungen der Indianer kaum verständlich. Jedenfalls sind es erst die Weißen gewesen, die den menschlichen Skalp zur Ware machten, die Eingeborene zum Vergessen ihrer ursprünglich heiligen Scheu vor dem Totengeist veranlassten und einen magischen Brauch zur Anreizung zum Massenmord herabwürdigten. Bezeichne ich das Skalpieren als den schwächeren Überrest der Kopftrophäe, so kann man nun auch gewisse mit dem Kopfhaar des Menschen verbundene Anschauungen als eine schwächere Form des Skalpierens ansehen. Das geht von der Tonsur der Mönche bis zum Haareschneiden.«

James Axtell stellt fest: »Obwohl die amerikanischen Indianer lange vor 1492 Skalpe nahmen, förderten die Europäer die Verbreitung und die Häufigkeit des Skalpierens, indem sie den Indianern Gewehre verhandelten, (was zu mehr Toten führte) zudem auch Messer, die das Skalpieren erleichterten. Seit 1617 boten die Weißen Belohnungen für indianische und ab 1688 für die Skalps von (feindlichen) Europäern an.

Literatur:
Axtell, James and Sturtevan William C.: The Unkindest Cut, or Who Invented Scalping? A Case Study. In: Axtell, James: The European and the Indian: ›Essays in the Ethno-History of Colonial North America‹, New York 1981

Skidi-Pawnee

Auch Wolfspawnee, verwandt mit den Raikra. Trennten sich von diesen im 18. Jahrhundert. Gehören zur Sprachfamilie der Caddo-Stämme. Waren sesshafte Ackerbauern mitten unter den Büffeljägern. Kannten eine Zeremonie, in der der Gottheit Gefangene geopfert wurden. (s. auch unter Pawnee)

Slavey

Die Nähe zum englischen Wort »Slave« (Sklave) ist zufällig. Der Stamm lebt auf einer Insel in Britisch-Kolumbien, gehört aber von seiner Sprache her zu den südlichen Stämmen der Großen Ebenen. Die Stammesangehörigen leben heute als Jäger, Fischer und Trapper.

Spanier und Native Americans im Südwesten

Auf ihrem Vormarsch in den Südwesten stießen die Spanier auf indianische Bevölkerungsgruppen, die in ihrer Sprache und Kultur sehr unterschiedlich waren.

Einige von ihnen wurden Rancheria-Indianer genannt und betrieben, weit verstreut über die Gegend, Landwirtschaft. Andere wie die Pueblo (siehe auch unter Pueblo am Rio Grande) hatten entlang des Flusses kleinstadtähnliche Siedlungen angelegt und gingen zu ihrem Lebensunterhalt, dem Maisanbau, ergänzt durch Jagd, nach. Wieder andere, auf den vom Colorado bewässerten Hochebenen, lebten wie die Apachen, die Ute und die Comanchen noch als Sammler und Jäger.

Die spanische Eroberung und Kolonisierung von Neu Mexiko begann unter Juan de Oñate, der jeden Widerstand gegen seine Pläne rücksichtslos brach. 1598 errichteten die Spanier die erste Provinzhauptstadt nahe dem heutigen indianischen Dorf Española.

Schon zuvor waren kleinere Expeditionen in diese Gegend vorgestoßen, aber es war der reiche und einflussreiche Oñate, der sich offiziell vom Vizekönig in Mexiko Stadt den Auftrag sicherte, das Land zu kolonisieren und dort Beamte einzusetzen. Seine Streitmacht war eindrucksvoll. Sie bestand aus 400 Mann, von denen 130 ihre Familien mitbrachten, 83 Karren mit Gepäck und 7 000 Stück Vieh.

Als er das Dorf Caypa am Rio Grande erreichte, benannte es Oñate in San Juan um. Eine Kirche wurde gebaut, Kolonisten ließen sich im Ort nieder. Acht Franziskaner schwärmten aus, um in anderen Pueblo-Dörfern zu missionieren. Acoma, hoch auf einem Felsen gelegen und auch heute noch schwer zugänglich, verweigerte den Spaniern den Treueeid. Der Spanier Zaldivar wurde mit dem Auftrag losgeschickt, sie zu unterwerfen. Nach dreitägigen Kämpfen und hohen Verlusten ergaben sich die Indianer. Sie boten Decken und Mais als Zeichen des Friedens an. Zaldivar weigerte sich, die Geschenke anzunehmen und sperrte mehrere Krieger in das *kiva*, den unterirdischen Versammlungsraum des Dorfes, in dem gewöhnlich religiöse Zeremonien abgehalten wurden.

Die Spanier töteten schließlich ihre indianischen Gefangenen und warfen sie über die Klippen. Übrig blieben siebzig Männer, fünfhundert Frauen und Kinder. Sie wurden nach dem Pueblo Santo Domingo gebracht und dort abgeurteilt. Man fand sie für schuldig, elf Spanier und zwei Indianer im Dienste der Spanier getötet zu haben. Alle Männer wurden zu fündundzwanzig Jahren Zwangsarbeit verurteilt, und man hackte ihnen einen Fuß ab. Bei den Frauen und Kindern erkannte man gnädig auf zwanzig Jahre. Zwei Hopi, die zufällig mit in Gefangenschaft geraten waren, bekamen die rechte Hand abgehackt. Dann schickte man sie zur Abschreckung heim.

Villagra, dessen episches Gedicht »Die Geschichte von Neu-Mexiko« 1610 in Spanien erschien, feierte dieses Ereignis als große Heldentat. Er selbst brachte sechzig gefangene Mädchen zum Vizekönig nach Mexiko.

1607 hatte der spanische Gouverneur Pedro de Peralta angeordnet, am Ufer des Santa Fe-Baches eine neue Stadt zu errichten, Villa Real de Santa Fe genannt, die 1610 zur offiziellen Hauptstadt der spanischen Provinz Neumexiko erhoben wurde. An ihrer Stelle hatte zuvor ein indianisches Dorf mit dem indianischen Namen Ogha po' oghe der Kua'p'o-oge gelegen, das 1425 von den Indianern aufgegeben worden war. Ursprünglich lebten im spanischen Santa Fe nur eine Handvoll Kolonisten, Soldaten, Verwaltungsbeamte und Priester mit ihren Dienern. Mexico City, die nächste Stadt, war fast 1700 Meilen entfernt.

Innerhalb von zwei Jahren hatten die Spanier die neu eroberte Provinz fest in der Hand.

Der Mönch Benavides berichtet, das fünfzig Mönche den über 60 000 Indianern in neunzig Dörfern das Christentum predigten. Er selbst gründete im San Clara-Pueblo eine Kirche und versuchte von dort aus die Bekehrung der als Nomaden lebenden Apachen. Ihre Überfälle hatten kurz zuvor die Aufgabe des Pueblo Jemez erzwungen.

Die traditionelle Route von Mexiko ins heutige Four Corners-Gebiet, in dem die US-Bundesstaaten New Mexico, Arizona, Utah und Colorado aneinander grenzen, war der Camino Real, die Königliche Hauptstraße. Sie führte von El Paso del Norte den Rio Grande hinauf, durch die Piro-Dörfer von Socorro und Senucu zu einer neuen Siedlung, die zu Ehren des Vizekönigs von Mexiko »Albuquerque« genannt worden war. Dann bog sie nach Nordosten ab, zur Hauptstadt der neuen Provinz Villa Real de Santa Fe, und verlief schließlich nordwärts nach Taos.

Durch den östlichen Teil des fruchtbaren Tales des Rio Grande zog sich bald eine dünne Kette spanischer Siedlungen und Missionen.
Die Spanier nahmen den Indianern nicht nur das Land weg, um Dörfer und Haciendas zu errichten, sie ließen sie auch als Zwangsarbeiter für sich schuften. Die gemeinsame Sprache zwischen den Angehörigen der verschiedenen Indianerstämme wurde das Spanische. Die heiligen *kiva* erinnerten die Spanier an freistehende Öfen, in denen die Indianer ihr Brot backten, deswegen nannten sie sie *estufas*. Kleider, Handwerksgeräte, Haushaltsgegenstände, Flüsse, Gebirge, Pflanzen und Tiere – alles bekam neue Namen, deren sich die neuen Herren bedienten, während die indianischen Worte den Zeremonien und den Gesprächen im privaten Umgang vorbehalten blieben.
Hinter der Fassade einer spanischen Kultur bewahrten die Indianer ihren eigenen Glauben.
Die Hopi duldeten bis 1700 überhaupt keine Kirchen oder Kapellen auf ihrem Land. Das Dorf Awatobi wurde von anderen Hopi-Dörfern angegriffen, weil es sich gegenüber den Franziskanern als zu freundlich gezeigt hatte.
Die Pueblos litten unter der Willkür der spanischen Herrschaft. Grundsätzlich mieden sie Gewalt, doch der Druck der Besatzungsmacht wurde immer unerträglicher. 1680 erhoben sich unter Führung des Schamanen Popé aus Oke Owinge (San Juan-Pueblo) alle indianischen Siedlungen bis auf eine. Die Spanier wurden aus Santa Fe vertrieben, und es vergingen 14 Jahre, ehe sie ihre Provinz Nueva Mejico erneut eroberten.
1694 hatte der neue Gouverneur Diego de Varges die Situation wieder so weit unter Kontrolle, dass er in der Stadt Santa Fe eine Kirche errichten lassen konnte. Einziges Zugeständnis an die Indianer: Die katholischen Priester durften nun die indianischen Riten in den Pueblo-Dörfern nicht mehr unterdrücken.
Von den 33 Mönchen, die in der Provinz tätig gewesen waren, waren bei der Revolte 22 getötet worden.

Literatur:
Silverberg, Robert: The Pueblo Revolt, Introduction by Marc Simmons, Lincoln & London 1994
Noble, David Grant: Santa Fe, History of an Ancient City, Santa Fe 1989

Spinnenfrau, Spinnenmann

Eine machtvolle, fast immer wohltätige mythologische Figur, die mit ihren beiden Töchtern *Iatiku* (Mutter der Indianer) und *Nautsiti* (Mutter der Fremden) wohl ausgehend von den Dörfern der Keresan Pueblo (Acoma, Cochiti, Laguna, San Felinpi, Santa Ana, Santa Domingo und Zia) im Südwesten auch in den Mythologien der Hopi (siehe dort) und der Navajo eine wichtige Rolle spielt. Bei den Pima und Sia Pueblo-Indianern ist der Spinnenmann der Schöpfer, bei anderen Stämmen ist er manchmal eine Trickster-Gestalt (Dakota, Arapaho). Bei den Navajo gehören Spinnenmann und Spinnenfrau zu den Heiligen Wesen, die die Menschen die Kunst des Webens lehrten und sie vor der Macht des Todes warnten. Bei den Indianern in Taos tritt der Spinnenmann als ein guter Medizinmann auf. Bei den Kiowa ist die Spinnenfrau eine standfeste und hilfsbereite alte Dame. Bei den White Mountain-Apachen hilft die alte schwarze Spinnenfrau dem Sohn der Sonne, als er an ihrem Loch vorbeikommt und fordert ihn auf, bei ihr zu übernachten, ehe er seine gefährliche Queste forsetzt. Als er in ihr Haus eintritt, sieht er sehr zu seinem Vergnügen all ihre Töchter nackt vor sich liegen und beginnt, sich mit ihnen zu vergnügen. In der Mythologie der Coeur d'Alene, eines Stammes in der Region des Plateau, sind die Spinnenfrauen wiederum hilfsbereite Wesen, sie leben im Himmel und helfen dem Sohn des Kojoten in einer Kiste zurück auf die Erde zu gelangen.

Literatur:

Patterson-Rudoph, Carol: On the Trail of Spider Women, Petroglyphs, Pictographs and myth of the Southwest, Santa Fe 1997

Sprachen, indianische

Die hervorragendste Eigenart der Sprachen der Native Americans ist ihre Verschiedenheit. Der Sprachwissenschaftler Morris Swadesh ging davon aus, dass es bei Ankunft der Weißen in der Neuen Welt 2200 verschiedene Sprachen gab. Andere Wissenschaftler schätzen die Existenz von 200 miteinander nicht verwandten Sprachen nördlich von Mexiko, 350 in Zentralamerika und 1 000 in Südamerika und in der Karibik.

Eine frühe Klassifizierung versuchte 1891 Major John Wesley Powell, der Entdecker des Green und des Colorado River, der Direktor des Bureau of Ethnology am Smithonian Institute wurde. Er ging von 56 Sprachfamilien nördlich von Mexiko aus.

Morsh Swedest führte alle in Amerika gesprochenen Sprachen – bis auf vier – auf fünf »phylia«, d. h. Grundgruppen zurück. Seine Liste, die er von der Einwanderung auf den Kontinent ableitete, bestand in Makro-Karisch einschließlich Ge, Makro-Arawakan, Makro-Quechuan, Makro-May und einer Abteilung Bask-Dennean.

Ganz ist es der Wissenschaft seither immer noch nicht gelungen, da Ordnung zu schaffen.

»Die meisten eingeborenen Sprachen der American Natives«, heißt es in der »Encyclopedia of American Indians«, »gehören zu einer Familie, zu der andere Sprachen auch gehören. So gehören beispielsweise Hopi und O'Odham zu der uto-aztekischen Familie, so auch Nahuatl, Ute, Paiute, Comanchen, Schoschonen, Yaqui, Luiseño und viele andere. Die Familie wird nach ihren geographischen Extremen bezeichnet: Ute im Norden und Aztec (Nahuatl) im Süden. Navaho ist eine athapaskische-Sprache; als solche gehört sie derselben Familie wie die Apachensprachen des

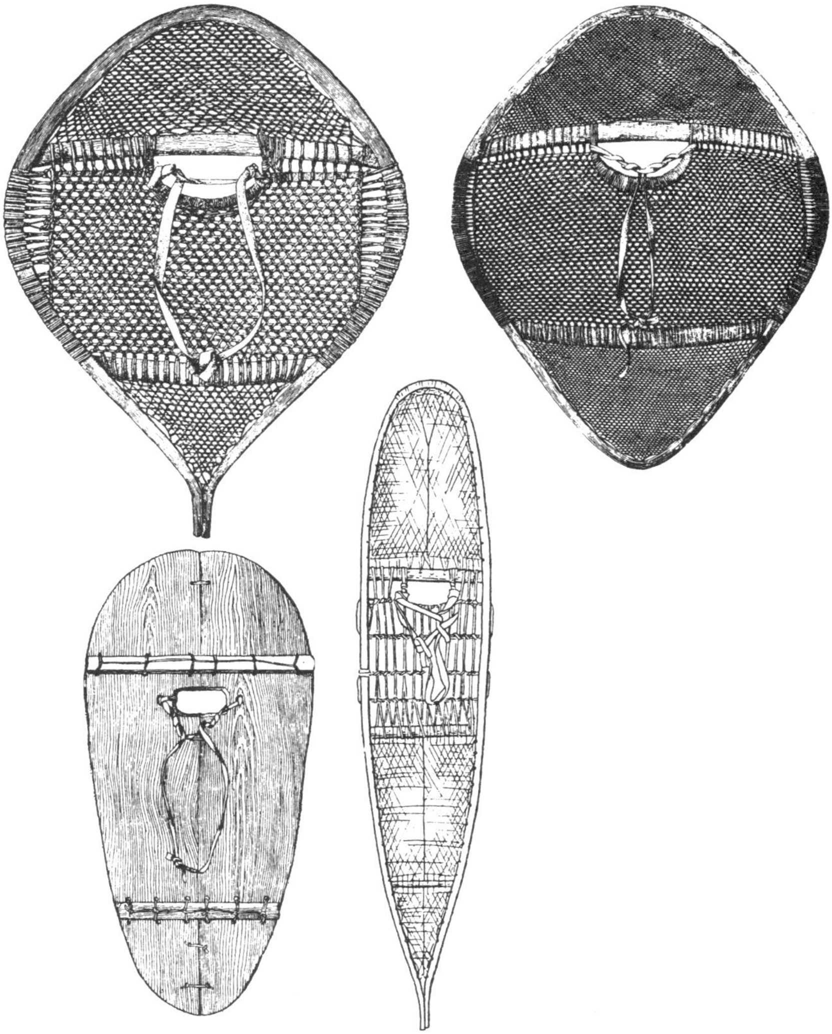

Rahmenschuhe

Südwestens und nördlichen Sprachen wie Sarsi, Chippewyan, Dogrib und Koyukon an ...«

Viel Mühe wurde und wird immer noch darauf verwandt, größere Gruppen der Sprachfamilien zu bilden. So schlug Edward Sapir vor, die uto-aztekische und die tanoanische Familie zu einer Gruppe, der aztek-tanoanischen, zusammenzufassen. Ähnliches gilt für Athapaskisch, das zusammen mit *Tlingit* und *Eyak* eine Gruppe mit der Bezeichnung *Na-Déné* bilden könnte. Man hat weitere Gruppen – insgesamt sechs – dieser Art vorgeschlagen. Andererseits gibt es einige Familien, die nur eine Sprache umfassen, die man dann als »isolierte Sprachen« bezeichnet wie das Baskische in Europa. »Beispiele für isolierte Sprachen bei den Native Americans sind *Keresan, Porepecha (Tarascan)* und möglicherweise *Timucua* in Florida, das heute ausgestorben ist.

Timucua wurde im 16. Jahrhundert noch von 722 000 Menschen gesprochen, im frühen 17. Jahrhundert waren es dann weniger als 37 000. Heute wird die Sprache überhaupt nicht mehr gesprochen. »Es ist eine traurige Tatsache, dass selbst die Sprachen der Native Americans, die überlebt haben, heute gefährdet sind,« stellt die »Encyclopedia of North Americans Indians« fest.

Keine der Sprachen der Native Americans weist irgendwelche Ähnlichkeiten mit Sprachen der Alten Welt auf.

W. Lindig in »Die Kulturen der Eskimos und Indianer Nordamerikas« unterscheidet zehn Einheiten, nämlich:

1. Eskimo-Alëutisch
   a) Eskimoisch
   b) Alëutisch
2. Na-Déné
   a) Haida
   b) Déné
   c) A. Tlingit
   d) B. Eyak
   e) C. Athapaskisch
   f) I. Nord-Athapaskisch
   g) II. Pazifisches-Athapaskisch
   h) III. Süd-Athapaskisch (Apache-Navajo)
3. Algonkin
   a) Algonkin-Ritwan
      A. Algonkin
      B. Ritwan (kalifornische Algonkinsprachen
   b) Kutenai
   c) Beothuk
4. Mosanisch
   a) Wakash
      A. Kwakiutl
      B. Nootka
   b) Chimakum
   c) Salish
5. Uto-Aztekisch (erweitert zu Tano Aztekisch)
   a) Uto-Aztekisch
      A. Shoshone
      B. Sonorische Sprachen
      C. Aztekisch
   b) Tano
   c) Kiowa
   d) Zuñi
6. Penuti
   a) Kalifornische-Penuti-Sprachen
   b) Chinook-Tsimshihan
   c) Coos-Takelma
   d) Klamath-Sahaptin
7. Hoka-Coahuilteca
   a) Hoka
      A. Kalifornische
   Hoka-Sprachen
      B. Yuma
   b) Coalhuilteca

8. Sioux-Yuchi
   a) Sioux
   b) Yuchi
9. Caddo-Irokesisch
   a) Cherokee-Irokesisch
      A. Huronisch
      B. Irokesisch
      C. Cherokee
   b) Caddo
      A. Caddo
      B. Pawnee-Arikara
10. Golfküstensprachen (Natchez-Muskogee)
   a) Atakapa
   b) Tunica
   c) Chitimacha
   d) Natchez
   e) Muskogee
   f) Timucua.
   g) Nicht unterzubringen sind in diesem Schema das Yuki und das Keres.

Einige Charakteristika nennt Alvin L. Josephy jr.: »In vielen der indianischen Sprachen werden gewisse Konsonanten nur geflüstert oder gar nicht ausgesprochen. In einigen werden die Laute von k, p oder t mit zusammengezogenen Halsmuskeln ausgesprochen, als müsse der Sprechende gerade ersticken. Einige indianische Sprachen kennen tonale Charakteristika wie das Chinesische. Veränderungen im Klang des Vokals können die Bedeutung eines Wortes völlig verändern.«

Die Grammatik variiert stark von Sprache zu Sprache. Hauptwörter und Pronomen werden oft im selben Wort kombiniert. Das Subjekt oder Objekt eines Satzes oder beide Satzteile sind nicht selten schon im Verb enthalten. Viele der Sprachen drücken ein ganzes Bild oder eine Idee durch Veränderung des Wortstammes oder durch Anfügung von anderen Lauten aus, sodass ein sehr langes Wort, ein »Bündelwort« entsteht. Auch die Zusammensetzung von Worten zu einer Phrase ist zu beobachten.

Der Nez Percé Namen *Tawis Geejumnin* lässt sich übersetzen mit »Hörner nach unten wie die von einem alten Büffel«, und ein Wortungetüm der South Paiute wie *wii-to-kuchum-punku-rügani-yugwi-va-ntü-m(ü),* das Edward Sapir, der bekannte Sprachspezialist für indianische Sprachen als Beispiel bringt, bedeutet ›sie werden sich hinsetzen und mit einem Messer eine schwarze Büffelkuh aufschneiden‹.«

Das Bewusstsein des Native American ist an Bilder gebunden, nicht an abstrakte Begriffe. Für das Tätigkeitswort »schneiden« kennt das Hidatsa zum Beispiel nicht weniger als sieben Wörter, je nachdem, ob man etwas mit schweren Hieben abtrennt, stutzt, fein schneidet, etwas in zahlreiche Stücke zerhackt oder jemandem Schnittwunden beibringt. Abstrakte Begriffe werden häufig mit Bildern umschrieben. Mitleid wird umschrieben mit »die hungrigen Fremden speisen«, Zusammengehörigkeit mit »den Durst an derselben Quelle löschen.«

Literatur:
Driver, Harold E.: Indians of North America Chicago & London 1969
Hoxie, Frederick E. (editor): Encyclopedia of North American Indians, Boston & New York 1996
National Geographic Society: The World of the American Indian, Washington D. C. 1989
Lindig, W.: Die Kulturen der Eskimos und Indianer Nordamerikas, Wiesbaden 1972

Squash (Kürbis)

(Curcubita pepo) dürfte in der sogenannten Infiernillo Phase (7 000–5 000 v. Chr.) in Mexico domestiziert worden sein. Hinweise darauf fanden sich in den Höhlen der Gebirge der südlichen Gebirge in Tamaulipas (Mexico). Der Cushaw Squash *(C. Moschata)* erscheint in Puebla, Mexiko zwischen 5 000 und 3 000 v. Chr. und in Peru um 3 000 v. Chr. Noch zeitiger liegen Funde von Squash-Saat, die 1967 bei Oaxaca gemacht wurden. Sie weisen auf die Zeit von 7 000 v. Chr. zurück. Bei den Anasazi, Mogollon und Hohokam (s. dort) dürfte er um die Zeitenwende aufgekommen sein.
Schon 500 n. Chr. hat Squash das Sainaw-Tal in Michigan erreicht.

Sternenehemann

Südlich der Arktis ein sehr populäres Märchen von zwei Schwestern, die im Freien schlafen, zu den Sternen aufschauen und sich wünschen, ihre Ehemänner hätten ebenfalls solch strahlende Leiber. Plötzlich sind sie im Himmel. Sie heiraten zwei Sternenmänner. Ein Kind wird geboren. Sie sind unzufrieden mit dem Leben dort oben. Als sie einmal Wurzeln ausgraben, entsteht ein Loch, durch das sie zur Erde hinabschauen können. Mit einer Leiter aus Zedernzweigen steigen sie hinab. Das Kind nehmen sie mit. Das Kind ist der Mond.

Storm, Hyemeyohsts

Genannt Lightningbolt, ist Verfasser der Bücher »Seven Arrows«, (Sieben Pfeile, 1972) und »Die Weisheit der Medizinräder – Geschichte einer Einweihung« (München 1997).
Die Angaben über den Autor sind eher kryptisch. Er bezeichnet sich selbst als »Halbblut« aus den Cheyenne- und Crow-Reservationen. Die Mutter sei »Cheyenne, Sioux und irische Amerikanerin«, der Vater stamme aus Norddeutschland und habe später die amerikanische Staatsbürgerschaft angenommen.
Vine Deloria jr. kommt in seinem Buch »God is Red« zu einem Urteil, das die Sache auf den Punkt bringt. Er schreibt: »›Seven Arrows‹ ist einzigartig, weil es eine zeitgenössische religiöse Aussage trifft und dazu traditionelle Geschichten, Mythologien und Symbole des Cheyenne-Volkes benutzt. (…) Leute, die nun eine Aufzeichnung über alte Cheyenne-Rituale und Zeremonien erwarten, werden erstaunt sein, darin auf prunkvolle quasi-psychedelische Schilde, modernistische Darstellungen der Kulturhelden und den Hinweis auf das sogenannte ›Medizinrad‹ zu stoßen, das angeblich einer

Person geholfen haben soll, ihr Leben dem Gesetz des Kosmos anzupassen und ihre persönlichen Probleme zu lösen.«
Der Verdacht liegt nahe, dass hier eine ähnliche Lehre wie bei Castañeda installiert werden sollte.
Deloria berichtet aber auch von der großen Wirkung der Bücher auf die in den amerikanischen Großstädten lebenden jungen Native Americans.
Der Auftritt Storms auf der Buchmesse in Frankfurt/Main hinterließ eher den Eindruck einer Indianerschau à la Hagenbeck im 19. Jahrhundert.

Subarktik / Native Americans / Geschichte: Vor- und Frühzeit

Die Kenntnisse über die prähistorische Subarktis sind spärlich. Die athapaskische Bevölkerung der westlichen Borealwälder könnte aus der Mikro-Klingen-Kultur der nordwestlichen Arktis hervorgegangen sein, während die entfernteren Vorfahren der Algonkin-Völker aus verschiedenen archaischen Kulturen herrühren, die sich von der Tundra in Mittelkanada bis zur Atlantikküste und den Waldgebieten des Südens ausbreiteten.

Südosten / Native Americans / Überblick / Frühzeit: nach 1 000 v. Chr.

Unter den charakteristischen Gewohnheiten der Stämme des Südostens, die im ersten Jahrtausend v. Chr. lebten, wäre die Angewohnheit zu nennen, Keramik mit geometrischen Mustern zu verzieren. Offensichtlich kam es dabei häufig zu Übernahmen aus dem Nordosten, vermittelt durch das Handelsnetz der Howell-Kultur im Ohio-Tal. Dieser Austausch dürfte zwischen 1 000 v. Chr. und 700 n. Chr. bis zur Zeit der Konatke mit Europäern angedauert haben.
Ein neuer Lebensstil, der weitgehend mit der Einführung der Landwirtschaft zusammenhing, scheint sich um 700 n. Chr. durchgesetzt zu haben. In den Flusstälern vor allem am Mississippi tauchen nun verfeinerte Formen der Keramik auf, zudem rechteckige mit Schilf oder Stroh gedeckte Häuser. All dies deutet auf Einflüsse aus Mittelamerika hin. Vom Mississippi aus breiten sich befestigte Hügeldörfer ostwärts zum Atlantik hin aus.
Der Ritualismus der Tempelhügel-Epoche (700–1700 n. Chr.) kennt getriebene Kupferplatten, Steinfiguren und lange elegante Flintklingen und gravierte Muschelschalen als Grabbeigaben.

Literatur:
de Chateaubriand, Francois-René: De Natchez, herausgegeben und mit einem Nachwort versehen von Oskar Sahlberg, Berlin 1982

Südosten / Native Americans / Überblick / Geschichte nach 1500 n. Chr.

In den Erzählungen des Hernando de Soto über seine Reise durch den Südosten in den Jahren 1539–1542 werden die Städte und Tempel der Indianer und die Landwirtschaft treibenden Stämme, die sie errichteten, beschrieben. Das

Eindringen der Europäer und später der amerikanischen Siedler führte zu einem raschen Bruch und Niedergang. Die Creek-Föderation, dazu ermutigt von den Engländern, vernichtete die indianische Bevölkerung von Spanisch-Florida, wurde aber in dem Creek-Krieg 1813–1814 selbst von den Amerikanern besiegt. Einige der Creek schlossen sich ihren Verwandten in Florida an und bildeten den Seminolen-Stamm. Die übrigen wurden ins Indianer-Territorium, damals ein unbewohntes Gebiet westlich des Mississippi, umgesiedelt. Die Mehrzahl der Seminolen schloss sich ihnen bald an.

Nach der Amerikanischen Revolution glichen sich die Cherokee zivilisatorisch rasch ihren weißen Nachbarn an. Die Entdeckung von Gold und die Nachfrage nach Grund und Boden brachten Jahre des Kampfes, US-Truppen erzwangen 1839 die Aussiedlung der Cherokee ins Indianer-Territorium.

Südwesten / American Natives / Überblick / Geschichte vor Columbus

Um die Zeitenwende (nach europäischer Zeitrechnung) begann im Südwesten der Übergang von einer Kultur des Jagens zur Landwirtschaft. Drei große kulturelle Gruppen begannen, sich herauszubilden. Unter den ersten, die Landwirtschaft trieben und Keramik herstellten, waren die Mogollon, deren Siedlungen mit Grubenhäusern in den Hügeln und Tälern des südlichen und oberen Gila River lagen.

Im Norden entwickelte sich die erste Phase der Anasazi-Kultur, die der Basketmaker (um 100 v. Chr.). Die Grubenhäuser nahmen an Ausmaßen zu, und die Ernten der Landwirtschaft wurden ergiebiger.

Nach 700 n. Chr. markieren Häuser über der Erde den Beginn der Pueblo-Phase der Anasazi Kultur, die sich bis 1 000 zu großen Gebäudekomplexen in Stein und Adobe steigerte. Durch klimatische Veränderungen – oder wer weiß durch was sonst veranlasst – wanderten die Pueblo-Bauern um 1300 südwärts und vermischten sich mit der Bevölkerung der Dörfer am Rio Grande.

Um die Zeitenwende hatten die Landwirte der Hohokam die südliche Wüste mit künstlichen Bewässerungsanlagen fruchtbar werden lassen. Ihre Kultur ist charakterisiert durch rote Keramik, Steinschnitzwerk und Bearbeitung der Ränder von Muscheln mit Säuren. Die Ballspielplätze deuten darauf hin, dass ein starker Einfluss aus Mittelamerika bestand. Obwohl diese Kultur entlang des Gila um 1400 verschwand, blieb doch eine Gruppe der sie entwickelnden Menschen. Sie wurden die Vorfahren der späteren Pima.

Südwesten / American Natives / Überblick / Geschichte ab 1500 n. Chr.

»Überall ist der Himmel das Dach der Welt, aber hier ist die Erde der Fußboden des Himmels«, so die Schriftstellerin Willa Cather über den Südwesten.

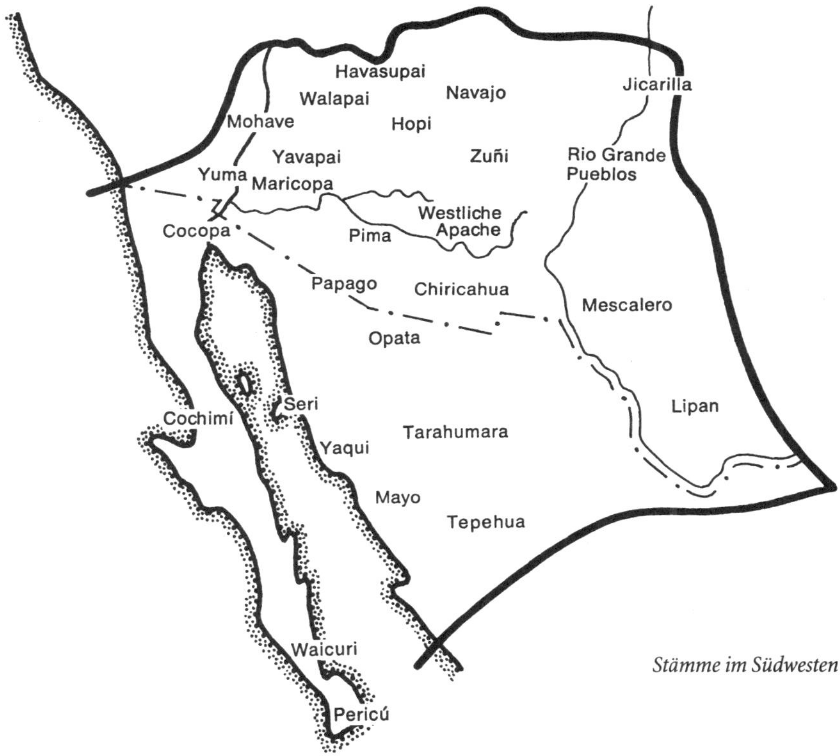

Stämme im Südwesten

Die Männer der Coronado-Expedition suchten 1540 vergeblich nach den Sieben Städten Cibola und eroberten Hawikuh und die benachbarten Pueblo-Dörfer. Krankheit, Hunger und Unterdrückung durch die neuen Herrscher führen 1680 zur Rebellion gegen die neuen Herren. Die Native Americans vertrieben die Spanier, aber nach vierzehn Jahren kamen diese zurück. (Genauere Darstellung s. unter Spanier und Native Americans im Südwesten.)

Die Pueblo-Indianer sind heute einschließlich der Hopi Ackerbauer und Viehzüchter, die wahrscheinlich direkt von den prähistorischen Anasazi (siehe dort) abstammen. Trotz starken Druckes durch die Weißen hat diese Tradition in den Dörfern mit den weißen Adobe-Häusern überlebt.

Die Navajo übernahmen landwirtschaftliche Kenntnisse und die Webtechnik von ihren Pueblo-Nachbarn. Die Spanier brachten die Viehzucht mit. In der Mitte des 19. Jahrhunderts eigneten sich die Navajo aus Mexiko die Kunst des Silberschmiedens an.

Die Navajo und Apachen, die im Süden etwa seit 1500 n. Chr. ansässig sind, sprechen athapaskische Sprachen, die auf ihre Herkunft im westlichen Kanada verweisen.

Literatur:

Zolbrod, Paul G.: Diné bahané, the Navajo Creation Story, Albuquerque 1984
Terreell, John Upton: The Navajos, the Past and Present of a Great People, New York 1970
Teiwes, Helga & Linding, Wolfgang: Navajo, Zürich 1991
Waters, Frank: Masked Gods, Navaho and Pueblo Ceremonialism, Athens, Ohio 1984.

Süße Medizin (Cheyenne)

Der Schamane Motseyoief *(»Stehende Süßwurzel«)* bei den Cheyenne. Er gehört in die Reihe jener Heldinnen und Helden, die in Zeiten der Not und der Krise des Stammes neue Lebenskraft gaben. Andere Beispiele wären der irokesische Deganawidah oder die Weiße Büffelkalbfrau der Sioux.

Literatur:

Grinnell, George Bird: The Cheyenne Campfires, New Haven & London 1926
Hoebel, E. Adamson: The Cheyennes, Indians of the Great Plains, New York 1960

Tabak

Die Blätter der Pflanzenart *(nicotina)*, wurde und wird von den Native Americans geraucht, gekaut, geschnupft, getrunken, die Pflanze gilt als heilig. Unter den indianischen Bewohnern Nordamerikas war das Rauchen mit einer Steinpfeife weit verbreitet. (Früheste Funde in Stätten der Ohio-Hopewell-Kultur zwischen 200 v. bis 500 n. Chr.) In der indianischen Folklore gibt es zahlreiche Geschichten über die ersten Tabakpflanzen. Einige betonen den Zusammenhang mit der Weltschöpfung, andere den mit Fruchtbarkeit. Nach der Vorstellung der Winnebago gaben die Tiere den Menschen ein Kraut, angenehm für den Geruchssinn, an dem sich die Tiere zuvor schon ergötzt hatten.

Der Bezug zur Schöpfung drückt sich in einer Mythe vom Earthmaker (Erdschöpfer) aus, der von Tabakduft so erfreut war, dass er jede Bitte erfüllte, die von einem Rauchopfer begleitet wurde. Während die Menschen im Unterschied zu den Tieren früher nicht in die Zukunft schauen konnten, war zeremonielles Rauchen für sie eine Möglichkeit, die zukünftigen Ereignisse zu erkennen und günstig zu beeinflussen.

In der Überlieferung der Stämme des Südostens wird die durch Tabak erzielte Fruchtbarkeit betont. Nach einer ihrer Geschichten wuchs die erste Tabakpflanze auf einem Stück Erde, auf dem Mann und Frau Geschlechtsverkehr hatten.

Tabu

Nach Sigmund Freud enthält das Tabu Bedeutungen, die in zwei Richtungen auseinanderlaufen. »Es heißt einerseits: heilig, geweiht, andererseits: unheimlich gefährlich, verboten, unrein.«

Tabus kommen im religiösen Leben der Indianer häufig vor. Man kann kaum eine Zeremonie finden, bei der es nicht irgendeinen Gegenstand gibt, den man nicht berühren darf.

Die heiligen Pfeile der Cheyenne beispielsweise dürfen nur Priester aus dem Medizinbündel nehmen.
Das Kriegsbündel der Creek wurde, wenn die Stammeskrieger es mit in die Schlacht nahmen, von dem Mann, der für seine Aufbewahrung verantwortlich war, auf dem Rücken getragen. Es durfte niemals die Erde berühren. Bei den Omaha war die heilige weiße Büffelhaut einer bestimmten Frau anvertraut und musste jede Nacht in einem besonderen Zelt verwahrt werden, geschah dies nicht, war vorauszusehen, dass die Jagd erfolglos verlaufen würde.

Takelma
Kleiner Stamm an der Nordwestküste, kulturell verwandt mit den Shasta.

Tecumseh
Kriegshäuptling der Shawnee, stammesübergreifender politischer Führer. Geboren 1768 in einem Shawnee-Dorf am Mad River in Ohio. Der Name bedeutet »der Panther, der über den Himmel springt«. Der Vater Puckeshinewa war ein Shawnee-Krieger, die Mutter Methoataske, eine Creek. Der Vater wurde 1774 in der Schlacht von Point Pleasant getötet. 1779 emigrierte die Mutter nach Spanisch-Louisiana. Tecumseh blieb bei einer älteren verheirateten Schwester im Ohio-Tal.
Ein entscheidendes Moment in Tecumsehs Leben dürfte das religiöse Erlebnis seines Bruders Lalawethika (Lärmmacher) im April 1805 gewesen sein. Der Bruder behauptete, er sei gestorben und wiedergeboren worden. Er änderte danach seinen Namen in Tenskwatawa (»Offene Tür«). Er bezeichnete die Weißen als »große Schlange« (Inbegriff des Bösen) und forderte die Shawnee auf, den Kontakt mit ihnen zu vermeiden. Aus der religiösen Bewegung wurde schließlich eine politische. Tecumseh rief dazu auf, den Weißen kein Land mehr zu verkaufen. Über drei Jahre hin versuchte er auf Reisen durch Ohio, Michigan, Indiana und Illinois eine politische Konföderation zu schmieden, kam auch nach Kanada und verhandelte dort mit den Franzosen. In all den wechselvollen Kämpfen, die er teilweise auch als Verbündeter der Briten gegen die USA führte, versuchte Tecumseh stets die Stammesegoismen durch eine panindianische Politik zu überwinden – ein Gedanke, der zu seiner Zeit kaum auf Widerhall stieß.
In der Schlacht am Thames River am 5. Oktober 1813 wurden die Verbände Tecumsehs im Kampf mit den weißen Nordamerikanern (Kentucky-Milizen) von den Engländern, nachdem diese lediglich drei Salven abgegeben hatten, im Stich gelassen und besiegt. Tecumseh fiel im Kampf. Die Milizangehörigen aus Kentucky verstümmelten seine Leiche und warfen sie dann in ein Massengrab.
Michael Solka stellt den Tod Tecumsehs, nach Berichten des Ottawa Kriegers Shabbona, anders dar. Tecumseh und Shabbona hätten während des Ge-

fechts an der Thames einen verwundeten amerikanischen Offizier gefunden, der sich in den Steigbügeln seines Pferdes verfangen hatte. Tecumseh habe sein Kriegsbeil erhoben, um den Mann zu töten, doch der Amerikaner habe seine Pistole gezückt und den Shawnee erschossen.

Ohne Zweifel war Tecumseh einer der begabtesten militärischen und politischen Führer der Native Americans. Moderne indianische Historiker sprechen von Tecumseh als von einem »amerikanischen Volkshelden«, protestieren aber gegen die Versuche weißer Autoren, Tecumsehs Gestalt und Leben zu romantifizieren. Dabei ließen sich die Tatsachen, dass seine Mutter zeitweilig Gefangene der Weißen war und die Gerüchte, dass er eine Weiße geliebt und angeblich Freimaurer gewesen sein soll, gut verwenden.

Literatur:
Engel, Elmar: Tecumseh und die Shawnee, Göttingen 1996
Solka, Michael: Tecumseh, Wyk auf Föhr 1993

Termination

Stichwort für die Politik der US-Regierung zwischen 1950 und 1960. Unter der Präsidentschaft von Franklin D. Roosevelt 1933–1945 war ein für die Native Americans günstiger Kurs von der Bundesregierung gesteuert worden. Das änderte sich unter seinem Nachfolger Harry S. Truman. Konservative weiße Politiker gaben vor, die »Emanzipation« der Indianer zu fördern. Die Beziehungen der Bundesregierung zu den Stämmen sollten gelockert, die Unterstützung der Stammesregierung durch die Bundesregierung eingestellt, die Verpflichtungen der Bundesregierung für den Schutz gewisser Landstriche beendet werden. Dies hatte zwischen 1954 und 1964 Auswirkungen auf einundsechzig Stämme, Gruppen, Gemeinden.

Betroffene Stämme waren vor allem die Menominee in Wisconsin, die Klamath und andere kleinere Stämme in Oregon, die durch das Aufheben der Reservationen ihren Waldbesitz verloren. Dem stimmten übrigens die Klamath im Verhältnis 2 : 1 zu, weil an die einzelnen bisherigen Stammesmitglieder relativ hohe Abfindungen gezahlt wurden. Auch die Ute- und Paiute-Indianer in Utah und die Alabama-Coushattans in Texas waren betroffen. Tatsächlich verschlechterten sich mit dieser Politik die Lebensbedingungen der Native Americans. Sie beschleunigte in den meisten Fällen den Verfall ihrer eigenständigen kulturellen Traditionen.

Das politische Mittel, die finanzielle Hilfe auszusetzen und den Native Americans den Schutz durch die US-Regierung zu entziehen, war durchaus nicht neu. 1830 wurde den Choctaw, die sich der Übersiedlung ins Indianer-Territorium widersetzt hatten und am Mississippi geblieben waren, die Unterstützung durch die US-Regierung entzogen, die Kickapoo wurden 1862 »terminiert«; 1868 jener Teil der Cherokee, der in North Carolina geblieben war; 1906 sechs der Fünf Zivilisierten Stämme in Oklahoma.

Tewa

Eine Gruppe der Pueblo-Indianer. Leben heute in sechs Dörfern am Rio Grande. Ihre Dörfer sind in jeweils zwei Moities, die sogenannten Sommer- und Winterstämme, aufgeteilt.

Literatur:

Parson, Elsie Clews: Tewa Tales, New York 1926
Hetmann, Frederik: Indianermärchen der Pueblo, Hopi & Navajo, Frankfurt/Main 1996

Tiere(n) / Einstellung der Native Americans zu

Bei vielen nordamerikanischen Indianerstämmen ist die mythologische Vorstellung verbreitet, dass es vor der Welt der Menschenwesen eine Welt der Tiermenschen gab, die die Welt der Menschen überhaupt erst erschufen. Andere Überlieferungen kennen einen »Verwandler«, ein übergeordnetes Wesen, durch dessen Kraft diese Entwicklung bewirkt wurde. Die Verbindung zwischen Mensch und Tier wird jedenfalls als eine sehr enge angesehen.
Unter den Tsimshian-Indianern kann man noch heute Stammesangehörige antreffen, die fest davon überzeugt sind, dass wir Menschen die Tiere nicht so sehen, wie sie wirklich sind, sondern lediglich in einer Verkleidung, die sie anlegen, wenn sie diese Welt besuchen. Wieder in ihre eigene Welt zurückgekehrt, nehmen sie wieder ihre tatsächliche Gestalt an.
Wie seltsam uns eine solche Vorstellung als Angehörige des westlich-europäischen Kulturkreises auch erscheinen mag, sie bewirkte in besonderer Weise Achtung vor der Umwelt des Menschen als dessen Existenzgrundlage. Jene Stämme, die überwiegend oder ausschließlich von der Jagd oder dem Fischfang lebten, bewiesen im Umgang mit ihrer Jagdbeute ökologische Sensibilität, die durch entsprechende Mythologien abgesichert war.
Andrew Garcia, ein junger mexikanischer Händler, der 1870 durch Montana reiste, fand neben der Wegspur überall an den Bäumen die Hufe von Rehen hängen. Die Indianer hatten sie dort befestigt, um, wie sie ihm sagten, dem Reh-Volk zu verstehen zu geben, dass sie von der erlegten Jagdbeute alles aufgebraucht hatten mit Ausnahme der nicht verwendbaren Hufe.
Bei den Stämmen in Alaska und in Britisch-Kolumbien, für deren Ernährung der Lachs unersetzlich war, bestand stillschweigend ein ökologischer Vertrag zwischen Mensch und Fisch, der sich in entsprechenden Mythen manifestiert. Der Mensch durfte den Fisch fangen, um sich von dessen Fleisch zu ernähren. Die Gräten hingegen mussten unbedingt wieder ins Wasser geworfen werden, um die Voraussetzungen für das Fortbestehen bzw. die Wiedergeburt der Art zu schaffen. Deshalb musste der Gehalt an Mineralien

Tipi bei den Crow, gezeichnet von George Catlin

dem Naturhaushalt wieder zugeführt werden.

Tipi

Stangenzelt, übliche Wohnform bei den Indianerstämmen zwischen Mississippi und den Rocky Mountains (Prärieindianer). Es bestand aus einem Grundgerüst aus drei oder vier Zeltstangen, die zusammen mit den anderen Stangen kreisförmig aufgestellt wurden. Dann wurde das Gerüst mit einer Plane aus Bisonhäuten, später aus Leinwand, bedeckt. Die Größe der Tipis und die Gesamtzahl der Stangen variierte beträchtlich. Bei den östlichen Dakota hatte das Tipi 16 Stangen, war etwa 3,50 m hoch und hatte einen Durchmesser von 3,50 m. Die Lederplane bestand aus sieben bis acht Bisonhäuten, die gegerbt und aneinandergenäht waren. Die Zelte der Crow und anderer Plains-Stämme waren erheblich größer. Hier maßen die Zeltstangen zwischen 10 und 13 m. An der Spitze des Tipi befand sich eine große Öffnung für den Rauchabzug, die bei schlechtem Wetter geschlossen werden konnte. Häufig waren die äußeren Lederwände bemalt, und man konnte an den Zeichen und Bildern die Besonderheiten der Bewohner ablesen.

Tlingit

Der nördlichste unter den großen Stämmen an der Nordwestküste, lebte in zahlreichen Dörfern vom Prince-William-Sund bis zum alaskischen Panhandle. Die Tlingit wurden von russischen Pelzhändlern erbarmungslos ausgebeutet. Heute leben noch circa 250 von ihnen in Craig auf der Prince-of-Wales-Insel in Alaska. Hielten Sklaven, praktizierten Potlatch (Geschenkvergabe als Zeichen von Prestige). Geschickte Schnitzer. Frauen webten die berühmten Chikat-Decken und flochten mehrfarbige Körbe.

Literatur:

Beck, Mary L.: Heroes & Heroines, Tlingit-Haida Legend, Seattle 1989

Tolowa

FünfGruppenathapaskischsprechender Völker heute im südwestlichen Oregon und nordwestlichen Kalifornien. Vor der Begegnung mit den Weißen (1828, Jedediah Smith) soll der Stamm 2400 Personen umfasst haben. In der Mitte des 19. Jahrhunderts wurde die Bevölkerung durch Epidemien von Cholera, Masern, Diphtherie und Pocken stark reduziert. Sie betrug 1870 um die 200, 1900 weniger als 150 Personen. Im 20. Jahrhundert lag die Bevölkerungszahl um die 500. In den letzten Jahrzehnten hat eine positive Entwicklung Platz gegriffen. Die Stammessprache wird zunehmend wieder gesprochen und die kulturellen Praktiken leben wieder auf. Die Tolowa haben beim Bureau of Indian Affairs den Antrag auf offizielle Anerkennung als Stamm gestellt.

Tolteken

Begründeten die Hochkultur im Tal von Mexiko mit den Städten Tula und Teotihuacán dreißig Meilen südlich des heutigen Mexico City. (Siehe auch »Mittelamerika«)

Literatur:

Prem, Hanns J. und Dyckerhoff Ursula: Das alte Mexiko, Geschichte und Kultur der Völker Mesoamerikas, München 1986

Totem

Ein Begriff der von einem Wort der Ojibwa *ototeman*, d.h. sein Mitkind-Verwandter abgeleitet wurde. Algonkin *nto'te-*, Cree *ototema*, sein Verwandter. Herleitung der Abstammung einer Gruppe von Menschen vom einem bestimmten Totem. Bei diesem handelt es sich meist um ein Tier, zuweilen auch um eine Pflanze oder ein Gestirn. Das Totemtier wird verehrt, darf nicht gejagt oder gegessen werden. Das Totem besitzt nach dieser Vorstellung übernatürliche Kräfte, von denen man annimmt, dass sie sich auf die Menschen, die das Totem achten und verehren, übertragen.

Nach Frazer, mit dem der Begriff in die englische Sprache einging, ist ein Totem eine Klasse materieller Objekte, die die Naturvölker (er schreibt »Wilde«!) mit abergläubischem Respekt betrachten, weil sie annehmen, dass zwischen dem Totem und jedem Mitglied des Clan eine vertrauliche, aber jedenfalls besondere Beziehung besteht.

Von Goldenweiser stammt die Definition: »Totemismus ist die spezifische Sozialisation eines emotionalen Wertes.« Er wies nach, dass Totemismus kein »fester Komplex« ist, sondern ein Konglomerat voneinander unabhängiger Eigenarten, die unabhängig voneinander verbreitet sind und dass, weltweit betrachtet, Totem mal auf diese, mal auf jene Eigenart angewendet wird.

Totempfähle bei den Stämmen der Nordwestküste

Literatur:
Frazer, J. G: Totemism, London 1887
Goldenweiser, Alexander: Totemism – An Analytical Study, Journals of American Folklore, 23, 1910

Totem-Pfähle

Kommen vor allem bei den Stämmen und Völkern an der Nordwestküste vor. Traditionell waren das aus schweren Zedernholzstämmen bestehendes inneres Gebälk und die zentralen Giebelpfosten eines Hauses dieser Stämme, geschnitzt und bemalt. Daraus entstand der Totempfahl, der eigentlich ein Familienwappen ist und erst in neuerer Zeit (1850–1900) eingeführt wurde. Die Totemtiere auf dem Pfahl sollen die Familie beschützen, bilden aber häufig auch wichtige Ereignisse der Familiengeschichte ab. Nicht selten tragen die Wächterfiguren, die ganz oben sitzen, Potlatchringe, die auf Reichtum und Prestige der betreffenden Familie hinweisen sollen.

Literatur:
Donnervogel und Raubwal, indianische Kunst der Nordwestküste Nordamerikas, Katalog der Ausstellung zum 100jährigen Bestehen des Hamburgischen Museums für Völkerkunde von Wolfgang Haberland, Hamburg 1979

Träume

Träume bei den Native Americans wurden bei den Huronen durch den Ordensbruder Gabriel Sagard schon 1623 aufgezeichnet. Träume kamen, wenn junge Leute des Huronen- und Irokesenstammes in einem besonderen Raum des Langhauses bis zu dreißig Tage fasteten.

In den Aufzeichnungen des Jesuiten Jean de Brébeuf wird auch von Frauen erzählt, die durch Träume eine besondere Funktion bei einer Zeremonie zugewiesen bekamen.

Männer und Frauen, die sich als erfahren im Träumen und der Traumdeutung erwiesen, wurden zu religiösen Spezialisten, die den bevorstehenden Tod, Gesundung und Jagdglück voraussagten.

Eine höchst eigenartige Zeremonie bei den Irokesen war das Traumratefest. Die Leute tanzten, sangen, nahmen glühende Kohle in die Hand, imaginierten einen Wunsch, und andere mussten diesen Wunschtraum erraten.

Berühmt aus der Region der Prärieindianer war der Visionstraum des neunjährigen Black Elk (siehe dort). 1925 sammelte Franz Boas einen ganzen Band mit Träumen der Kwakiutl, eines Stammes an der Pazifikküste. Manchmal war der Traumgeist eingeschlossen in ein Traumkristall, der sich im Körper des Träumers befand. Dies war ein Zeichen dafür, dass der Träumer in der Erfahrung von Träumen fortgeschritten war. Es gab Flugträume, die es dem Träumer erlaubten, in entlegene Bereiche der religiösen Kosmologie zu gelangen. In den Träumen der Native Americans an der Nordwestküste spielte zudem die Vorstellung der Reinkarnation eine wichtige Rolle. Im Traum sah man, was man im letzten

Travois (Schleppschlitten) der Prärieindianer

Leben gewesen war. Frauen träumten, sie hätten einen kürzlich Verstorbenen geboren. Der *Stisila*, ein Traumgeist bei den Bella Coola, wurde für Angstträume verantwortlich gemacht.

Travois

Eine doppelte Wagendeichsel, die aus zwei im spitzen Winkel miteinander verbundenen Stangen bestand, auf denen entweder ein leiterartiges oder ein ovales Gestell aus Weidenruten mit Lederriemen befestigt war. Ein Hundetravois konnte Lasten bis zu 50 Pfund Gewicht befördern. Die Travois wurden bei den Prärieindianern zunächst von Hunden oder Menschen (Frauen), später von Pferden gezogen. Mit der Pferdebespannung wurde dann der Transport der Habe (große Zeltstangen, Lederplanen, Kinder und Kranke, Hausrat und Vorräte) bei Umzug des Dorfes wesentlich erleichtert.

Trickster

Von jemandem mit einem Trick hereingelegt werden, ist ein Motiv, das sich in fast allen mündlichen Literaturen findet und von dem bei den Indianern in einzelnen Geschichten, meist aber in Zyklen, berichtet wird. Der Kojote ist der Trickster bei vielen Stämmen Nordamerikas. Psychologisch scheint die Rolle des Trickster darin zu bestehen, menschliche Unzulänglichkeiten auf ein kleineres Lebewesen zu übertragen, das seine weitaus größeren Feinde mit List besiegt. In der Identifikation mit diesem Vorgang beruht der Lustgewinn für jene, die die Geschichten erzählen oder sie hören.

Der vielleicht bestdokumentierte Tricksterzyklus wurde von Paul Radin bei den Winnebago, einem Stamm des Mittleren Westens, aufgezeichnet. Er umfasst folgende Episoden:

1. Trickster schläft mit Frau vor einem Kriegszug.
2. Trickster will allein auf den Kriegszug gehen.
3. Trickster entmutigt seine Kameraden, die ihn auf den Kriegspfad begleiten wollen.
4. Trickster tötet Büffel.
5. Trickster lässt seinen rechten Arm für den linken kämpfen.
6. Trickster leiht zwei Kinder von seinem jüngeren Bruder.
7. Kinder sterben, weil sich Trickster nicht an die Regeln hält.
8. Vater der Kinder verfolgt den Trickster.
9. Trickster schwimmt im Ozean, um festzustellen, wo die Küste ist.
10. Trickster jagt Fisch.
11. Trickster macht Menschen nach.
12. Tanzende Enten und sprechender Anus.
13. Fuchs isst gebratene Enten.
14. Trickster verbrennt sich den Hintern und isst seine eigenen Innereien.
15. Penis in einer Büchse.
16. Penis wird durch Wasser geschickt.
17. Trickster und Riesenvogel.
18. Frau rettet Trickster.
19. Trickster und Gefährten beschließen, wo sie leben wollen.
20. In eine Frau verwandelt, heiratet der Trickster den Sohn des Häuptlings.
21. Das letzte Kind der Vereinigung schreit und wird ruhiggestellt.
22. Trickster besucht Frau und Sohn.
23. Trickster und die abführende Zwiebel.
24. Trickster fällt in seine eigenen Exkremente.
25. Baum täuscht Trickster bei der Suche nach Wasser.
26. Trickster hält Pflaumen im Wasser für Pflaumen am Baum.
27. Mutter isst Pflaumen, während Trickster die Kinder verspeist.
28. Skunks überreden Trickster, ein Loch durch den Hügel zu graben.
29. Mütter werden von Trickster ins Loch gelockt und gefressen.
30. Baum verspottet Trickster, der in einer Astgabel festsitzt.
31. Wölfe kommen und fressen Tricksters Futter unter dem Baum auf.
32. Fliegen in einem Elchschädel locken den Trickster an, und er verfängt sich darin.
33. Leute zerschlagen den Schädel.
34. Trickster verwandelt sich in ein Reh und nimmt Rache am Falken.
35. Bär wird von Trickster in den Tod gelockt.
36. Nerz überlistet Trickster und bekommt das Bärenfleisch.
37. Trickster verfolgt Nerz erfolglos.

38. Klippschiffer bewirkt, dass Trickster einen Teil seines Penis verliert.
39. Penisteil fällt in den Fluss und verwandelt sich in eine Pflanze.
40. Kojote führt Trickster ins Dorf.
41. Trickster imitiert die Ratte und verwandelt Eis in Blumenwurzeln.
42. Trickster versucht, wie ein Vogel zu fischen.
43. Trickster macht das Vorgehen des Spechtes nach, um einen Bären zu fangen.
44. Trickster macht Wildkatze nach, um ein Reh zu fangen.
45. Nerz beschmutzt die Tochter des Häuptlings wie von Trickster geplant.
46. Der Kojote wird übertölpelt und an den Schweif eines Pferdes gebunden.
47. Trickster beseitigt Hindernis auf dem Mississippi.
48. Wasserfall wird von Trickster gezwungen, auf Land zu fallen.
49. Trickster isst seine letzte Mahlzeit auf Erden und zieht sich in den Himmel zurück.

Literatur:
Radin, Paul: The Trickster – A Study in American Mythology with Commentaries by Karl Kerenyi und C.G. Jung, New York 1956

Tsimshian
Ursprünglich bis 1884 am Skeena River an der Küste von Britisch-Kolumbien. Kulturell mit den Kwakiute verwandt. 1 000 Tsimshian leben heute auf der Annette-Insel im südöstlichen Alaska. Hauptnahrungsmittel Lachs, Heilbutt, Schellfisch. Jagen auch Wale. Geschickte Holzschnitzer und Weber.

Literatur:
Philip Drucker: Indians of the Northwest Coast, Garden City New York 1955

Unsere Großmutter (Schöpfungsgöttin der Shawnee)
Sie steigt vom Himmel herab und erschafft die Schildkröte, also die Erde samt deren Landschaften. Ihr Enkel »Wolkiger Junge« und dessen kleiner Hund begleiten sie. Gegen den Willen der Großmutter tötet »Wolkiger Junge« einen Riesen, indem er ihm ein Messer in den Bauch stößt. Aus dieser Wunde ergießt sich die Sintflut. Großmutter muss nun die Welt neu schaffen, zuerst macht sie die Flusskrebse und Erdtaucher, dann die Shawnee und zeigt ihnen, wie man Mais pflanzt, jagt, wie man Häuser baut und Zeremonien veranstaltet. Darauf zieht sie sich in den Himmel zurück.

Ursprungsmythen
Allgemein wichtige oder geheimnisvolle Phänomene bedürfen bei Menschen, die mit der Natur eng verbunden sind, einer Erklärung in der Sprache der Mythen. So die Entstehung des Feuers, des Donners, der Hexerei, des Wampum, des Pfeifensteins, des ersten Totempfahls, aber auch der Hauptnahrungsmittel wie Mais, Kürbis, Bohnen oder rituell benutzter Pflanzen wie der Tabak.

Eine Ursprungsmythe über die Entstehung der berühmten Decken der Chilkat erzählt von einer schönen Frau. Sie zieht sich in die Einsamkeit zurück und bringt es dort zur Meisterschaft im Weben. Der Lachs, der Rabe und die Baumschwalbe bringen *Tsihooskswallaam* um ihren Besitz. Der Aufenthaltsort der Frau wird entdeckt, sie stirbt an Kummer und Enttäuschung. Danach verteilen der Rabe und die Baumschwalbe die schönen Decken in einem Potlatch.

Das Weben scheint vor allem im Süden als eine solch wichtige Errungenschaft betrachtet worden zu sein, dass es bei den Navajo eine Ursprungsmythe über die Erschaffung des ersten Webstuhls durch Donner und Blitz gibt. An ihm arbeitete dann die Spinnenfrau, so genannt, weil die feinen Spinnennetze für ihre große Geschicklichkeit zeugten.

Literatur:
Taylor, Colin: Die Mythen der nordamerikanischen Indianer, München 1995

Ute

Gehören zur uto-aztekischen Sprachfamilie. Ein Stamm im westlichen Colorado und östlichen Utah. 700 südliche Ute, die Vieh züchten, leben heute in einer Reservation bei Ignacio, Colorado. Die nördlichen Ute zählten um die 1800 Stammesangehörige und bewohnen jetzt die Ute-Mountain-Reservation in Colorado. Weitere 1200 befinden sich in der Uintah and Ouray-Reservation bei Fort Duchesne in Utah.

Verträge

Einen ersten Vertrag mit einem Indianerstamm schloss die gerade im Entstehen begriffene Nation der USA 1778 mit den Delaware. Davor gab es Verträge der englischen Krone mit den Stämmen Neuenglands (ab 1664). Später wurde den Kolonien die Gerichtsbarkeit über die Indianer von der Krone in allen Kolonien entzogen, um Landraub der Kolonisten zu verhindern. Zwischen 1778 und 1871 setzt der US-Kongress der Gewohnheit, mit den Stämmen Verträge abzuschließen, sie aufzulösen und neue Verträge auszuhandeln, ein Ende. Bis dahin gab es 389 Verträge. Verträge wurden häufig wiederholt und mit demselben Stamm geschlossen. Den Rekord stellen zweiundvierzig Verträge mit den Potawatomi und den Chippewa dar. In den Verträgen bestimmten die USA ein gewisses Gebiet als »Homeland« (Reservation) und bezahlten die Indianer mit Geld, Nahrungsmitteln oder anderen materiellen Gütern für das von den Weißen gewünschte Areal. Die Indianer versprachen als Gegenleistung, Frieden mit den USA zu halten und ihnen im Krieg mit anderen Mächten beizustehen. Der Kaufpreis pro acre (40,468 Ar) lag häufig unter 10 Cent, während die Regierung das Land dann für 1,25 $ weiterverkaufte. Von daher werden die meisten Verträge dieser Art heute als ungerecht angesehen und häufig vor den Gerichten angefochten.

Visionssuche

Alle Prärie- und Plainsindianer teilen die Vorstellung, dass Tiere, Pflanzen und sämtliche Naturgegenstände (Steine, Himmelskörper usw.) von einer magischen, zauberkräftigen Energie durchdrungen sind, die bei den Algonkin *Manitu*, bei den Dakota *wakan*, bei den Crow *maxpé* genannt wird. Sie konnte durch bestimmte Gegenstände (Muschel, Kieselstein), durch besondere Riten, vor allem aber durch Träume oder Visionen durch mythische Tiere auf den Menschen übertragen werden.

Bei den Prärieindianern versuchten Männer und manchmal auch Frauen mit den Geistermächten in Verbindung zu treten und so einen übernatürlichen Schutzgeist zu erhalten.

Der Suchende begab sich in die Einsamkeit, er fastete, in manchen Fällen rauchte er auch eine geweihte Pfeife. Er bat um geheimes Wissen, um besondere Gesichtsfarben und Lieder, um in späteren Zeiten so seinen Schutzgeist wieder herbeirufen zu können (siehe dazu auch »Träume«).

Neben der großen Vision von »Schwarzer Hirsch« (s. Black Elk) ist auf die Vision des späteren Crow-Häuptlings *Plenty-coups* hinzuweisen, bei der es sich ebenfalls um einen Lebenstraum handelt. Allerdings hat der zehnjährige Plenty-coups seine Vision nicht ungewollt erfahren, sondern folgt der Aufforderung des Stammesausrufers:

»Es gibt hohe Gipfel in diesen Bergen, ihr jungen Männer! Besteigt sie und sucht einen Traum! Seid ihr Männer oder Weiber? Fürchtet ihr euch vor dem bisschen Leiden? Geht in die Berge und sucht Helfer für euch und für unser Volk, das so viele Feinde hat.«

In den Bergen wird er von einem Büffelstier erwartet, der sich in einen Mann verwandelt und ihn auf eine magische Reise unter der Erde mitnimmt, bei der er schließlich auch einen alten Mann unter dem Schatten der Bäume sitzen sieht, wozu sein Büffelbegleiter bemerkt: »Das bist du selbst.«

Werner Müller kommentiert: »Anders als bei Schwarzem Hirsch erfüllt sich (bei *Plenty-coups*) die Vision wortwörtlich. Die Crow gehörten zu den Stämmen, die nie einen Schuss gegen die Amerikaner abfeuerten; die ewigen Kämpfe gegen Teton, Cheyenne und Arapaho zwangen ihnen diese Politik auf zu ihrem eigenen Heil.« Er spricht von »optischen Netzladungen«. »Zwischen dem, was man weiß, und dem, was man träumt, laufen zahlreiche Fäden.«

Bei den Crow empfand man das Verhältnis zwischen dem Menschen und seinem Schutzgeist wie das zwischen Vater und Sohn, man sprach deshalb von einer Adoption. »Gewöhnlich erklang bei der ersten Erscheinung eines Schutzgeistes eine Melodie oder ein Ruf, mit dem dann später dieses Wesen angerufen werden konnte. Schon dabei erfuhr er (der Indianer), wie er sich kleiden, welche Medizin oder Heilpraktiken er verwenden und welche Speise-

oder sonstigen Verhaltenstabus er einhalten müsse. Jede Verletzung solcher persönlichen Vorschriften hatte den Entzug des Beistandes oder gar eine Bestrafung zur Folge.« (W. Lindig)

Literatur:

Benedict, Ruth Fulton: The Visions in Plains Culture, American Anthropologist N. S. 24 1929
Lindermann, Frank Bird: Plenty-coups, Chief of the Crows, Lincoln 1962

Wakan

Eine übernatürliche Kraft. Ein Indianer erklärte: »Alles Leben ist *wakan,* so auch alles, worin Kraft wirksam wird, ob es sich nun um eine Tätigkeit des Menschen, um das Treiben der Wolken oder um das untätige Daliegen eines Kieselsteines am Wegrand handelt. Selbst die einfachsten Stöcke und Steine haben eine geistige Essenz, in der sich die allgegenwärtige Kraft ausdrückt, die das Universum erfüllt.«
Für die Irokesen hat der Begriff *orenda* eine ähnliche Bedeutung. Wie die Elektrizität ist diese unsichtbare Kraft in der Lage, zu verletzen oder zu stärken.

Literatur:

Hetmann, Frederik: Die Erde ist unsere Mutter – Indianische Spiritualität und Religion, Freiburg i. Br. 1998. Underhill, Ruth M: Red Man's Religion, Chicago & London 1965

Walam Olum

Die christianisierte und abgekürzte Version des Hasen-Zyklus hat sich im Walam Olum (der »Rot Eingekerkerte«) der Delaware als Bilderschrift erhalten. Man fand ihn im Bundesstaat Indiana. Er scheint aus der Zeit vor dem Jahr 1820 zu stammen. Nach der Schöpfung der Welt, mit der ein glücklicher Zustand hergestellt ist, taucht die Schlange auf und verdirbt alles. *Nanábush,* eine männliche Gestalt, schafft das machtvolle Kaninchen, und dieses lässt eine neue Erde oder »Schildkröte« entstehen.

Wampum

Ein meist aus durchbohrten Perlen und Muscheln geflochtener Gürtel, der zur Erinnerung an Bündnisse oder Friedensschlüsse zwischen zwei Parteien oder Stämmen (Algonkin, Pequot und Delaware) ausgetauscht wurde.

Wassergeborener

Einer der beiden Zwillinge in den Mythen der Navajo. Er wurde durch das rinnende Wasser gezeugt, während sein Bruder die Sonne zum Vater hat. Bei ihrer Suche nach ihrem Vater gibt ihnen die Spinnenfrau Gebetsfedern, die sie die vier Gefahren des Wegs überwinden lassen.

Waters, Frank

(1902–1995) Besuchte das Colorado College von 1921 bis 1924. Gab das Studium auf, arbeitete in verschiedenen Berufen im Westen, reiste in Mexiko. 1924 Arbeiter auf den Ölfeldern von Salt Creek, Wyoming, später als Telefontechniker in Kalifornien. Während des II. Weltkriegs: Tätigkeit in einem

Propagandabüro für Inter-American Affairs. Zeitungsarbeit in Taos. Pressesprecher des Alamos Scientific Laboratory in New Mexico und Las Vegas, Nevada. Arbeitete vorübergehend in Hollywood. 1966 als Writer-in-Residence an der Colorado State University in Santa Fe. Schrieb 27 Bücher: Romane. Biographien und Essay-Sammlungen. Er wurde mehrmals für den Nobelpreis vorgeschlagen und erhielt sieben Ehrendoktorhüte von Universitäten und Colleges des Südwestens.

Grundlegend sind seine Bücher über Kultur und Religion der Native Americans des Südwestens. Die Erfolge seiner Bücher spiegelten ein in den USA erwachendes Interesse an den spirituellen Werten der Indianer. 1970 erhielt er ein Rockefeller-Stipendium zum Studium vorkolumbianischer Kultur und Religion der Tolteken, Azteken und Maya in Mexiko und Guatemala. Er starb 1995 in seinem Heim in Arroyo Seo, New Mexico.

Literatur:
(Auswahl) Waters, Frank: The Man Who Killed the Deer, novel, 1942
– :Masked Gods: Navajo und Pueblo Ceremonialism, 1950
– :The Book of Hopi, 1963
– :Mexico Mystique: The Coming Sixth World of Consciousness, 1975
Übersetzung in deutscher Sprache:
Waters, Frank: Das Buch der Hopi, Düsseldorf 1980.
– :Pumpkin Seed Point – Meine Zeit mit den Hopi, Wald 1986
– :Tapfer ist mein Volk: unsterbliche Indianerhäuptlinge, München 1996

Webarbeiten

Man geht davon aus, dass die Korbflechterei im Südwesten ab 7 500 v. Chr. begann und die Webtechnik kurz danach entdeckt wurde, obwohl prähistorische Funde nicht vor circa 1 000 v. Chr. bekannt sind.

Aus dem Nordwesten ist vor allem die Chilkat-Decke berühmt. Aus den großen Ebenen gibt es wenig Hinweise auf eine Webtradition. Büffelhaar war hier die am meisten verarbeitete Faser. Die Region, die über eine ausgeprägt lange Tradition des Webens verfügt, ist der Südosten, wo Webstücke aus der Kultur der Mount builder (1200–1600 n. Chr.) gefunden wurden. Die Art der hier benutzten Webstühle ist unbekannt. Der wichtigste europäische Einfluss auf die indianische Weberei war die Einführung des Schafes durch spanische Siedler und Missionare im 16. und 17. Jahrhundert. Zuvor war die Basis heimische Baumwolle gewesen.

Die ersten Weber im Südwesten waren die Anasazi, die an einem aufrecht stehenden Webrahmen ab 800 n. Chr. Baumwolle, Yucca-Fasern und Federn verwebten.

Dieser Webrahmen wird heute immer noch weitgehend benutzt, und man bezeichnet ihn als Navajo-Webstuhl. Weil Webarbeiten bei den Pueblo hauptsächlich für die bei den Zeremonien getragenen Kostüme hergestellt werden, wurden sie nie so bekannt wie die Navajo-Läufer und -Decken, die schon als Tauschware bei anderen Stämmen

Webarbeiten

und den Spaniern begehrt waren.
Für die Navajo war Weben ein wichtiger Vorgang ihrer Existenz, eine rituelle Tätigkeit, verbunden mit einem Gebet an den Kosmos, mit der Bitte um Harmonie und das Gleichgewicht der Elemente.
Von Generation zu Generation als ein »Weg des Seins« betrachtet, war das Weben mit Mythologie und Religion der Indianer eng verbunden. Gemäß einer der vielen Überlieferungen wird, wenn ein Navajo-Mädchen zur Welt kommt, ein Spinnennetz auf den Händen und Armen des Babys zerrieben, damit es später einmal gut und mühelos webt.
Die Navajo weben traditionsgemäß in ihre Textilien stets einen Pfad, der aus dem Muster herausführt, weil sie fürchten, dass die Seele des Webers sonst darin eingesperrt werde.
Das neue Material durch die Churro-Schafe der Spanier brachte in Verbindung mit einer neuen Webtechnik (horizontaler Rahmen mit durch Tritte beweglichen Schäften) ganz neue gestalterische Möglichkeiten. Diese Webart wurde als »Rio Grande-Stil« bekannt. In seinen Textilien kann man unter Umständen alte maurische Muster wiederfinden.
Anders als auf dem aufrechtstehenden Webstuhl, wie ihn die Navajo benutzten, ließen sich auf dem horizontalen Webrahmen leicht Stücke von nahezu endloser Länge herstellen. Dies stellte

einen großen wirtschaftlichen Fortschritt dar. Allerdings blieben bis 1802 die hispanischen Gewebe in den Dörfern des Rio Grande im Vergleich zu den in Mexiko gefertigten Stücken eher primitiv.

Dann wurden der Webmeister Ignacio Bazan und sein Bruder Juan von Neu-Spanien (Mexiko) in das Tal des Rio Grande entsandt, um dort ein Lehrlingssystem aufzubauen. Bald, nachdem sie ihre Tätigkeit aufgenommen hatten, entwickelte sich ein neues Webmuster, das der kunstvollen *saltillo serape,* einer Decke, die traditionsgemäß von den spanischen Bauern getragen worden war und zuletzt zum Symbol des mexikanischen Unabhängigkeitsstrebens von 1812 wurde.

Das Saltillo-Muster, ein Rhombus, der indianischen Ursprungs war, kam zu dem traditionellen Band und den Streifen als Muster der Decken hinzu. Palmitas (Blätter) oder *manitos* tauchten nun auf dem mittleren Streifen auf. Sie gaben den alten Mustern einen kühnen, neuen visuellen Rhythmus, der bis zum Ende des 19. Jahrhunderts sich in den Webarbeiten sowohl der hispanischen wie auch der Navajo-Weberinnen wiederfindet.

Die Navajo wurden so perfekt in dem eigentlich spanischen Stil, dass auch ihre Decken wegen ihrer hohen technischen Qualität und der Dichte des Gewebes bald sehr geschätzt waren.

Navajo-Decken, die zwischen der Mitte des 17. und Mitte des 19. Jahrhunderts entstanden sind, bezeichnet man als Webwaren der klassischen Periode. Typisch sind hier die gestreiften Decken, die heute (*Chief blankets*, d.h. Häuptlingsdecken) genannt werden. Trotz ihres Namens kennzeichnen sie nicht immer als Kleidungsstück den Status des Häuptlings. Gleichwohl wurden sie über 85 Jahre hin bis heute mit immer mehr Mustern und Farben verziert.

Einen Verfall erlitt die Webkunst der Native Americans im Südwesten durch die Einführung der Anilinfarben. Erst in den 30er Jahren dieses Jahrhunderts kehrten die Weberinnen und Weber zu traditionellem Färben zurück. Bis dahin benutzte man als Motive häufig auch geschichtliche Ereignisse während der Verfallszeit. 1879 etwa war die Eisenbahnstrecke bis in diese Gegend verlängert worden, und 1882 verlegte die Southern Pacific ihre Gleise durch die Four Corners. Auf einigen Indianerdecken dieser Zeit sieht man Eisenbahnlokomotiven, doch haben diese nicht runde, sondern viereckige Räder.

Literatur:

Dockstade, J. Frederik: Weaving Arts of the North American Indians. New York 1978

Woven by the Grandmothers, Nineteenth-Century Navajo Textiles from the National Museum of the American Indian, edited by Bonar, Eulalia H., New York 1997

Weiße Büffelkalbfrau

Mythologische Geschichte über die Einsetzung der Büffelkalb-Pfeife, eine der wichtigsten Stammesmedizinen der Lakota-Sioux. Zwei junge Männer treffen eine geisterwesenhafte Frau. Der eine versucht, sie zu vergewaltigen und wird von Klapperschlangen getötet. Der andere wird von der Frau angewiesen, mit grünen Zweigen einen Kreis abzustecken, in diesem übergibt sie vor dem ganzen Stamm die Pfeife. Der Vorgang ist mit der Einsetzung von fünf großen Zeremonien verbunden: Zieheltern-Gesang, Sonnentanz, Visionsschrei, Büffelgesang und Geisterwächter.

Literatur:

Agsichewa, Amina: Die Heilige Büffelfrau, Mythen und Legenden der Indianer Nordamerikas, Berlin 1991
Bierhorst, John: Die Mythologie der Indianer Nordamerikas, München 1988
Erdoes, Richard & Ortiz, Alfonso: American Indian Myths and Legends, New York 1984
Hetmann, Frederik: Die Erde ist unsere Mutter – Indianische Spiritualität und Religion, Freiburg i. Br. 1998

Welskopf-Henrich, Liselotte

(1901–1979) Tochter eines Rechtsanwalts, wuchs in München und Stuttgart auf. Interessierte sich von klein auf für die Indianer. Beginnt 1918 zu schreiben. Studierte Geschichte und Philosophie. 1925 Doktor der Philosophie. 1943/1945 aktiv im antifaschistischen Widerstand in Berlin. Schrieb darüber einen autobiographischen Roman »Jan und Jutta« (Berlin 1954). Ab 1949 wissenschaftliche Mitarbeiterin an der Humboldt-Universität. 1963 Besuch in Indianerreservationen in Kanada, recherierte bei Nachkommen der nach Kanada entflohenen West Dakota. 1965 DEFA-Film »Die Söhne der Großen Bärin« frei nach dem Roman. 1965–1974 vor Vortragsreisen in den USA, verbunden mit Besuchen in Reservationen. Professur für Alte Geschichte in Ost-Berlin. Nationalpreis der DDR 1972. Bis zu ihrem Tod: Leiterin des Forschungsprojektes »Soziale Typenbegriffe im alten Griechenland«. Gestorben 1979 in Berlin-Treptow.

Literatur:

Ihre beiden Romanzyklen mit indianischen Themen sind die Trilogie »Die Söhne der großen Bärin« (Berlin, 1951), »Harka« (1962) und »Top und Harka« (1963) sowie die Roman-Pentalogie, »Das Blut des Adlers« (Gesamttitel) bestehend aus: »Nacht über der Prärie« (1966), »Licht über weißen Felsen« (1967), »Stein mit Hörnern«, »Der siebenstufige Berg«, »Das helle Gesicht« (1972). Die Romane vermitteln ein realistisches Bild vom Leben der Indianer in den Reservationen in der ersten Hälfte des 20. Jahrhunderts. Schließlich: »Der Steinknabe, nach einem Märchen der Dakota-Indianer frei erzählt«, Berlin 1953

Wigwam

Wigwams wurden aus einem Holzgestell gebaut und mit einer Schicht aus Gestrüpp und feuchtem Lehm bedeckt, darauf kam dann eine Schicht Erde.

Wilder Reis / Manoomi

Wilder Reis spielt als Nahrungsmittel bei den Indianern in Wisconsin und Minnesota und in den Sumpfgebieten an den großen Seen eine wichtige Rolle. Zwei Wochen, ehe der Reis reif ist, bündeln die Frauen die Stengel. Die Samenstände werden dann Ende August oder

»Wigwam«

Anfang September abgeschnitten und später im Winter ausgeklopft. *Manoominike Giizis* bedeutet der Mond (Monat), an dem der Reis geerntet wird.

Winnebago
Stamm der Sioux-Nation, der an der Green Bay des Michigansees lebte. Der Name bedeutet »Leute des schmutzigen Wassers«.

Winteraufzählung (der Oglala Sioux)
Ein Sprichwort der Teton-Sioux lautet: »Ein Volk ohne Geschichte ist wie der Wind über Büffelgras.« Die Worte der Winteraufzählung in Oglala sind Erinnerungsstützen, von denen her der mündliche Erzähler die wichtigsten Ereignisse des betreffenden Jahres ableiten konnte.

Beispiele:
1759 Wic'a'b lecaha Wani yetu.
Sie sind auseinandergegangen / Jahre der Zerstreuung des Stammes.
1890 Si T'a' tke' Pi
Big / Foot / sie töten.
Häuptling Big Foot kommt zum Geistertanz. Die Behörden verbieten den Tanz. Bei Brennan greifen Soldaten die Geistertänzer an. Sie töten den Häuptling und viele andere.
1914 Iya' Si'ca t'oka oki' c' ize
Rede / schlecht / erst / es gibt Krieg.
Kriegserklärung an Deutschland.
Die Winteraufzählungen sind durchgehend von 1759 bis 1925 erhalten. Sie legen Zeugnis von den erstaunlichen Gedächtnisleistungen in »mündlich« orientierten Kulturen ab.

Literatur:
Beckwith, Martha Warren: »Mythology of the Oglala Sioux«, Journal of American Folklore 4, Oktober–Dezember 1930, S. 339–442

Wintu

Von den Weißen wegen der Krankheiten, die sie übertrugen, »Giftleute« genannt. Ansässig heute im nördlichen Kalifornien.

Wokonda

Die höchste Wesenheit, die Gesamtheit der Erscheinungswelt. Das entsprechende Wort in der Algonkinsprache ist Manitu. Im Glauben der Prärie- oder Plains-Indianer lag die wirkliche Welt über und unter der wahrnehmbaren. Was das Auge erblickte waren schattenhafte Abbilder der Urdinge, die in der wirklichen, der jenseitigen Welt in unerhörtem Glanz erstrahlten.

Wolf

In der Mythologie der Waldländer ist der Wolf der geliebte Bruder des Kulturhelden Nanabozho. Er ertrinkt, wird wiedergeboren und wird endlich Herrscher über die Unterwelt. Die Tlingit sind in zwei Moieties aufgeteilt, die eine ist nach dem Wolf, die andere nach dem Raben benannt. In den Mythen des Großen Beckens sind Wolf und Kojote brüderliche Trickstergestalten, die zusammen Abenteuer erleben; die Ursprungsmythe der Yuma macht die beiden zu Brüdern. Bei den Pomo-Indianern in Kalifornien ist der Kojote für das Kreative zuständig, aber auch dem Wolf kommt eine wichtige Rolle zu. An der Nordpazifikküste spielt der Wolf eine wichtige Rolle in den sozialen Organisationen.

Wolfs-Gesellschaft

Eine Heilungstätigkeiten ausübende Gesellschaft bei den Quileite- und Makah-Indianern an der Nordwestküste. Die Gesellschaft entstand, als der »Verwandler«, der Schöpfer, den Wolfshäuptling tötete, in dessen Fell tanzte und so die Fähigkeit erlangte zu heilen. Die Gesellschaft führt den Wolfstanz zur Heilung eines Kranken auf und wird dafür hoch bezahlt.

Wort, die Bedeutung des Wortes in der Kultur der Indianer

Das gesungene oder gesprochene Wort, wie es in Liedern, Mythen und Märchen vorkommt, war und ist für die Kultur der Native Americans in den seltensten Fällen nur ein Mittel zur Unterhaltung oder bloßen Selbstdarstellung. Viel häufiger zielt Singen und Sprechen darauf ab, eine Kraft wirksam werden zu lassen, einen Einfluss auszuüben: auf sich selbst, seine Mitmenschen oder das Wesen der Natur. Wenn ein Indianer beispielsweise vom Ursprung der Welt erzählt, versucht er den Zustand des Universums zu beeinflussen, die abnehmende Kraft der übernatürlichen Wesen wieder zu stärken. Zu den meisten Schöpfungsgeschichten gehört ein Ritual, das den Sinn und Zweck hat, die

Welt vor Tod und Zerstörung zu retten und den heiligen Zustand des Anfangs wieder herzustellen. Mehr noch, das gesprochene oder gesungene Wort war dazu bestimmt, das Leben des einzelnen zu verlängern, also zu heilen, das Böse abzuwenden, den Tod fortzuschicken.

Margret Astrov schreibt in ihrem einsichtigen Essay über die Besonderheit indianischen Sprechens und Erzählens: »Das Wort ist tatsächlich immer Kraft. Es ist Leben, Substanz, Wirklichkeit. Das Wort lebt vor der Erde, der Sonne, dem Mond. Wann immer Indianer über das Geheimnis des Ursprungs nachdachten, wird bei ihnen eine Tendenz sichtbar, dem Wort eine eigenständige kreative Kraft zuzuschreiben. Das Wort wird als eine unabhängige Wesenheit aufgefasst, überlegen selbst dem Sein der Götter. Erst als das Wort geheimnisvoll in das Dunkel der Nacht fiel, waren die Götter der Maya in der Lage, die Welt zu schaffen und sie mit Leben zu füllen. Und die Schöpfungsgeschichte der Uitoto beginnt bezeichnenderweise mit dem Satz: ›Im Anfang war das Wort Ursprung für den Vater.‹ (…)

Das Wort kann nicht nur einen anderen Zustand der Welt existent werden lassen, ihn also heraufbeschwören, es kann nicht nur Mut und Kraft übertragen, es gilt auch als Quelle materiellen Erfolges. ›Ich bin immer ein armer Mann gewesen‹, kann ein Navajo einem Anthropologen erklären, ›ich habe nie ein einziges Lied gekannt.‹ Die letztlich den Indianern zuzurechnenden Eskimos waren entschieden davon überzeugt, Frauen seien stärker als Männer. Denn hätten die Frauen nicht vor einem Jagdzug magische Gesänge intoniert, wären die Männer gewiss ohne Jagdbeute heimgekommen.

Wenn einerseits das Wort ein Werkzeug ist, das die Aura des magischen Zustandes hervorruft, den die Dinge im Anfang der Zeit hatten, so gilt bei den Indianern als anderer Pol, als anderes Kraftfeld, aus dem spirituelle Stärke erwächst, das Schweigen. Das Schweigen ist voller Bedeutung. Es schafft den Raum, in dem das Wort aufblühen, zum Bild, zur magischen Wirklichkeit werden kann.

Schweigen spielt schon bei der Erziehung des indianischen Kindes eine besondere Rolle. Der Dakota-Häuptling Standing Bear berichtet: »Die Erziehung begann bei den Kindern damit, dass man sie lehrte stillzusitzen und sich der Stille zu erfreuen. Man lehrte sie, ihre Sinnesorgane zu benutzen, dort etwas zu entdecken, wo es nichts zu sehen gab, intensiv zuzuhören, wenn nichts laut wurde.«

Weil das Wort eine heilige Kraft hat, darf es nicht achtlos gebraucht werden. In der Stille, die gewahrt wird, laden sich die Worte wieder mit dieser Kraft auf.

Literatur:

Astrov, Margot, editor: The Winged Serpent – American-Indian Prose and Poetry: An Anthology, New York 1962

Wounded Knee – Big Foot

Müller, Werner: Glaube und Denken der Sioux – zur Gestalt Archaischer Weltbilder, Berlin 1970

Wounded Knee I

Im Dezember 1890 war eine Gruppe Indianer unter dem Häuptling Big Foot zum Hauptquartier der Cheyenne River-Reservation unterwegs, um dort Proviant abzuholen. Unterwegs hörten sie, dass eine Abteilung der US-Armee sie verfolge. Eine Gruppe der Hunkpapa-Lakota, Männer und Frauen, halb verhungert und mit Frostbeulen, brachte zudem die Nachricht mit, Sitting Bull sei am 15. Dezember in seinem Heim von der Indianerpolizei erschossen worden. Big Foot und seine Gruppe flohen daraufhin über die winddurchtoste Prärie weiter gegen Süden. Am 28. Dezember wurden sie vom Militär aufgespürt und ergaben sich der 7. US-Kavallerie unter Major Samuel Whitside. Diese Abteilung wurde schließlich durch einen Verband unter Oberst James Forsyth verstärkt.
Im Lager wurden die 106 Krieger von den 250 Frauen und Kindern getrennt. Die verschiedenen Lagerplätze wurden

von 470 Soldaten und 30 indianischen Scouts umstellt. Auf einem Hügel waren vier Schnellfeuer-Hotchkiss-Geschütze, die Vorläufer des modernen Maschinengewehrs, in Stellung gebracht worden, die in der Lage waren, fünfzig zwei-*pound* Explosiv-Geschosse pro Minute zu feuern. James Asay, ein örtlicher Händler, spendierte den Soldaten ein Fass Whiskey. Der Lärm der Feier, bis spät in die Nacht hinein, ließ viele Lakotas nicht schlafen.

Am Morgen des 29. Dezember sollte Big Foots Gruppe entwaffnet werden. Bei der Durchsuchung der Frauen nach Waffen gingen die Soldaten wenig rücksichtsvoll vor. Der Oberst Forsyth, immer noch betrunken, scheint seine Aufsichtspflicht kaum wahrgenommen zu haben.

Nach der Filzung der Frauen wurden die Tipis nach Waffen durchsucht und die Männer einer Leibesvisitation unterworfen. An die vierzig Gewehre waren eingesammelt, als sich jener Zwischenfall ereignete, dessen genauer Verlauf sich später nicht rekonstruieren ließ. Offenbar scheint ein Indianer seine Waffe nicht ohne weiteres hergegeben zu haben. Die Soldaten versuchten, sie ihm zu entwinden, dabei löste sich ein Schuss. Sofort begannen beide Seiten zu schießen. Die Hälfte der Krieger war auf der Stelle tot. Andere rannten davon, um ihre Familie zu retten, einige durchbrachen die Kette der Soldaten.

Viele Frauen standen mit den Kindern bei den Tipis. Eine weiße Fahne wurde von den Hotchkiss-Geschützen heruntergeschossen. Auf die flüchtenden Frauen, die teilweise ihre Babies auf dem Rücken trugen, schossen die Soldaten rücksichtslos.

Am Neujahrstag wurde auf dem Hügel, auf dem die Maschinengewehre gestanden hatten, eine Grube ausgehoben und die Leichen von 146 Männern, Frauen und Kindern hineingeworfen. Die Weißen streiften den Toten die Kleider ab, um die Hemden der Geistertänzer (s. dort) als Souvenirs mitzunehmen. Später trieben sie damit und mit dem Schmuck der Geistertänzer einen schwunghaften Handel. Außer den 146 Indianern, die an diesem Tag begraben wurden, starben viele der Verwundeten auch noch später. Die Schätzungen über die Zahl der Toten schwanken. Die Behörden gingen von dreihundert Männern, Frauen und Kindern aus. General Nelson Miles war über die Vorgänge empört. Er enthob seinen Untergebenen Oberst Forsyth seines Postens.

Entscheidend dürfte dabei gewesen sein, dass durch Forsyths Nachlässigkeit auch 31 Soldaten durch die Kugeln ihrer Kameraden fielen. Vom Kriegsminister aber wurde Forsyths Vorgehen als völlig gerechtfertigt angesehen. Er wurde schließlich zum Major befördert. Drei Offiziere und fünfzehn einfache Soldaten wurden für ihren Mut mit der Tapferkeitsmedaille ausgezeichnet.

Bei dem Vorgehen der Soldaten will bedacht sein, dass sie jener Einheit angehörten, der 1876 in der Schlacht am

Little Bighorn River von den Prärieindianern völlig aufgerieben worden war und später neu aufgestellt wurde. Damals waren der kommandierende Offizier Oberstleutnant Armstrong Custer und 300 seiner Männer von den Indianern getötet worden. Ein Lakota berichtete nach den Ereignissen bei Wounded Knee, einer der Soldaten habe »Remember Custer! » (Denkt an Custer!) gerufen, ehe er eine alte Frau und ein Kind erschossen habe, doch dann habe einer seiner Kameraden, empört über sein Verhalten, ihn erschossen.

Literatur:

Matthiessen, Peter: In the Spirit of Crazy Horse, New York 1983

Hetmann, Frederik: Der Rote Tag, Bayreuth 1973

Wounded Knee II

Am 27. Februar 1973 besetzten in der Pine-Wood-Ridge-Sioux-Reservation in South Dakota zweihundert Aktivisten der A. I. M. (American Indian Movement) die katholische Kirche, den Handelsposten und das Museum nahe der Grabstätte jener Lakota, die 1890 umgekommen waren.

Auslösendes Ereignis war der Tod eines jungen Lakota, Wesley Bad Heart Bull, den ein Weißer niedergestochen hatte. Das Gerichtsverfahren gegen den Täter verlief vorurteilsvoll und begünstigte den Weißen. Indianer, die den Vorfall aus nächster Nähe beobachtet hatten, wurden als Zeugen nicht zugelassen, der Weiße schließlich nur wegen Totschlages, nicht wegen Mordes verurteilt. Dies wiederum führte zu einer Auseinandersetzung protestierender Mitglieder der A. I. M. mit den weißen Behörden in der Stadt Custer und zu einem Aufruhr. 27 Indianer wurden verhaftet. Es kam dabei auch zur Festnahme der Mutter des Ermordeten. Bezeichnend für die vorurteilsvolle Justiz: Ihr drohten vierzig Jahre Gefängnis, dem Mörder ihres Sohnes lediglich zehn Jahre.

Die weitere Entwicklung der Auseinandersetzung ist kompliziert.

Der indianische Stammespräsident der Pine-Ridge-Reservation, Dick Wilson, verbot, dass Mitglieder der A. I. M. weiterhin auf öffentlichen Kundgebungen sprachen. Schon zuvor hatte er Anhänger der A. I. M. als »gesetzlos« und als »Tunichtgute« bezeichnet. Die Traditionalisten betrieben daraufhin Wilsons Absetzung. Im Gegenzug begann er einen Einschüchterungsfeldzug mit Rollkommandos gegen politische Gegner. Die Beamten des B.I.A. erklärten, der Konflikt sei Sache der Indianer. Auf einer Versammlung der »Oglala Sioux Civil Rights Organization« wurde spontan, vor allem nach Forderungen der Frauen, der Entschluss zur Besetzung der Siedlung bei Wounded Knee gefasst. Wilson und die Bundesregierung boten nun an die zweihundert FBI-Agenten, US-Marshals und Polizeioffiziere auf, die mit Maschinengewehren, gepanzerten Wagen und Hubschraubern ausgerüstet waren. Die bürgerkriegsähnliche Situation wurde zu einem Medien-Ereignis. Die Parallele zu den Vorfällen 1890 lag auf der Hand. Es kam zu Schusswechseln, bei denen ein Lakota und ein Cherokee getötet wurden. Ein Baby, ein Junge, erblickte in der besetzten Zone das Licht der Welt. Von Anfang an war den Aktivisten klar, dass sie bei der Konfrontation nicht würden siegen können. Aber die 71 Tage andauernde Belagerung lenkte die Aufmerksamkeit der Weltöffentlichkeit auf die schwierige Lage der Native Americans und zeigte, dass diese auch im 20. Jahrhundert noch bereit waren, für ihre Rechte zu kämpfen.

Am Ende schlossen die Besatzer mit den Regierungsbehörden einen »Friedenspakt«, der den Aktivisten eine faire Behandlung zusicherte und eine Prüfung der zwischen der Regierung der USA und den Sioux bestehenden Verträge vorsah. Statt dessen kam es zu neuen Gewalttaten und zu einer Verfolgung der jungen Aktivisten des A. I. M. in der Pine Ridge-Reservation.

Literatur:

Crow Dog, Mary & Erdoes, Richard: Lakota Woman, New York 1990

Deloria, Vine, jr.: Behind the Trail of Broken Treaties – An Indian Declaration of Independence, New York 1974

Matthiessen, Peter: In the Spirit of Crazy Horse, New York 1981

Peltier, Leonard: Mein Leben ist mein Sonnentanz, Frankfurt/Main 1999

Wovoka

(1858–1932), der indianische Name bedeutet »Holzschneider«, der europäische Name lautet Jack Wilson. Paiute (Numu), Begründer der Geistertanzbewegung. Seine große Offenbarung hatte er bei einer Sonnenfinsternis am 1. Januar 1889. Nach eigenen Aussagen starb er und betrat den Himmel, wo er seinen Vorfahren begegnete und Instruktionen von Gott empfing. Er sollte, wurde ihm gesagt, nicht mehr für die Weißen arbeiten und dazu auffordern, den traditionellen Rundtanz aufführen zu lassen. Während seiner Vision wurde Wovoka mit Gewalt über die Naturkräfte ausgestattet und erhielt den Status eines Mit-Präsidenten der Vereinigten Staaten. Zum Aufleben der Geistertanzbewegung kam es allerdings erst, als Wovoka nach einer Dürre in den Jahren 1889/1890 Regen prophezeite, der dann tatsächlich auch fiel. Sein Anhang soll entstanden sein, nachdem er an einem heißen Sommertag auf dem Walker River Eis erscheinen ließ. Seine Trance-Zustände, bei denen er angeblich immer wieder den Himmel besuchte, wirkten auf seine Stammesbrüder überzeugend.

Literatur:

Hittman, Michael: Wovoka and the Ghost Dance: A Sourcebook, Carson City 1990

Mooney, James: The Ghost Dance Religion and the Sioux Outbreak of 1890, 14th Annual Report of the Bureau of American Ethnology, part 2, Washington, D.C. 1896

Yana

Hokan-verwandt, südwestliches Kalifornien, Fischer. Hatten verschiedene Sprechweisen für Frauen und Männer.

Yaqui

Überreste eines Stammes im südlichen Arizona, der Anfang des 17. Jahrhundert von Jesuiten zum Katholizismus bekehrt wurde und heute eine merkwürdige Misch-Religion von eingeborenen Überlieferungen und christlichen Elementen praktizieren, die man am besten in der Passionszeit kennenlernen kann. Viele von ihnen flohen aus Mexiko und ließen sich Anfang des 20. Jahrhunderts in der Nähe von Tucson, Arizona nieder.

Yurok

Am Klamath River, Nachbarn der Karok, Kalifornien und Oregon. Komplexe Rituale.
Die Sprache ist entfernt verwandt mit der der algonkinischen Gruppen.

Zeremonien

Siehe unter Rituale

Zuñi / die Mythen vom Aufstieg und der Wanderung

Die Zeremonie der Zuñi ist der *»shalako«*. Es handelt sich offenbar um einen Regenzauber, der im Winter (Ende November, Anfang Dezember) stattfindet. Über 49 Tage hin vollzieht man die Mythen vom Aufstieg des Volkes aus unteren Welten und seinen Wanderungen nach. Während des shalako kommen die Geister der Toten zurück. Man erweist ihnen Ehre und ernährt sie. Es ist ein dramatisches Zeremoniell. Die Darsteller und Sponsoren der Shalako-Häuser werden bei der Wintersonnenwende des Jahres zuvor bestimmt. Die Vorbereitungen ziehen sich über neun Monate hin. Komplizierte Gesänge müssen auswendiggelernt, Gebetsstöcke jeden Monat bei bestimmten Schreinen plaziert werden. Dies alles erinnert an die Wanderungen des Stammes in frühester Zeit. Außerdem müssen die Häuser für die shalakos gebaut werden. Im Regelfall sollten es acht Gebäude sein: Sechs für die shalakos, eines für *sayatasha* und den Rat der Götter (gewöhnlich als Haus des Langen Horns bezeichnet) und eines für die *koyemshi*, die Schlammköpfe.
Die *shalakos* sind sechs übergroße *kachinas*, die jeweils von zwei Männern dargestellt werden. Die Masken sind türkisfarben, mit Hörnern und Federschmuck. Sie haben ballförmige Augen, lange Schnauzen, die offen stehen, einen Kragen aus Rabenfedern, Fuchspelzen und Tanzröckchen. Vor Gebrauch werden die Masken mit Maismehl bestreut. Jede Maske ist mit einem der sechs *kiva* verbunden.
Eine Shalako-Zeremonie zu finanzieren, ist eine außerordentlich kostspielige Angelegenheit, weil der Betreffende nicht nur für den Bau der Gebäude, sondern auch noch für die Bewirtung der zahlreichen Besucher aufkommen muss. Die wichtigsten maskentragenden Figuren, die während der Zeremonie erscheinen, sind die *shalakos*, die riesenhaften Kuriere des Regenmachers, der *sayatasha*, der Regengott

des Nordens, der auch oft Langhorn genannt wird und ein langes Leben des Volkes symbolisiert, *hututu*, der Regengott des Südens, *sholawitsi*, der Feuergott, der die Sonne verkörpert und immer von einem Jungen aus dem Dachs-Clan dargestellt wird; *yamuhakto*, die die Autorität der Wälder und Bäume verkörpert. Sie werden Krieger des Westens und Ostens genannt.

Salimopya sind Männer, die Peitschen aus Yucca-Stengeln tragen und darauf achten, dass die Zuschauer dem *shalako* nicht zu nahekommen.

Koyemshi wäre zu übersetzen mit »Schlammköpfe«, sie werden von Awan Tachu, dem Großen Vater, angeführt.

Der Rat der Götter besteht aus sayatasha, hututu, zwei yamuhakto und sholawitsi. Acht Tage vor Eintreffen der shalakos ziehen die koyemshi ins Dorf ein und halten die Einwohner dazu an, alle Vorbereitungen sorgfältig durchzuführen. Die Zeremonie selbst hat ihren Höhepunkt an zwei Tagen. Am ersten führen die Beteiligten Segnungszeremonien durch und beschwören die Regenwolken. Es folgen Darstellungen von der Ankunft der Regengötter. Gegen Mitternacht finden dann Tänze statt. Am zweiten Tag, dem 49. des Gesamtablaufs, verlassen die *shalakos* – man muss unterscheiden zwischen dem Namen des Festes und den Personen – samt ihrer Begleiter das Dorf und ziehen zu einem offenen Feld im Süden. Hier wird ein Rennen durchgeführt. Das bringt zum Ausdruck, dass die *shalakos* Kuriere der Götter sind. Wenn sie in der Ferne verschwunden sind, laufen ihnen die jungen Männer des Stammes nach und versuchen, sie einzuholen. Wem das gelingt, der wird in nächster Zeit Glück haben.

Literatur:

Gregory, C.: The Zuñi of Cibola, Salt Lake City, University of Utah Press, 1977

Cushing, Frank Hamilton: The Mythical World of the Zuñi, edited and illustrated by Barton Wright, Albuquerque 1988

Zuñi, A:shiwi / Stammesgeschichte

Pueblo-Stamm im westlichen New Mexico. Ihre Sprache ist nicht mit anderen indianischen Sprachen des Gebiets verwandt.

Im Juni 1539 tauchte bei den Zuñi ein schwarzhäutiger Mann auf. Der Fremde, der aus Marokko stammende Estevanico, war ein Mitglied der Expedition des Spaniers Cabeza de Vaca. Er bat um Essen. Der Stamm, damals A:shiwi, nahm den Fremden auf, aber als seine Forderungen immer unverschämter wurden und er schließlich behauptete, er sei der Anführer weißer Männer, die noch viel stärker seien als er, vermuteten die Indianer, dass es sich um einen Spion handeln müsse und töteten ihn. Gefährten des Mauren gelangten nach Mexico City zurück. Im Juli 1540, eben waren Pilger der Zuñi vom Heiligen See zurückgekehrt, erschien Coronado mit seiner Streitmacht im Dorf. Auf Grund eines Missverständnisses – die Spanier sahen in einer mit Maismehl angestreuten Linie eine Herausforderung – kam es zu einem Scharmützel. Die Spanier zogen ohne Gold oder Silber in ihren Taschen ab. 1680 waren auch die Zuñi in die Revolte gegen die Spanier verwickelt. Während des Aufstandes suchten sie Zuflucht im Heiligen Gebirge *Towa:yallane*. Nach Wiederaufrichtung der spanischen Herrschaft ließen sie sich in dem heutigen Zuñi-Pueblo nieder, wo sie nun seit über dreihundert Jahren wohnen.

1848 fiel der mexikanische Südwesten an die USA, und 1877 wurde die Zuñi-Reservation geschaffen. Christliche Kirchen, auch die Mormonen, missionierten bei den Zuñi. Weiße Händler ermunterten sie, Schafe und Rinder zu züchten. Später kam es zu Konflikten zwischen im Stamm rivalisierenden Gruppen. Den »Bogenpriestern«, die traditionell für das Wohlergehen des Stammes spirituell verantwortlich waren, wurde vorgeworfen, ihre Macht zu missbrauchen.1964 nahmen die Zuñi eine niedergeschriebene Verfassung an. Es kam zur geheimen Wahl eines Stammesrates. Anfang der 90er Jahre umfasste die Reservation 640 Quadratmeilen. Etwa zehntausend Menschen sind Stammesmitglieder. Die älteren Zuñi sprechen Spanisch und ihre eingeborene Sprache; die jüngere Generation spricht meist Englisch. Wirtschaftlich überleben die Zuñi durch eine Baumwollindustrie, durch die Herstellung von kunstgewerblichen Gegenständen (Schmuck, Fetische!) und durch Berufstätigkeit in Gallup und Flagstaff, nicht zuletzt auch als Feuerwächter zur Verhinderung der häufigen Waldbrände während der Sommermonate.

1000 Ereignisse der Weltgeschichte

Lothar Berndorff & Tobias Friedrich
1000 Tage, die die Welt bewegten

864 Seiten, Broschur
Format 13,0 x 20,0 cm
ISBN 978-3-86803118-8
€ 19,90 / sfr 18,90

Entlang denkwürdiger Ereignisse, richtungweisender Entscheidungen und einschneidender Situationen führen die 1000 pointierten Essays dieses Bandes durch die ganze Weltgeschichte – ein fulminanter, höllisch spannender Parforceritt durch Politik, Kultur, Sport, Mode, Technik u.v.m.